THE TRANSFORMATION OF JAPANESE AMERICAN ETHNICITY：
The Effects of Internment and Redress

日系アメリカ人のエスニシティ 新装版

強制収容と補償運動による変遷

竹沢泰子――［著］
Yasuko I. Takezawa

東京大学出版会

The Transformation of Japanese American Ethnicity
The Effects of Internment and Redress

Yasuko I. Takezawa

University of Tokyo Press, 1994 & 2017
ISBN978-4-13-050191-0

凡例

一　二世・三世とのインタビューは、一部の帰米二世を除き、英語で行われたが、その中で日本語のまま使用されている語はカタカナで「　」内に表記することとする。但し、一世・二世・三世という世代を表し、アメリカ英語ともなっている語はその限りではない。

二　本書においては、インタビューの対象者はプライバシー保護のため仮名を用いている。また年齢や職業等も、場合によっては本論に影響を及ぼさない程度に変えてある。ただし、第二章では、一般公開された情報に依拠しているので、本名を記した。第三章から第五章では文献等に基づく出典の場合のみ本名を用い、その際はそのように明記している。

三　本文の引用文中において省略する場合は二倍のリーダー（……）で表している。

まえがき

一九一八年、ペンシルバニア鉄道の社長、サミュエル・リーは、良きアメリカ市民になるためには、移民は「彼らが海を越えて持ち込んだ言語や慣習、生活様式を捨て、代わりにこの国の言語、慣習、生活様式、及びアメリカ生活の一般的な基準や様式を受け入れるよう促されるべきである」と述べている（Rea 1918. Hill 1974 : 33より）。今日、これらの移民の子孫は、アメリカ的生活様式を受け入れている。彼らは英語を話し、独立記念日には花火を楽しみ、感謝祭には七面鳥を食べ、その他諸々の「アメリカ人」と特徴づけられる習慣や規範を見せる。日系アメリカ人も多分にその例に洩れない。

しかしながら、初期の予想に反して、アメリカ社会におけるエスニック集団を規定する境界（バウンダリー）は存続するのみならず、昨今エスニシティ問題はかつてないほど重要性を帯びてきている。エスニシティの活性化はアメリカ合衆国に限られる現象ではない。ドイツ統一以後、社会や国家の存在自体がエスニック集団にゆさぶられ再編成を強いられる状況が世界中で続発している。かつて新しい国家への部族・民族の統合、都市への移住はこれらの集団の相違を希薄にするものであると信じられたが、現実に我々が目の当たりにしたのは逆の現象であった。彼らのエスニック集団の意識は刺激され、より高まりを見せているのである。

第二次世界大戦後、日系アメリカ人コミュニティはいずれ消滅するとかつて予測された。少なくともその衰退は誰の目にも明らかであった。日系アメリカ人は、著しい文化変容及び社会的経済的上昇を遂げ、地理的コミュニティの消滅あるいは縮小、また急速な異人種・異民族集団間結婚の増加を見せていたからである。日系アメリカ人のエスニック・バウンダリーは、このようにして第二次世界大戦後、曖昧性を見せてきていた。

しかしながら今日、この戦後一時危機的状況にあったと思われたコミュニティの紐帯やエスニック・アイデンティティは、日系アメリカ人の中で極めて活性化している。このエスニック・アイデンティティやコミュニティ意識の強化は、第二次世界大戦中の日系アメリカ人に対する強制立ち退き・強制収容に対してアメリカ連邦政府から公的な謝罪と補償金支払いを獲得することに成功した近年の補償運動と大きな関係があると思われる。

日系アメリカ人のエスニシティに関する本書は、アメリカのエスニシティに関する議論の二極の一つを成す、アメリカ社会におけるエスニック集団は移民世代から世代が進むにつれアメリカ社会に同化し、彼らのエスニシティは時の経過と共に衰退するという、「同化論者」(e.g. Sandberg 1974; Hetcher 1978)の見地を取るものではない。本書は日系アメリカ人のエスニシティの活性化を論じる。が、それはアメリカのエスニシティに関する議論の対極論のもう片方である「多元主義者」(e.g. Glazer and Moynihan 1963; Yancey *et al.* 1976)が強調するような文化的属性や構造的多元性の存続を根拠とする議論に基づくものではない。また、極めてヨーロッパ系アメリカ人の経験に基づいた、エスニック・アイデンティティは個人の任意的な選択の問題であるという意味での「象徴的」(Gans 1979; Alba 1990; Waters 1990)エスニシティを提示するものでもない。本書は、アメリカ社会における一エスニック集団の歴史的経験を重要視し、彼らがその過去の経験を再解釈することによってそのエスニシティが変遷を遂げ、再構築されたことを検証するものである。

シアトルにおける日系アメリカ人コミュニティには、諸研究の蓄積が存在する。その主なものを挙げるならば、S・F・ミヤモトによる『シアトルにおける日系人の社会的結束』(1984 [1939])は第二次世界大戦前の日系アメリカ人コミュニティに関する草分け的研究である。ミヤモトは、諸種のコミュニティ組織とその機能を吟味し、日系コミュニティの強い社会的ネットワークを大社会の分節化された社会生活と比較した。テンニースによるゲマインシャフトとゲゼルシャフトの古典社会学における区別に言及しながら、ミヤモトは、日系コミュニティ組織は伝統的社会のような親族に根ざしたものではなく、大社会のゲゼルシャフト的な性格とは対照的に、ゲマインシャフト的感情によって特徴付けられると議論した。ミヤモトの一九八四年の復刻版では、新たな序文において戦前の日系アメリカ人に関するいくつかの新しい側面を加えて分析しているが、その一つは彼らの社会的結束とその後の立ち退きとの関連に関するものである。立ち退きは究極的には人種偏見に起因するものであるとしながら、戦前の主流社会における偏見が日系人の隔離を強制し、それが彼らの特定の行動様式を生み出し、それが更に主流社会によるこのマイノリティに対する誤った認識を生み出し、一層偏見を生み出したという、環状の因果関係について述べている（1984：xxiii-xxiv）。

シアトルにおける日系アメリカ人に関するもう一つの名著は、人類学者S・ヤナギサコによる『過去を変形して』（1985）である。日系アメリカ人の日本的文化・アメリカ的文化という認識的二項分類に用いられるシンボルの分析と、「日本」という過去と「アメリカ」という現在のモデルから進化した日系アメリカ人の親族モデルが構築される過程の分析を通して、ヤナギサコは日系アメリカ人がいかに彼ら独自の方法で彼らの親族関係を再解釈し変形していったかを解明する。

他の優れた研究（e.g. Leonetti and Newell-Morris 1982；伊藤 1969；村山 1989）や小説（Okada 1976）、自伝（Sone 1953；小平 1980；Uchida 1982）、伝記（Kikumura 1981）等もシアトルにおける日系アメリカ人に対する理解を更に深めるものであった。しかしながら本書は、当地域の日系アメリカ人のいくつかの新しい側面に光を当てることを目的としている。すなわち、主たる関心事は、日系アメリカ人のエスニシティ自体の変遷をめぐるものであり、強制収容と補償運動という私がその変遷で二つの重要な転換期を成していると見なす側面に特に焦点を当てている。言うまでもなく、強制収容に関する文献にはすでに膨大な蓄積があるが、私の知る限り、その補償運動が日系アメリカ人のエスニック・アイデンティティに対しいかなる文化的・社会的影響を及ぼしたかに関しては、日米を通して未だに研究が一切なされていない。更に、私がシアトルに居住していた一九八〇年代の日系アメリカ人コミュニティの主たる力を反映させて、本書は二世だけでなく、三世という、既存のシアトル日系人に関する研究では深く扱われたことの殆どない世代をも中心対象としている。これは、本研究に特に重要な点である。というのも、三世は大社会においてすぐれて文化変容を来し統合を見せているが、それでも彼らの祖先の強制収容とその補償運動によって大きく影響を受け、彼ら自身のエスニック・アイデンティティを再解釈し再構築しているからである。

本研究は、私のアメリカ滞在中とその後の訪問において行ったアメリカの学会や諸大学での発表を通して、数多くのアメリカ人研究者から批評を受ける機会に恵まれた。そうした中、これらの人々がこの研究に対してくれたよりインフォーマルな評価の一つが、コミュニティにとってアウトサイダーであり、日本出身の私がこの研究をしたことに対する意義に関するものであった。ある著名な人類学者は、「遂に日系アメリカ人以外の人により「日系アメリカ人に関する」研究がなされてとても嬉しい」と言った。無論、理論や分析、データなどに関する質問・批評が主であったものの、私にとって自分の出身背景に関するこのようなコメントは当初違和感を覚えるものであった。私のフィールドワークやインタビュー、そして何よりもコミュニティの人々に対して私なりに示した態度、私の人類学徒としての議論や分析——それら全てが私がアウトサイダーであり、日本出身であるという背景に還元されるような気がしてならなかったのである。

しかしこうした態度や資質は、考えてみれば人類学者なら誰でも当然持つべきものである。彼らの目に新鮮に映ったのは、人類学のもう一つの古典的な原則に関するものであった。すなわち、人類学者が自分と異なる社会に出向きアウトサイダーとしてフィールドワークを行う、ということであった。これは必ずしも現在の人類学的研究を反映するものではないし、私自身そのように限定する必要は全くないと思う。しかし逆に、現実のアメリカ社会におけるエスニシティ研究は、それとは程遠いものなのである。それは、アメリカの諸大学におけるエスニック・スタディ学部を訪れれば一目瞭然で、アフリカ系アメリカ研究はアフリカ系アメリカ人が、先住アメリカ人(アメリカ・インディアン)研究は先住アメリカ人が、アジア系アメリカ研究はアジア系アメリカ人が独占する、という風に。アメリカのアカデミアにおいて、シュレージンガーの言う『アメリカの分裂』が生じているのが現実なのである。大方の読者には意外に思えるかも知れないが、アジア系アメリカ研究の学会においても、移民史の短い東南アジア系や韓国系、あるいは移民史が長くてもアメリカへの流入が絶えない中国系やフィリピン系は別として、日系アメリカ研究の場合特に、日本人研究者に対しては(と言っても学会では私を含めてでも最大二、三人であるが)閉鎖的な側面があり、私自身もはっきりそう言われた経験を再三持つ。日本出身の私でさえこうであるから、ヨーロッパ系アメリカ人がアジア系アメリカ研究あるいは他のマイノリティ研究をするのは極めて困難である、というのがアメリカのアカデミアにおける実情である。それは歴史的に往々にしてヨーロッパ系研究者による理解の乏しさやエスノセントリズム(自民族中心主義)から歪んだ像を築きあげられてきた経緯があるからであることを理解しなければならない(cf. 竹沢 1989a)。しかしこのようなある種の偏りが見られる研究分野に関して、ヨーロッパ系アメリカ人の研究者が大半である人類学者達は、アジア系アメリカ人コミュニティで育ったわけではないアウトサイダーとしての私が、それも外国人がアメリカ研究をする、ということに一種の新鮮さとこの研究の意義の一つを見いだしたのであろう。また私が好むと好まざるとにかかわらず、あるいはそのような考え方を支持するとしないとにかかわらず、私の背景がコミュニティにおけるフィールドワークに微妙な形で影響を及ぼしたこともまた認めざるを得ない事実であろう。

このように私が本音のどこかで信じたい学問の客観性には限度があり、研究者自身の背景や資質によっても、その研究自体は大きな影響を受けるのであり、この点に関しては近年、文化人類学においてもJ・クリフォード、G・マルカス（1986）等において指摘されている通りである。かつてのように人類学者自身の背景に関わらず客観的に記述し分析する振りをすることへの反省は今日の文化人類学においてなされているのであり、むしろそうした認識のもとに「文化を書く」ことが、あるいはその背景に関心が払われるようになったこと自体が、一つの進歩であろう。これは必ずしも文化人類学に限ることではないし、フィールドワークやインタビューといった形式を伴う研究に限られることでもないように思える。

さらに、本書が完成するまでの過程において、アジア系アメリカ人が大半である学会での発表のみならず、私の短い論文をインタビュー対象者全員に送り、またコミュニティで講演をする機会にも恵まれた。その反応はいずれも極めて肯定的なものであったが、このような対象者らからのフィードバックも本書には織り込んでいることを記しておきたい。

本書は次のような構成になっている。第一章では、本書の全体への理解につながるように、このケース・スタディの舞台であるワシントン州シアトルにおける日系アメリカ人コミュニティの概要について、また本書の理論的枠組について、さらにフィールドワークやインタビュー等本研究の土台となる調査の方法や過程について記す。第二章においては、補償運動の歴史を四期に分け、全国レベルでの運動を射程に入れながらシアトルにおける補償運動の発展過程を記述する。三章、四章、五章は本書におけるエスノグラフィ（民族誌）の部分を構成するが、第三章は、二世の戦前における幼少期から一九七〇年代初頭の補償運動の始まりまでを扱い、二世のエスニック・アイデンティティに関与する経験や感情、彼らの受けた人種差別、彼らのエスニック・アイデンティティに影響を与えた出来事や感情を探る。第四章は次の世代、三世に視点を向け、戦後の彼らの幼少期からアジア系アメリカ人運動の台頭までを扱い、二世同様、彼らのエスニック・アイデンティティに関連する経験や感情を記述する。第五章は二世と三世という親子の世代間に強制収容に関していかなる会話が交わされるようになったか、また両世代の補償関係の様々な行事に対する反応、補償運動が彼らのエスニック・アイデンティティに及ぼした影響を明らかにする。終章である第六章では、日系アメリカ人のエスニシティが時代をおって変遷を遂げたそのプロセスを分析し、また二世三世の間での経験とその経験の再解釈の表現の相違を明らかにし、両世代の比較を試みたい。最後にアメリカ社会のエスニシティ論への寄与も含めて、日系アメリカ人におけるエスニシティ活性化とアメリカ化との関係についての議論で締めくくることとする。

本書の中で特に第三章から第五章までは、日系アメリカ人の経験や世界観を彼ら自身の生の言葉で綴ったインタビューからの引用が中心となっている。エスニシティの議論や補償運動の歴史よりも、日系アメリカ人、あるいは苦境を生き抜いた人々の生活史に関心をお持ちの読者は、第三章から読み始められてもそれほど支障がない筈である。また全部を読む時間がない方々にも、第三章から読み始められることをお勧めしたい。本書は、強制収容補償運動の渦中という極めて重要な時期に、日系アメリカ人の二世代から聞いた貴重な体験談が基となっており、それをより多くの人々に伝えることが、本書の使命の一つであると思っている。

しかし本書は、文化人類学的観点からのエスニシティに関する研究書でもある。このような実証研究に基づいて、この日系アメリカ人のエスニシティの変遷の現象をどう捉えればよいのかを理論的に提示したつもりである。またこのケース・スタディを通して、アメリカのエスニシティ問題や、エスニシティの再構築に関するより一般的な理論化へ、ほんの微弱でも示唆できるものがあれば、本望である。本書の理論的立場に関心をお持ちの読者には、やはり第一章の第二節を読んでいただきたい。また本書の残りを読まれてから、第一章第二節に戻られてもいいであろう。

なお、本書は一九八九年ワシントン大学提出の博士論文“'Breaking the Silence': Ethnicity and the Quest for Redress among Japanese Americans”を大幅に短縮、修正、加筆したもので、本書の英語版は、*Breaking the Silence: Redress and Japanese American Ethnicity*（仮題）としてコーネル大学出版局より近刊の予定である。本書の一部は、「日系アメリカ人における『伝統の創出』とエスニシティ」（『史境』一九八九年）、“Children of Inmates: The Effects of the Redress Movement among Third Generation Japanese Americans”（*Qualitative Sociology*, 1991）、「日系アメリカ人におけるエスニシティ再生とアメリカ化」（『アメリカ研究』一九九三年）として発表した。

本書の完成までの長い道のりを振り返ると、お世話になった実に数多くの方々の顔が目に浮かぶ。ここでその全てのお名前をあげることはできないが、本研究を可能にして下さった方々に限らせて頂けば、まず調査に快く協力して下さった日系アメリカ人の方々に心から深く感謝する。彼らがしばしば苦痛を伴う記憶を呼び覚まし、様々な個人的な経験談や感情を心を開いてありのままに語ってくれなければ、この本は存在しえなかった。彼ら一人一人との出会いには深い感動があった。インタビュー中は意見や感情を表してはいけないと訓練された私は、一人の血の通う人間として目でもって彼らの体験談に応えたつもりである。そして帰路ハンドルを握るやいなや次々と込み上げるものに視界が滲むこともしばしばであった。彼らの言葉を何としてもこの世に残したい――そんな思いが執筆する際の何よりの原動力となった。今こうして彼らへの無言の誓いを果たすことができ何よりも安堵を覚える。学問的な枠組や論理にそって論文や本としてまとめる作業のなかで、本文としてはごく一部しか利用できなかったのは残念であるが、将来別の形で残せればと願う次第である。なお翻訳にあたっては、一語一句できるだけ正確を期すよう努め、語調は各人を思い浮かべながら変化をつけた。またインタビュー対象者としてのみならず友人としての長年の支援や友情に対して心から感謝の意を述べたい。シアトルは私にとってアメリカでのふるさとである。

本書は日米の両国で文化人類学の訓練を受けた私の一〇年余りの研究成果でもある。文化人類学を学びながらも当時まだ日本では市民権のなかったエスニシティに関心を抱き戸惑っていた私を、理論的研究へと導いて下さったのは綾部恒雄氏であった。氏にはその後も学問の上の教示のみならず暖かい励ましを頂いてきた。渡米後本格的な文化人類学の訓練を受けたワシントン大学では、学問的に厳しく人間的に暖かいチャールズ・カイズ氏からエスニシティの諸理論を学ぶと共に、洞察力を身につけ絶えず理論やアイデアを展開する姿勢の重要性を教わった。二人の恩師にめぐりあえたことは文化人類学の一研究者としての道を歩むことになった私にとって大変幸運なことであった。

日系アメリカ人研究のパイオニア的存在であるフランク・ミヤモト氏からは社会学の観点から日系アメリカ人に関して数多くのことを教えて頂き、また本書の英語版の草稿に丁寧に目を通し建設的で示唆に富むコメントを頂いた。麻田貞雄氏、スティーヴ・ハレル氏、ユージーン・クメカワ氏もそれぞれ草稿全てを読み貴重で有益な助言と激励を下さった。また、ドンナ・レオネッティ、テツデン・カシマ、レイナー・バームの各氏からも多くの示唆や支援を受け、本書の一部を論文として発表した際には、特に明石紀雄氏、松田素二氏から洞察に富むコメントを頂いた。その他本研究の一部を日米の学会、アメリカの諸大学で発表した折に様々の方々から頂いたコメントからも多く学ばせて頂いた。

本書をまとめあげるまでの土壌として、佳知晃子氏、そして現在は飯野正子氏を中心とする移民研究会は日系人研究に関する貴重な知的交流の場であり、歴史や文学その他の領域に関して学部生時代から多くの教示を受けてきた。学生として過ごした筑波大学、ワシントン大学で文化人類学、民俗学、アメリカ研究の知識や方法論の手解きをして下さった数々の恩師、先輩、友人、カリフォルニア大学で知的交流をし励ましてくれた先輩・同僚にも心から感謝する。また休暇がくればアメリカに補充調査にでかける私に理解を示し暖かく支援してくれた筑波大学国際関係学類及び前所属学系の現代語・現代文化学系の先輩・同僚に深く感謝する。授業や公務の合間に何とか執筆を終えることができたのも、恵まれた研究環境と知的刺激に浴することができたからである。

一個人の研究としてははるかに私の能力を超えていたであろうこの研究を可能にし一冊の書として完成することができたのは、研究補助に携わってくれたアシスタントの方々の御蔭である。調査後半からのテープ起こしにはデイル・ワタナベ、ロジャー・マーティンさん、日本語ワープロ入力は主として斎藤知子、二井矢由美子さんが担当し、途中吉原亜紀、長谷川美貴、新垣誠さんの手も煩わせた。また英語版の修正作業に増田直子、松田友香さんがあたってくれたこともここで記しておきたい。彼らは雛の誕生を待ちわびる鳥のように研究室にやってきては、代る代る卵を温め育ててくれた。

どのような研究もそうであるが、ことフィールドワークには助成が不可欠である。本研究に度重なる援助をして下さったトヨタ財団に厚くお礼を申しあげる。さらにミノル・マスダ追悼基金、筑波大学学内プロジェクトからも助成を受けた。またアメリカへの大学院留学が可能になったのはフルブライト委員会の御蔭である。さらに本書の刊行に際してアメリカ研究振興会の第三回アメリカ研究図書出版助成を頂いたことを謝意をもって記したい。編集の手腕をふるい精魂込めてあたって下さった東京大学出版会の竹中英俊氏と小松崎優子氏にも心から感謝する。

最後に、絶えず学問において理想を高く持ちそれを達成するよう励まし理解と協力を示してきてくれた夫、幸一にこの場を借りて謝意を表したい。日本で刊行するこの本は、やはり父、岩井一三と母、かほるに捧げたい。反対を押し切って神戸を離れてから娘らしい娘になれなかった私を、いついかなる時も限りない愛で包んできてくれた。

これら数多くの人々による恩恵を受けながら、研究者の卵としてこの研究にめぐりあえ、調査にじっくりと時間をかけた末成果を出すことができ、幸運に思う。学問において大量生産の潮流が次第に押し寄せるなか、私は自分を見失わずにい続けたいと思う。

一九九三年秋

竹沢　泰子

目次

第一章
課題と方法

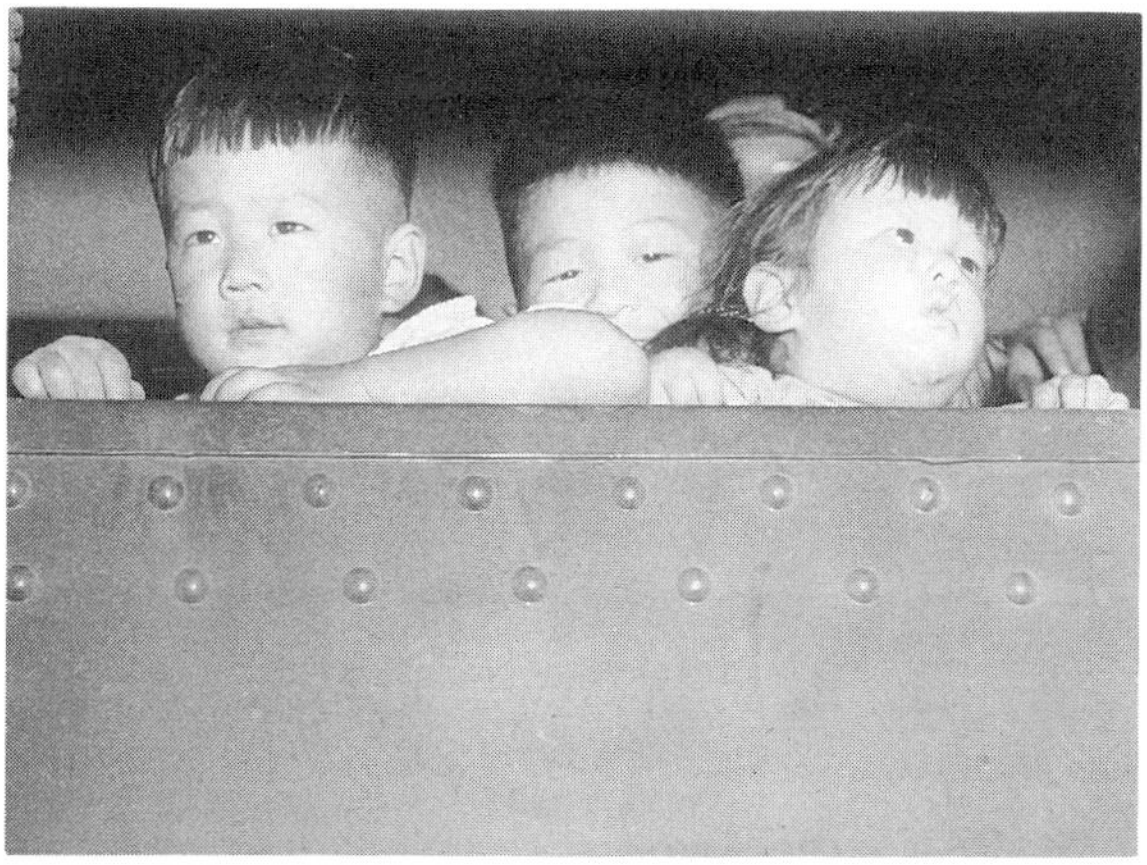

汽車に乗って収容所に向かう子供達（1942年）
写真提供：行政命令9066号プロジェクト

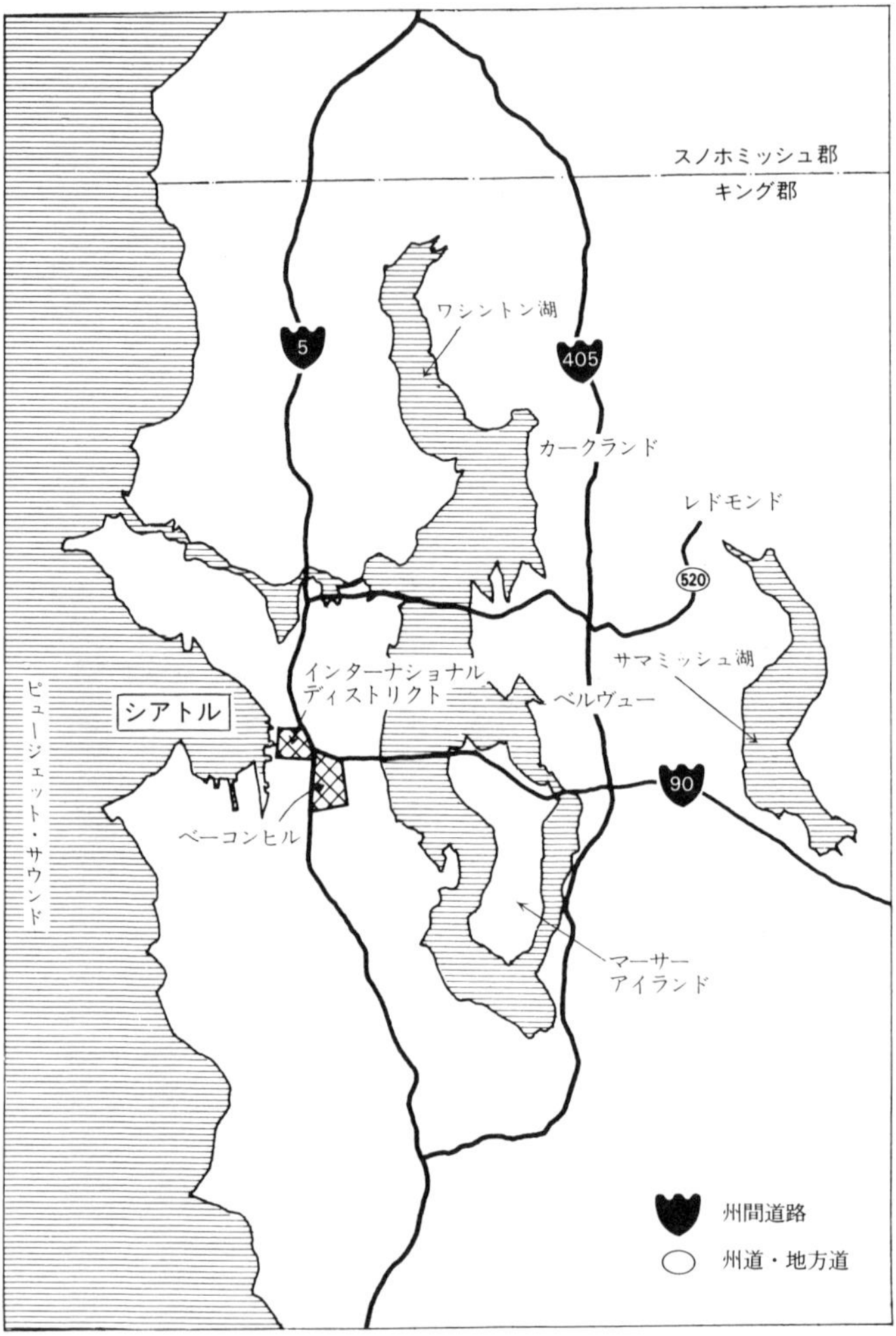

シアトルと日系アメリカ人集中地域

祖先が慎みて旨とした沈黙を
破るは我らの嘆きなり
勝敗を争う戦いの嘆きにあらずして
過ぎ逝きし人の苦闘を偲ぶ嘆息《なげき》なり
沈黙を破るは
彼らの忍耐を讃えんがためなり
我ら今かくなすは
古き炭を集めて焚くためならず
新たなる眼で見んがためなり
もはや過去を黙殺すべきにあらずと……。
（ニッキー・ルイス、劇『沈黙を破って(1)』）

はじめに

この日、何十年間も守り続けてきた沈黙を、彼らは遂に破った。過去を涙で振り返り、現在と未来を勇気で見つめながら……。

一九七八年感謝祭の週末、二〇〇〇人を越す日系アメリカ人の群衆は、ワシントン州西部に位置するピュヤラップ遊戯場に集まり、第二次世界大戦中の強制立ち退き・強制収容の記憶を呼び覚ました。米国北西部で例年のカウンティ・フェアで知られるピュヤラップ遊戯場は、かつて戦時中、シアトル地域の日系人がアイダホ州ミネドカの強制収容所に転住させられるまでの四カ月を過ごした「キャンプ・ハーモニー」と呼ばれた仮収容所であった。[2]
この日の行事のために作られたポスターは、一九四二年に「日本人を祖先とする全ての者」に宛てられた政府の立ち退き命令の複製に重ねて、立ち退き命令を喚起させる文体で印刷されていた。

日本人を祖先とする全ての者とその友人へ。一世、二世、三世、その他の日本人を祖先とする者一二万三一三人の思い出が、追憶の日への参加を要請する。（傍点は原文大文字）

三五歳の三世、キャシー・ハシモトは、幼少時なぜ彼女の母スミが自分や父と共にピュヤラップ祭に行くことを拒むのか、不思議に思っていた。スミは、戦時中収容された他の多くの二世と同様、二度とピュヤラップの土を踏むまいとかたく誓っていたのである。しかし、三六年後のこの追憶の日、スミは娘と共に、今度は自らの意志でピュヤラップ遊戯場に足を向けたのであった。

「追憶の日」（Day of Remembrance）と名付けられたこの行事は、立ち退き過程をドラマティックに再現することにより強制立ち退き・強制収容を思い起こさせることを目的としていた。集合所では、立ち退き時のように参加者に黄色い名札が手渡され、一世や二世はそこにかつて与えられた身分番号を記し、かつて強いられたように首にぶら下げた。集合場所を後に、およそ三〇〇台の車やバスが軍用バス・軍用トラックに導かれヘッドライトを付けて列をなし、ピュヤラップに向かって国道を下った。軍用トラックは、三六年前立ち退き者をハーモニー仮収容所へと輸送した軍用トラックを再現するものであった。九〇分の行進の後、人々はピュヤラップに到着し、「キャンプ・ハーモニー」へと鉄条網をくぐった。

この立ち退きの再現は、参加者に三〇年以上前の記憶を鮮やかに蘇らせた。多くの二世は、長年忘却へと封じていた過去の扉を、初めて開くことを自らに許したのである。

どうしようか迷って……、行こうか行くまいかと。で、そのことを娘たちに言うとね、「私が運転する。お母さん、行きましょうよ」と言ってくれて、二人の娘と一緒に行ったの。車を止めて、集会所に向かって歩くでしょ。そうしたら、カウボーイ・トラックとかいろいろなものが見えてくるのよ。私、思わず「お母さんたち、昔あれに乗ったのよ。こういうことやああいうことをしたものだったわよ」と。いろんなことが次から次へと口に出てきて、いろいろなことが思い出されて、そしたら涙がとめどもなく溢れてきてね……。

その後、傷が癒えたとでも言うのかしら。それによって古い傷が再び開いたから、よかったんだと思う。初めて泣いたっていう人が多かったのよ。立ち退きの時は誰も泣かなかった。けれど、初めて過去を振り返って泣くことができたのよ。

（バーバラ・ヤマグチ）

参加していた三世にとって、それは疑似体験ではあれ立ち退き過程を初めて経験し、両親や親戚らと共に収容所内の生活様式の展示を見る機会であった。デーヴィッド・ハヤマは、彼の父との、無言の、しかし深みのある心の交流について語る。

補償運動となんらかの形で直接関係のあることに関わったのはそれが初めてだったんです。私の父はとても静かな、とても孤独な人間なんですが、その父がそこにいたこと、それが私には何よりも感慨深いことでした。私は歩みよって父のために名札を取りましてね。お父さんが経験してきたことがどんなことだったのか、僕には今わかるよ、そう父に示すことは言いようのないほど何か深いことだったんです。そして彼らにとっては本当に本当に辛い経験だったと思いますね。日系アメリカ人の歴史の中で、そして両親や祖父母にとって、本当に悲惨な時であったと。

（デーヴィッド・ハヤマ）

「追憶の日」は、間もなく他の日系アメリカ人コミュニティに広がり、今や日系アメリカ社会の重要な年中行事となっている。この第一回の「追憶の日」によって、補償運動はそれ以前の長い停滞から脱け出し、補償実現に向かって前進し始めたのであった。

本書は、ワシントン州シアトルを舞台に、日系アメリカ人二世、三世のライフ・ヒストリーを辿りながら、日系アメリカ人におけるエスニシティの変遷を考察するものである。本書では特に、第二次世界大戦中の強制収容と近年の補償運動という二つの歴史的出来事が、いかに日系二世、三世のエスニック・アイデンティティに影響を及ぼしたかに焦点を当てる。第二次世界大戦中の日系アメリカ人の強制収容は、もはやアメリカ史の隠された一頁ではない。一一万人以上の日系人が自らの住居から追われ鉄条網に囲まれて戦時中の歳月を過ごしたことは、今ではよく知られる事実となった。一九九〇年一〇月から、アメリカ政府はその補償として、生存者に謝罪文と二万ドルの個人補償を手渡している。

しかし、なぜ補償が立ち退き半世紀後までなされなかったのか。なぜもっと早く実現しなかったのか。あるいはなぜ実現したのか。なぜかつて「おとなしいアメリカ人」（Hosokawa 1969）と呼ばれたこれらの人々が立ち上がり、成功を収めたのか。アメリカの総人口の〇・三%しか占めないこの小さな集団が、いかにして他のアメリカ人を説得することに成功したのか。そして何よりも、かつて日本を離れ一攫千金を夢見てアメリカに渡った日本移民の子供、孫の世代、二世、三世が、アメリカ社会における経験の中でどのように日本人から離れていったのだろうか。何がこの集団を「日本人」から「日系アメリカ人」へと変えたのだろうか。本書はこれらの疑問に答えることを試みるものである。

第一節　シアトルにおける日系アメリカ人コミュニティの概要

シアトルは、西海岸の中でも日系アメリカ人人口が集中している地の一つであり、後述するように古くからエスニック・コミュニティが発達している。第二次世界大戦中には他の西海岸地域と同様、軍事地域に指定され、人々は強制立ち退き・強制収容を命じられた。従ってヤナギサコ（1985：2-9）も指摘する通り、シアトルにおける日系アメリカ人の歴史的経験や観点、生活様式は多くの点において西海岸の他の都市における日系アメリカ人と類似している。このような古い歴史と他の西海岸都市との類似性を持ち、かつシアトルの日系アメリカ人に関する先行研究が豊富なことから、強制収容と補償運動に焦点を当てながらも、長い歴史的期間を扱いつつ日系アメリカ人のエスニシティの変遷を考察することが可能な調査地である。

シアトルの日系アメリカ人コミュニティは一〇〇年以上の歴史を持ち、合衆国の中でも最も古い日系コミュニティの一つである。記録上の最初の日本移民は、一八八三年オレゴン州ポートランドからシアトルに北上したが、やがて数年後にさらに十数人が移動してきた（北米時事社 1936：12-13）。

しかし太平洋沿岸北西部において、本格的な日本からの移民の波が訪れるのは一八九六年以後のことである。当時の急激な人口増加は、一八九〇年シアトルにおいてわずか一二五人しか記録されていない日本人が、一〇年後の一九〇〇年には三九〇〇人に膨れあがっていることからも窺える。この急激な増加は、一八九六年の日本とシアトルを結ぶ日本郵船の直行便の開通と鉄道会社に契約労働を提供した東洋貿易会社の一八九八年の設立によるものである（北米時事社 1936：13；Ichioka 1988：58）。初期の日本移民は、独身男性が大半でその男女比率は一九〇〇年時、五〇七対一〇〇であった（Miyamoto 1984：31）[3]。このような「フロンティア期」（Miyamoto 1984）の日本移民コミュニティでは、売春業が繁栄した。当時のシアトルにおける売春婦の数は、出典によって異なるが（例えばイチオカによれば一八九一年、二五〇―二六〇人の日本人居住者のうち、七一人〔1988：34〕[4]、伊藤によれば今世紀の初頭約二〇〇人〔1984：912-913〕）、戦前シアトル及び北西部の日本移民に関して貴重な本を著した当地の竹内は、一八九五年頃シアトルでは売春業がピークを迎え、売春婦の数は百数十人であったと記している（竹内 1929：43）。

一九〇七年当時ワシントン州には五八六八人の日本移民が居住していた（竹内 1929：792）。移民の大半は一攫千金を夢見てアメリカに渡り、成功すれば錦を飾って日本に戻るつもりでいた。多くの者が三年から五年間で、一〇〇〇ドルから三〇〇〇ドルを蓄えれば帰国するつもりでいたという（伊藤 1984：41）。当初はワシントン州内の鉄道建設会社や製材所、缶詰工場などで働いていた日本移民も、一九一〇年代に入り、資金を蓄えると、都市であるシアトルに流入し、それと共に自営業を始める者が増加し、定住志向も強まっていった。(5)

シアトルの日本人コミュニティの発展に伴い、その人口構成も変化してきた。一九〇七―〇八年の紳士協約の結果、日本政府は移民の自粛政策として労働移民の旅券の発行停止に踏み切った。それにより新規渡米労働移民は事実上停止し、替わりに写真花嫁として多くの女性が、両親や親戚、知人の媒介による写真交換、婚姻手続きの後、日本から渡米してきた。(6) このようにして日本人コミュニティは家族として定着し始め、「定着期」（Miyamoto 1984）に入る。村山は、一九一三年の時点で、日本移民の就労者一人当たりの所得は州平均の七〇％に達していたとの所得推定を示し、日本移民の比較的早い経済上昇を指摘している（1989：131）。

一九二四年、議会は一九二四年移民法を制定し、その結果日本から合衆国への移住は完全に停止される。一九二〇年代末から日米戦争勃発までの時期は、新しい世代、二世の台頭期でもあった。二世が誕生するまで一世は移住後何十年経過しても、一般に合衆国を彼らの永住の地とは見なしていなかった。ミヤモトは、シアトルの日本人家族の三六・五％が一九二五年の時点で日本にいずれ帰国することを望んでおり、日本への帰国の意図を否定したものは一人も存在しなかったと報告している（Miyamoto 1984：31）。合衆国に永住することに対しこのような躊躇がみられたのは、あくまでも出稼ぎ志向が強かったからであるが、一部には一九五二年マッカラン＝ウォルター法制定までの「帰化不能外国人」という法的立場、ワシントン州で一九二一年に制定された外国人土地法による土地所有や賃借の禁止などの日本移民や他のアジア移民に対する一連の法的差別や排斥もその背景にあった[7]。

しかしこうした彼らの一時滞在志向も二世の成長にしたがって弱まった。二世は一九三〇年代初頭頃からコミュニティ内において頭角を現すようになり、様々な社会組織において彼ら独自の下位集団を形成し始めていた（Miyamoto 1984 : xii）[8]。今日の日系市民協会（Japanese American Citizens League. 以下ＪＡＣＬ）の母体ともなるシアトル革新市民協会が結成されたのも一九二八年のことである（Hosokawa 1969 : 197-198）[9]。

戦前のシアトルにおける日系人経済は、小事業を主な基盤としていた。一九三五年頃シアトルにおける労働力の七四％が何らかの形で交易と関連しており、宿屋、雑貨店がその主な二領域を占めている（Miyamoto 1984 : 18）。日系人女性もまた小規模事業に従事しており、店員、経営者や管理人、あるいはサービス業に就労していた（Glenn 1986 : 78）[10]。第二次世界大戦中の強制立ち退きと収容は戦前の日系人コミュニティに見られた多くの特徴を破壊した。日本町には日系人の居住地、小事業、コミュニティ組織、社会的文化的行事などのあらゆる側面のコミュニティ生活が集約されていたが、それらは戦後決して戦前レベルにまで復興されることはなかった。

一九四五年西海岸への帰還が許可されるようになると、人々は次第に元の居住地に戻り始めた。シアトルの場合、Ｄ・レオネッティの報告によると、戦前の居住者の核人口の六〇％から七〇％が戦後帰還したという（Leonetti 1976）。シアトルにはハワイやカリフォルニア等の国内の他地域から相当数の日系人人口の流入が見られ、一九五〇年までに地域に居住している日系アメリカ人人口は六八三七人を記録し、人口的には戦前レベルに達した（Leonetti and Newell-Morris 1982 : 23）。

戦後日系人がシアトルに帰還すると、かつての日本町には他のマイノリティが既に流入しており、日系人は旧日本町の南部にあたるベーコンヒルをはじめ市内の他地域に拡散し始めた。日系アメリカ人は差別が緩減するに従い、社会的成功を収め、主流社会に進出し始めた。これは彼らの職業形態の変化にも反映されている。一九三〇年代末シアトルにおける日系人人口の所得者の四六％が個人の小事業に従事し、二五％が速記、事務員、店員などの事業に関連した職種に就いていた。それとは対照的に一九七〇年にはホワイト・カラーの日系アメリカ人男性は五二％に達し、白人男性の四一％を凌いでいる（Miyamoto 1984 : 70 ; Leonetti and Newell-Morris 1982 : 24）。同様にシアトルにおける日系人女性の専門職、技術職に従事する割合は一九七〇年において一四・九％であったが、これは一九四〇年の専門職あるいは準専門職に就業していた一世女性の三・八％、二世女性の五・四％から大幅に飛躍している（Glenn 1986 : 78, 93）。またこの時期、外婚（いわゆる異人種間・異民族間結婚）が急激に増加した。レオネッティとニュウェル＝モリス（1982）は、一九三〇年から一九四二年の間の日系人の外婚率が一％未満であったのとは極めて対照的に、一九七〇年には五〇％以上に上ると報告している[11]。

一九九〇年の合衆国国勢調査によると、ワシントン州では、一九八〇年日系に次ぎ二位であったフィリピン系が首位に上り（四万三七九九）、日系は人口的にはアジア系の中で第二位で（三万四三六六）、中国系（三万三九六二）、朝鮮系（二万九六九七）[12]、ベトナム系（一万八六九六）がそれに続く。

しかしシアトル市では、日系は中国系（一万五〇八四）、フィリピン系（一万四六八九）に次ぐ三位であり（九八四七）、日系がアジア系内で最大集団であった一九八〇年時とは大きく人口構成が変化した。表1に見るように、シアトルにおけるアジア系全体の急激な人口増加とは対照的に、日系人人口は戦後緩やかな増加しか見せておらず、一九七〇年から一九八〇年にかけては、キング郡では増加を見せながらも、シアトル市内では減少している。これは、シアトルに居住していた多くの日系アメリカ人が、雇用機会の増加と住居差別の緩和に従い郊外に移転したことを意味していると思われる。一九八〇年の統計によると、ワシントン州の日系人人口の高卒率は、八九・七％で、これは中国系（七九・〇％）、フィリピン系（七一・〇％）、朝鮮系（八七・八％）、さらに全体人口平均（七九・〇％）

表1　シアトルにおけるアジア系人口の推移

年	1900	1910	1920	1930	1940	1950	1960	1970	1980	1990
日系	2,990	6,127	7,874	8,448	6,975	5,778	9,351	10,441	9,762	9,847
中国系	438	924	1,351	1,347	1,781	2,650	4,076	6,230	9,916	15,084
フィリピン系	－	－	458	1,614	1,392	2,357	3,755	5,830	9,510	14,689
朝鮮系	－	－	－	－	－	－	－	475	2,199	3,909
ベトナム系	－	－	－	－	－	－	－	－	2,601	5,309

（U. S. Bureau of the Census）

表2　合衆国におけるアジア系人口の推移

年	1900	1910	1920	1930	1940	1950	1960	1970	1980	1990
日系	85,716	152,745	220,596	278,743	285,115	326,379	464,332	591,290	716,331	847,562
中国系	118,746	94,414	85,202	102,159	106,334	150,005	237,292	436,062	812,178	1,645,472
フィリピン系	－	2,767	26,634	108,424	98,535	122,707	176,310	343,060	781,894	1,406,770
朝鮮系	－	5,008	6,181	8,332	8,568	7,030	－	69,150	354,593	798,849
インド系	－	2,546	2,495	3,130	2,405	－	－	－	361,531	815,447
ベトナム系	－	－	－	－	－	－	－	－	245,025	614,547

（U. S. Bureau of the Census）

を凌ぐものである。

一九九〇年の国勢調査によると、日系人人口はシアトル全人口の一・九％、キング郡では一・四％を占めている。ちなみにアジア系・太平洋諸島系の人口比は、シアトルで一一・八％、キング郡で七・九％である。アメリカ全土におけるアジア系の人口比率は、過去一〇年間に一六〇％と最も高い成長率で増加している。州レベルでも、日系人自体は人口増加率では主なアジア系集団の中で最低ではあるものの、全体人口におけるアジア系の人口比は倍増している。

キング郡では、従来日系人人口のベーコンヒル地区への集中が見られていたが、職場がシアトルであっても郊外に住居を構える三世が増加している。ロサンジェルスやサンフランシスコと異なり、シアトルには強制立ち退き後日本町に該当する地理的コミュニティが存在せず、今日は、戦前日本町の中心であったメイン通りと六番街の交叉する周辺に、日本レストランや商店、日本館劇場、コミュニティ新聞社などが小さな群をなし、かすかに日系人通りとしての雰囲気を漂わせているのみである。教会や二世在郷軍人ホール、JACLシアトル支部、敬老（高齢者養護）ホーム、日系人会、その他様々な県人会組織や他のコミュニティ組織が、この旧日本町を含むインターナショナル・ディストリクトからその南のベーコンヒル地区にかけて位置している。コミュニティの人々は、他都市のような「チャイナタウン」や「ジャパンタウン」のように互いに隔離した形ではない、「インターナショナル・ディストリクト」と呼ばれる全米で唯一の地理的汎アジア系コミュニティの存在に触れ[13]、この地域のアジア系アメリカ人がいかに調和的関係にあるかを誇らしげに語る。これは、一九世紀末から存在した中国系、日系、フィリピン系コミュニティが元来地理的に隣接していたこと[14]、及び過去数十年においてこれら三集団の人口に極端な差がなかったことに起因すると考えられる。しかしインターナショナル・ディストリクトが、住居を建設あるいは修復し、社会福祉サービス、小事業を活性化させ、アジア系コミュニティの中心地となったのは、一九七〇年代以降のことである（Santos 1983：3-4）。今日若干名を除き、この地域から離れたところに居住し職場を持つ日系アメリカ人にとって、インターナショナル・ディストリクトは日系独自のものでないにせよ、地理的コミュニティの基盤としての象徴的存在である。また、それがシアトルにおけるアジア系内のエスニック集団間関係をある程度象徴し、従って日系アメリカ人の他のアジア系アメリカ人に対する感情に影響を及ぼしていることに間違いはない。

地理的拡散や物理的な意味でのコミュニティ消滅にもかかわらず、シアトルにおける日系アメリカ人は強いネットワークを維持しており、他地域から転住してきた二世や三世の中には、このコミュニティで噂がいかに早くいかに隅々まで広まるかということを語る。「みんな顔馴染みだ」と言う人々の言葉は、特にこの地域で生まれ育った者に関しては的中しているように思われる。

コミュニティの活動家達は、シアトルは全国の日系アメリカ人コミュニティの中でも急進派として名高いと言う。これは、日系社会内で政治的社会的運動において論争を引き起こした諸問題をしばしば中心となって推進してきたという、ＪＡＣＬシアトル支部に特に該当するようである。まさにこの政治的土壌が、補償運動においても多大な関心と情熱を生み出したと言えるであろう。

第二節　エスニシティの再構築――理論的枠組

この節では、本書の議論に関係するエスニシティについての概念や理論的枠組を提示することとする。「エスニック集団」に関しては、その複雑な性格について後に論じるので、ここではエスニシティについて簡単に述べておこう。「エスニック」の英語における名詞であるこの語は、少なくとも集団を指すことが明白な「エスニック集団」とは異なり、それが具体的に何を指すのかは学者間でも全く意見の一致を見ていない。それは、往々にしてエスニック集団と互換的に用いられ（e.g. Isajiw 1974 : 122 ; Greeley 1974 : 35）[15]、時としてエスニック集団の存在を指し（e.g. Winthrop 1991 : 94）、またエスニック集団構成員の「過去からの連続感」という「感情」を指す場合もあり（e.g. De Vos 1975 : 17）、その用途は余りに多様である。「エスニシティ」（ethnicity）という語が、その原語の形容詞「エスニック」（ethnic）の修飾する語も含めた **"ethnic group" "ethnic identity" "ethnic attachments" "ethnic pride" "ethnic resource" "ethnic phenomenon"** 等の全ての語を指す感さえある。綾部はエスニシティを「エスニック・グループが表出する性格の総体」と定義しているが（1993 : 13）、それはこのような現実の多様な用法や意味を忠実に包含するものであろう。私自身は、エスニシティは多分に「エスニック集団あるいはその一部の構成員がそのエスニック背景に基づき意識的・無意識的に表す心理的・社会的現象」であると捉えている。が、エスニシティの意味をこのような定義として厳密な一線を引いて限定する必要はなく、この語の曖昧性と便利性は、少なくともこの分野の研究がより成熟するまで、緩やかな形で残しておいてよいであろうと考えている。

さてエスニシティという語が記録上最初に用いられたのは、一九五三年、デーヴィッド・リースマンによってであり、『オックスフォード英語辞典』に初めて現れるのは一九七二年と比較的近年のことである（Glazer and Moynihan 1975: 1）。民族集団は世界中で古来から存在しているのであり、なぜ今エスニシティなのかという問題がある。それは果して古い現象に新しいラベルを貼っただけのものなのであろうか。

このエスニシティという概念を従来の「民族」が表す現象と異ならしめるものに、二つの、しかし相互に関連した側面がある。一つは、この概念が極めて相互作用を重視している点である。これは、後述するノルウェーの人類学者F・バルトをはじめ多くの学者が強調するところである。無論「民族」にも他のいかなる社会集団にも相互作用の側面は不可欠ながら、静的な概念で帰属がほぼ生得的に決定される民族と異なり、エスニシティの概念では相互作用の重視により絶えず変化する境界とそれによって規定されるエスニック集団を動態的に捉えることが可能なのである。

これに関連するもののエスニシティ概念のもう一つの重要な点は、それが従来の人種、民族、あるいは部族という概念と異なり、多くの定義において「ある社会の中で」と枠組を限定していることである。この社会のレベルを綾部（1993）のように国民国家に特定する立場もある。すなわちエスニシティ概念では、マレーシアの華人とシンガポールの華人は別に考える。ここで社会の枠を国民国家に限定するのは、世界の諸地域で国民国家の概念や実態が脅かされつつある現代、エスニシティ研究の今後の課題とするべきところかも知れないが、本研究の対象地域であるアメリカ合衆国においては、社会の境界と国民国家の境界は殆ど一致していると言えるであろう。「ある社会の中で」と限定し、他社会の同類の集団を考慮に含まないとすることは、換言すれば、そこで問題とすべきことは、文化的属性の共有あるいは共有感よりもむしろ当該社会での社会的脈絡や社会内での他のエスニック集団との関係であるということを意味する。

このようにエスニシティを捉えると、それは明らかに従来の民族や少数民族という概念とは異なる現象を扱うと言える。日系アメリカ人のエスニシティを考察する本書は、エスニック集団間の相互作用と、社会としてのアメリカ合衆国の中での彼らの位置付け、アメリカ社会・アメリカ合衆国との関係等が吟味の対象となり、その意味において単に一つの「民族」の軌跡を記すものではない。本書の扱う現象はまさにエスニシティ概念の本質に関わるものである。

アメリカ社会の多様性を考察する上で、もう一つ避けて通れないのが「人種」（race）という概念である。この概念自体やその変容の経緯については別の機会に譲りたいが（cf. 竹沢 1994）、ここで確認すべきことは「人種」という概念があくまでも社会的構築物であるということである。これは今日のアメリカにおける社会学や文化人類学では主流の理解であるが（e.g. Montagu 1974; Banton 1983; Omi and Winant 1986）、日本国内においては、例えば『文化人類学事典』（1987）では、「今日では、生物学的な特徴による区分を人種とよび、文化・社会的な特徴に基づく民族とは厳密に区別すべきものであることが常識になっている」と記され、人種区分の主観性が指摘されながらも議論の大半が人種区分や身体的特徴等についてであり、概念の社会的性格について一切言及されていない[16]。

『人種・エスニック集団関係辞典』（Cashmore 1988）によると、「ほぼ全ての社会科学者が唯一使用する『人種』の用い方」は、「特定の社会において皮膚の色や、毛質、顔の特徴、体型等の身体的マーカーを基盤に同一の集団に属すると社会的に定義される人々の集団」（傍点は原文イタリックス）であると明記されている。本書における「人種」の理解もこの定義に沿うものであり、従って以下「人種」という表現を用いる際も、あくまでも人々の認識体系に存在する概念を前提としており、生物学的分類としての使用ではない。また「人種差別」（racial discrimination）や「人種差別主義」（racism）という語も、アメリカ社会では頻繁に使用される用語であるが、これらも人々の認識における「人種」が異なるゆえに行われる差別行為や人種間に優劣をつけるイデオロギーを指す。

「エスニック集団」と「マイノリティ」（少数派集団）についても簡単に触れておこう。本書は、強制収容や補償運動に焦点を当てる性格から、必然的に人種偏見、差別、排斥等の問題を含むが、私はここでは日系アメリカ人を単なるマイノリティとしてではなく、一エスニック集団として位置づけ把握しようと考える。社会科学者によっては、「エスニック集団」を「マイノリティ」と互換的に用いる者もいるが、社会の中での力関係に焦点をあわせたマイノリティと、エスニック集団という概念とは区別されるべきである。日系アメリカ人は、多くのエスニック集団の定義によく適合する文化的脈絡を伴っているのみならず、J・ヴィンセントの指摘するように、エスニック集団は可変的であり「絶えず再定義し直されている」(1974：377)という側面を持ち合わせているからである。

さて本書は、日系アメリカ人のエスニシティの変遷を考察するものであるが、このエスニシティの可変性という複雑な性質を分析するためには、既存のエスニシティ理論を借用、あるいは修正して援用する必要がある。エスニシティ研究には膨大な蓄積がありここではそれらを概観するものではないが、以下可能な限り本研究で扱うエスニシティ変遷の議論に関係する有効な概念や理論的アプローチに言及し、エスニシティ研究のなかでの本書の理論的立場を明確にしておきたい。

かつてエスニック集団とは、言語、宗教、慣習、出自、人種等の属性を共有する集団として広く解釈され、これらの属性は客観的に観察されるもので、エスニック集団の概念はこれらの属性がほぼ永久に存続するという前提の上に成り立っていた。この客観的アプローチはR・ナロルの「文化保持単位」の概念に代表される(Narroll 1964)。今日このような静的なエスニシティの捉え方は理論上の主流をなしていないものの、慣用的使用はもとより多くの社会科学者も未だにこの概念に束縛されているように見受けられる。

F・バルトの名著『エスニック集団と境界』は、このような古典的なエスニック集団の概念を覆し、構成員の主観的な帰属とアイデンティティを概念の中心に据える立場を提唱し、エスニシティ研究の方向転換をきたすほどの理論的影響を及ぼした。彼は集団間の相互行為を極めて重視し、社会組織としてのエスニック集団の構成員は「相互行為を行うにあたって自己や他者を範疇化するのにアイデンティティを用いる」と規定した（1969：13–14）。バルトによれば，エスニック集団の重要な特徴として一般的に認識されている文化的特性の共有は，「結果」でこそあれその主たる特徴ではないとされる。すなわちそのような特性は，あくまでもエスニック集団の文化に焦点を当てたものであり，社会組織としてのエスニック集団とは別の次元の問題であると捉えられている（1969：11–12）。

このバルトの理論は，本書における日系アメリカ人のエスニシティの議論でも土台としているところである。すなわち本書の焦点は，アメリカ社会におけるダイナミックな人種・エスニック集団関係での他集団との相互行為の下で，日系アメリカ人自身が何をもって自己と他者との間に境界を引くのか，日系アメリカ人であることの意味を彼ら自身がどのように解釈しているのか，にある。

ここで注意すべきことは，バルトの視点はあくまでもエスニック集団構成員自身の主観性にありながらも，他者による境界規定についてはそれが内部からの境界と一致することを半ば前提的に捉えている点である。しかしながら，現実には外部による境界——それはしばしばエスニック・ステレオタイプと呼ばれるものと関連するが（村沢1988）——と内部からの境界は，共時的にも通時的にも一致しない場合が多い。すなわち両者間の境界の輪郭はさほど明瞭でもなく，W・イサジフ（1974）の呼ぶ「二重境界の形成」は特にアメリカ社会では歴史的に往々にして観察されてきたことである。さらに本書においてより重要なことは，境界規定の基盤となるものが，外部からの境界が人種や，言語，衣装等の文化的特性，より視覚的な属性に依拠しがちであるのに対し，内部からの境界の基盤となる要素は，本書がこれから明らかにするように，より流動的でありうるからである。しかしこの「二重境界」は，必然的に相互作用をきたし一重へと距離を縮めようとする。二者間の境界のズレも，エスニック集団構成員自身の外社会への主張により，外部からの境界規定の基盤の認識に影響を与えうるものであり，その逆，すなわち外的境界とステレオタイプや差別に対抗して協調をくむことにより内部の境界規定も変容しうる。

さてバルトのエスニック・アイデンティティ論以後、エスニシティ研究の中心的関心はエスニック集団の構成員の主観的なアイデンティティの源泉となるものは何かという問題に寄せられ始めたが、そこでは、原初性論者(primordialist)(e.g. Geertz 1963 ; Isaacs 1975)と用具論者(instrumentalist)(e.g. Despres 1967 ; Cohen 1969)が理論的対極を築くことになる。本書では、用具論的側面を排除するものでなく、特に汎アジア系アメリカ人エスニシティに関してはその側面が強く関わるが、日系アメリカ人のエスニシティ自体により深く関連するのは前者である。というのも原初性論は、我々が対象とする日系アメリカ人の初期のエスニシティの理解に有効なアプローチを提供するからである。

この原初性論は、用具論の立場、すなわちエスニシティは付帯現象に過ぎず現実には利益集団として機能しているという立場とは対照的に、エスニシティは「非合理」な感情的紐帯を基盤としていると見なす。ギアーツは、原初的愛着を「社会的存在の『与件』――より正確には文化とは必然的にそのような事に関わるのであるから、前提的に捉えられている『与件』――から派生するもの」(1963 : 259)と定義している。彼はこの「与件」として近隣及び親族関係、血、言語、宗教、及び慣習を挙げ、それら全ては生得的であり、これらの要素を原初的愛着の力を生み出す源泉であると論じている。同様の立場がアイザックスにより提唱されている。アイザックスは、原初的親近感が彼が呼ぶところの「基本的集団アイデンティティ」の基盤を成すとみなしている。基本的集団アイデンティティとは、彼によると、個人が特定の時に特定の所で特定の家族に生まれたその瞬間から他の者と共有する既存の一連の素質やアイデンティティから構成されているという(1975 : 38)。この原初的アプローチの延長上、最も極端な観点の提唱者の一人として、社会生物学的アプローチをとるファン・デン・バーグが挙げられる。彼は、人種的・エスニック的感情は「親族感情の延長」であるという見地をとる(1981 : 80)。

このように原初的アプローチは、エスニック集団の形成と維持を説明するのに、合理的で用具的な力よりも、原初的愛着の感情的力や特定のエスニック集団に生まれることにより生得的に習得するとされる「与件」を極めて重視する立場である。

このような原初的愛着感は、文化的に均質な集団が、新しい政治的、社会的統一体に統合された時、あるいは初めて他のエスニック集団と接触した時に、最も強く作用すると考えられる。国家形成、移住、異集団との接触がその例である。原初的愛着感は、エスニック集団構成員を感情的に結びつける基本的な力であるが、異なる文化背景を持つ他者との接触により、構成員の間に、その集団に生まれることにより生得的に獲得すると構成員がみなす、文化的、身体的特徴の共有意識が強く生み出される。従って本書の場合、元来日本国内で言語や方言、慣習においてすぐれて地域差の大きかった一世は、彼らの文化的背景が新しく遭遇した新社会では極めて異なるということを必然的に認識し、初めて当該社会で彼らはエスニック集団となったのである（cf. 前山 1984）。

原初的感情は、私の視点では、エスニック集団を形成し維持させる最も根源的な力の一つを成すが、しかし変容する社会状況に直面しながらも、なぜ、そしてどのように、エスニシティが存続し維持されるのかを説明するには不十分である。時の経過と共に他のエスニック集団との接触が増え、それによって必然的に文化融合や文化変容が進行するが、それは文化的均質性を弱めるものではあっても、高めるものではない。原初的感情は、近隣や親族関係、言語、慣習等の「与件」に依拠しているため、論理的には、新たなる社会で原初的感情を発達させた第一世代から世代が進むにつれ、原初性に基づくエスニック・アイデンティティは希薄化するはずである。これはまさにアメリカ合衆国の社会学者が「直線」理論と呼んだ（Sandberg 1974）、エスニック集団は文化変容の進展と共に大社会に次第に吸収されるという理論と類似する論理である。

しかし我々は豊富な事例研究により、現実にはエスニシティが必ずしも文化変容と比例して衰退しないことを経験的に知っている。エスニシティは、アメリカにおいても世界の諸地域においても、単に文化的に均質な集団の残滓として存続しているわけではない。現在に意味をもち機能しているからこそ存続しているのである。

では何がどのように過去と現在を連結させるのであろうか。前述の原初性論と用具論の対立がエスニシティ論の中心的論点として続く中、エスニック・アイデンティティの存続を説明する要素として、エスニック集団の歴史的連続性に着眼する立場が現れた（e.g. Spicer 1971；De Vos 1975；Parsons 1975）。これは、エスニック集団の歴史の共有感やその歴史の象徴的解釈に関心を寄せるものである。G・デゥヴォスは、「エスニシティとは、……その究極的な意味においては、過去からの連続感、すなわち個人の自己定義の本質部分として維持されている感情である」（1975：17）と断言している。デゥヴォスは心理学的アプローチを取っているが、単に行動様式からの観点だけでなく、人類学でいうエミック、つまり当該社会の構成員の内側からの視点を重視するアプローチを用い、個人の主観的な所属意識を考察する必要性を主張している。「エスニシティは、個人がどのように行動するかという他者による観察によってではなく、その個人が自己に対して如何なる感情を抱いているかによって決定されるのである」（1975：17）、と。デゥヴォスは、とりわけ個人の生存《サバイバル》意識を心理の最深部にあるエスニシティの本質と見なしている。カイズはこの概念を発展させ、ある集団の祖先の苛烈な惨苦の経験は、エスニック・アイデンティティの経験的基盤を提供していると論じている（1981：9-10）。日系アメリカ人に関する本書でも、この歴史的経験を重視するアプローチをとっているが、特にこの苦しみの経験がエスニック・アイデンティティに及ぼす影響が考察の中心となる。

確かに苛烈な苦しみの共有感は、エスニック・アイデンティティの基盤を築く。しかし、その強度の苦しみの意識がなんらかの形で覆されたり、あるいは「勝利」に達することなく長期間持続するならば、エスニシティはしばしばスティグマ化される（Eidheim 1969）。この点に関して、デゥヴォスとロマヌツィ＝ロスが、あるエスニック集団構成員間での歴史の慶祝において集合的儀礼が果たす役割の重要性に言及していることは注目に値する（De Vos and Romanucci-Ross 1975 : 365）。

一九八〇年代に入り、文化人類学において、伝統や伝統の創出の概念をエスニック集団構成員のアイデンティティと関連づけて、諸行事、諸慣行の象徴的意味の理解に利用するアプローチが盛んになっている（e.g. Jayawardena 1980 ; Linnekin 1983 ; Fienup-Riordan 1988 ; Poyer 1988 ; Toren 1988 ; Sollors 1989 ; Tonkin *et al.* 1989）。これらの研究の理論的基盤は、シルズの「伝統」（1972, 1981）、アイゼンスタットやシルズの「知識層と伝統」（Eisenstadt 1972, 1973 ; Shils 1972）、ワグナーの「文化の創出」（1975）、ホブズバームの「伝統の創出」（1983a）等の概念により構築された。

ホブズバームによると、「創り出された伝統」とは、「顕在と潜在を問わず容認された規則によって統括される一連の慣習および、反復によってある特定の行為の価値や規範を教え込もうとし、必然的に過去からの連続性を暗示する一連の儀礼的ないし象徴的特質」であるという（1992 : 10 [1983a : 1]）。彼は、創り出された伝統は、過去との連続性の捏造にその特質があり、その点において本来の歴史的伝統との間に一線を画すと、その差異を強調する。彼に言わせれば、「昔のやり方が生きているところでは、伝統は復活したり、創り出されたりする必要はない」のだと（1992 : 18 [1983a : 8]）。ホブズバームは、伝統の創出の議論で、創出の過程に伴う儀礼とそこに使用されるシンボルにも大きな関心を払った。伝統が創り出されたものであるのと同様、そこに観察されるシンボルもまた大部分は新しく創り出されたものであると述べている。

このホブズバームの議論は、エスニシティ研究においても一九八〇年代後半以降理論的方向性に多大な影響を及ぼしたが、過去の文化的再構築を吟味する本書においてもこの「伝統の創出」の概念は有効である。しかし一つ留意すべきことは、これから考察する日系アメリカ人に見られる伝統の創出は、ホブズバームや彼の編集する本の中で他の執筆者が報告するような、統治者や政治的指導者が目的遂行に大衆を操作するという用具的性質を帯びていないことである（e.g. Hobsbawm 1983b ; Cohn 1983 ; Ranger 1983）。日系アメリカ人が「創り出した」伝統は、彼らが共有する過去に深く根ざした、民衆である彼らが主体的に意識した伝統であり、そこに付随するシンボルも過去とその過去の現在と未来への連続性に対する彼らの解釈を象徴するものである。

S・N・アイゼンスタット（1973：23）は、集合的国民アイデンティティを形成し台頭する集団を共通の制度的枠組の中に統合するために、現代社会における知識層によりいかに伝統が再構築されるかについて論じている。彼によれば、近代化が進行している社会で伝統が再構築されるパタンとして、特定の伝統的なシンボルは個人的ないし集合的アイデンティティの核となる新しいシンボルを創成するために置換され、それにより集団や社会の構成員は「彼らの個人的アイデンティティと新しい政治的社会的文化的秩序のシンボルとを肯定的に関連づける傾向にあり、彼らの個人的アイデンティティの主な集合的指示物として」新しいシンボルを受け入れるという（1973：23）。ここで本書に特に関与する点は、伝統は、選択され修正され再定義されて現在の社会的脈絡に重要な意味を持つようになり、その過程から新たに創成されたシンボルは、個人的アイデンティティと集合的アイデンティティを連結させる働きをするということである。

エスニシティが人工的な外的圧力によってではなく、外的影響を受けながらも主としてエスニック集団の内的進化の結果変換する時、その変換は基盤のない所には突如としては起こり得ない。エスニシティの変換の背景に横たわるのは、しばしばグループ構成員のエスニック・アイデンティティの意識的・無意識前的という二面的性質と関連すると思われる。G・デヴェロー（1975）は、彼が呼ぶところのエスニック・パーソナリティとエスニック・アイデンティティを区別したが、この区別はさらにスタインとヒル（1977）によって支持され、彼らは前者を行動的エスニシティ、後者をイデオロギー的エスニシティと名付けた。双方とも、後者のタイプのエスニシティを意識されたもの、それとは対照的に前者を無意識前のものと見なしている。

エスニシティを意識的・無意識前的と二区分するのは、個々人のアイデンティティの持ち方はより複雑であるので必ずしも適切とは思えないが、この二つの概念の区別は、特にエスニシティがスティグマ化された時重要である。エスニシティがスティグマ化された時、エスニック集団の構成員はその集団への自己同一視を抑圧しようとし、特にアイデンティティの変換が可能な場合は、意識的レベルで当該社会によってより好ましいとされる集団と自己同一視しようとする。パッシング、すなわち自己の人種・エスニック背景を隠し別集団の構成員になりすますことはその例である。このような状況の下では、エスニシティのイデオロギー的側面が、表層レベルで顕在するエスニシティの行動的側面の方向性を決定する。

しかし他方において、エスニシティがスティグマ化されている時でも、ある特定のエスニック的行動や規範は深層レベルで根付いており、意識的な社会化を伴わなくても次世代に継承される。それは抑圧されている時は、より無意識的に行われる。このレベルでデヴェローがエスニック・パーソナリティと呼びスタインとヒルが行動的エスニシティと呼んだ性質が、エスニック・アイデンティティやイデオロギー的エスニシティの前提となるのである。ここでこの議論を援用するならば、スティグマ化されたエスニシティが覆され、エスニシティの変換が生じる時、共通の経験や慣行に基づくエスニック・アイデンティティの無意識前的あるいは潜在意識的な側面が顕在化し活発化し始める。これによって、潜在意識レベルで他の時に抑圧されているイデオロギー的エスニシティに肯定的意味合いがもたらされると、構成員は文化的マーカーや行動様式をしばしば誇示する、という現象が説明されよう。

我々はまたエスニック・アイデンティティの重層的な側面を考慮する必要もある。社会的脈絡に応じてエスニック・アイデンティティに変化が生じることは既に数多くの学者によって指摘されている（e. g. Nagata 1974; Patterson 1977; Despres 1975; Keyes 1976）。カイズは、「特定のエスニック集団と関連づけられている文化的特性が完全に状況的であるとされるならば、エスニック集団としての集団アイデンティティは、完全に恣意的であり分析の価値がない」と断定している（1976: 203）。他方O・パタソンとL・デプレはそれぞれ、用具論的観点から、エスニック集団の構成員は彼ら独自の社会的経済的利害を最大化するために、与えられた状況に応じて自らのエスニック・アイデンティティを選択したり転換したりすると論じている。J・ナガタは、エスニック集団を一種独特の準拠集団と定義し、「個人によっては、役割上の矛盾をきたしたり周辺的な地位に押しやられることなく、所属意識の上であるエスニック集団と他のエスニック集団との間を比較的自由に往来する」と論じている（1974：333）。しかしながらナガタのエスノグラフィを細かく検討すると、エスニック・アイデンティティの転換が生じる状況は、当該エスニック集団にステレオタイプ的に付与された肯定的ないし否定的価値観やあるいは希少な資源を巡る競争を伴っている。すなわちこれら三人の学者の研究は、実際には、特定の状況下において特定のエスニック・アイデンティティを選択することにより当該エスニック集団からの距離を縮めたり拡げたりする個々人の直接的な利害形態に関係するものなのである。

しかしながら、エスニック・アイデンティティの転換は、必ずしも恣意的ではなくまた用具的な力や実利性により制御を受けるものでもない。ある社会の構成員が持つエスニック・アイデンティティの「層」の多重性に関しては、既に他の研究者が指摘している通りである（Leach 1954；Moerman 1965）。I・ライトは、彼がエスニック集団の境界を指すと定義する「エスニック・スコープ」という概念を用いて、「〔重層的な〕エスニック意識を構成するヒエラルキーの一つ一つのレベルにおいては、排他性を必要とせずまた典型的には排他的でない」と論じている（1981：71）。ライトは大陸性、国家性、地域性、地方性という四種類にエスニック・スコープを分類することを提唱し、ある個人は例えばアジア系として、中国系として、広東系として、広東の特定地域の出身者として、のアイデンティティを同時に保持しうるという。このエスニック・スコープの概念は、大陸性、地域性、地方性までもエスニックと呼び、従来の用法よりもより広義で柔軟な意味でエスニック集団を捉えている。ライトはこの概念を世界レベルにまで拡張しており、超国家的「ヨーロッパ人としての」意識は西ヨーロッパにおけるさらなる包括的レベルでのエスニック意識の例を提供すると述べている（1981：72）。

私は現状において必ずしもこのようなエスニック・スコープの概念の拡大解釈に同意するものではないが、エスニック・スコープという概念は、私がエスニック・アイデンティティの重層的そして包括的と見なす性質を説明するのに有効であると考える。エスニック集団の構成員は、状況に応じて忠誠やアイデンティティのレベル転換を行うことが可能であり、それは必ずしも彼らの直接的なあるいは急迫した利害が絡む場合に限定されない。

しかしながらエスニック・アイデンティティの転換や変化は、恣意的にあるいは成行き次第で生じるわけではない。エスニック・アイデンティティの変化は次の二つの条件を必要とすると考えられる。⑴社会組織としてのエスニック集団間の認識上の対立が顕著となる状況を伴わなければならない。⑵構成員間で経験や社会的文化的特性の共有意識が作用しなければならない。

⑴の状況に関して私は、S・ウォルマンとその捉え方を同じくする。ウォルマンは、「エスニシティは、組織化やあるいは自己同一化をすすめるにあたり、『我々』意識を増幅するために『彼ら』との差異が用いられるそのプロセスである」と定義し、「エスニシティは、『彼ら』と『我々』の顕著な相違を認識することである」と述べている（1979：3）。これらの包括的な集団に関する固定した認識的イメージが重層的に存在するという前提の下に、私は、個々人はライトのいうように、エスニック・スコープの中で適当な次元を選択し、与えられた状況に自らを最もうまく適合させるためにアイデンティティを転換させるのだと考える。しかしながらこのアイデンティティの転換が、他の種類の社会組織や集団における場合のように容易に生じないのは、特殊な目的のために生成され目的の成就と共に解散するという、他の種類の組織とは異なり、エスニック集団の形成は人々の認識の中で、歴史に根ざしており、従って恣意的な変化やアイデンティティの即席的な形成には影響を受けにくいからである。

エスニック集団の構成員は、集団への帰属によって心理的拠り所を求める。従って個々人が特定のエスニック集団によって受容されない場合、また他のエスニック集団にアイデンティティを見いだすことができない場合、アイデンティティは問題をはらみディレンマが生じる。そのような場合、人々が状況を再解釈しエスニック・スコープ内の上位レベルに忠誠を見いだし、拠り所を見つけることもあり得る。それにより、下位レベルにおいて要求された集団構成員としての厳密な文化的定義をもはや念頭におく必要はなくなる。私は、これが本書の三世の経験において議論される汎アジア系アイデンティティの台頭を生み出した基本的要因の一つであると考えている。

さて、文化人類学におけるエスニシティに関する諸種の理論とは別に、アメリカ社会のエスニシティに関しては主として社会学を中心に理論が発達しているが、ここで本研究のアメリカのエスニシティ研究の中での位置づけも試みてみたい。アメリカ社会のエスニシティに関する古典的な論争は、果してアメリカ社会におけるエスニシティは文化変容や同化に伴い衰退するのか、各エスニック集団が持つ特性は時の経過とともに薄れるのか（e.g. Warner and Srole 1945 ; Park 1950 ; Sandberg 1974 ; Hechter 1978）、あるいはエスニシティはまだ存続ないし活性化しているのか、エスニック集団の特性は希薄化の傾向を見せていないのか（e.g. Glazer and Moynihan 1963 ; Novak 1972 ; Stein and Hill 1977）をめぐって行われてきた。アメリカの人種・エスニック集団関係に関する古典の一つともいうべき社会学的理論は、R・パーク（1950）やウォーナーとスロール（1945）の同化論である。パークの同化理論は、移民は「接触」「競争」「適応」「同化」という「人種関係のサイクル」を踏んで同化に至ると考えていた。それは歴史的にアメリカ社会のイデオロギーとして支配的であった「アングロ・コンフォーミティ」や「るつぼ論」（cf. Gordon 1964）と同化という面では概ね一致するものであった。一九六三年に出版されたグレイザーとモイニハンによる『るつぼを越えて』は、この同化の前提を覆すもので、アメリカ社会における人種・エスニック集団間の構造的隔たりや政治的利害の衝突、軋轢を浮き彫りにし、アメリカ社会でエスニシティが決してその重要性を失っていないことを明るみに出した。「同化論者」対「多元主義者」の議論が始まったのは、このグレイザーとモイニハンの研究が引金となったと言っても過言ではない。[17] グレイザーとモイニハンの「多元主義者」としての立場はその後、グリーリィ（1974）、ノヴァック（1973）らにより継承されている。

多元主義的見方は一九七〇年代により一般的であったが、その後の研究でそれはエスニシティの蘇生やエスニック集団間の相違を過度に強調したと批判されたり（Steinberg 1981 ; Yinger 1985 ; Alba 1990）、それに対抗する七〇年代以後の「同化論者」はそのようなエスニシティの活性化は一時的現象であり、長期的にはエスニシティの衰退は回避できないと主張する（e.g. Sandberg 1974 ; Gans 1979）。しかし、同化論者の立場は、エスニシティの概念を古典的な文化的特性の共有という意味に還元し、他の要素、特にエスニック集団構成員間のアイデンティティという側面を軽視していると思われる。エスニシティは、アメリカにおいてもまた世界中の他の地域においても単に元来文化的に均質な集団の残存物としてだけでなく、現在活発に機能しているからこそ存続しているのである。エスニック集団の構成員は、彼らが絶えず影響を受ける諸種の外的要因に反応する。特に集団構成員の地位が危機にさらされたと感じる時、彼らは過去や伝統を再解釈し、再構築することによって現在に関係する意味を見いだし、集団アイデンティティを強めようとする。しかしながらこの対極に立つ二つの理論は、共にエスニック集団の文化的起源を実証的根拠なく過度に重視してきたと批判され（e.g. Yancey *et al.* 1976 : 391）、次第に再検討され、修正され始めている。[18]

最近の主流の立場の一つは、エスニシティの象徴的性格を強調するものである（e.g. Gans 1979 ; Alba 1990 ; Waters 1990）。アルバやウォーターズのヨーロッパ系アメリカ人のエスニシティ論は共に、そのエスニシティがより象徴的性質を増し、エスニック・アイデンティティはむしろ個々人の選択の問題となっていると論じている点で注目に値する。アルバはさらにヨーロッパ系エスニシティは、個々の「ドイツ系」「イタリア系」等のエスニック集団へのアイデンティティから汎「ヨーロッパ系」という拡大した境界を持つ集団へのアイデンティティへ変遷していると分析している。アメリカのエスニシティに関する修正された理論の延長として、他の研究者（Reitz 1980；Fugita and O'Brien 1991）は構造的同化が進行してもエスニック集団の結束が存続し得ることを実証的に示している。

これらの近年の研究は、確かに文化的属性の維持に固執することなく、より多面的な現代のアメリカのエスニシティの現実を照らしている。これらの研究における傾向は、大半がヨーロッパ系アメリカ人の経験に基づいた理論であること、また社会構造における人種間（特にヨーロッパ系とアフリカ系間）の距離を指摘した構造的分析が多いことである。しかしヨーロッパ系以外のマイノリティであるエスニック集団の、社会構造的側面以外、特にエスニシティの重要な部分を構成するアイデンティティに焦点を当てる場合、これらとは異なるアプローチが求められなければならない。私は、そこでは特にアメリカにおける歴史的体験を吟味するアプローチが有効であると考える。そのような歴史的体験の吟味には、本節の冒頭に記したエスニシティの相互作用的側面が深く関与する。さらに本書の議論は、私がエスニシティの概念を特徴付けるもう一つの側面と指摘した、エスニック集団と社会、国家との関係へと展開する。すなわち、エスニシティの高揚と社会への統合との関係、そして国家との関係を論じて、それらが相矛盾せず共存し得ることを論じたい。

本書は、エスニシティ変遷の考察を試みるものであるが、本書で扱う日系アメリカ人は、この理論的立場を事例分析に基づき検証するのに極めてふさわしい集団である。日系アメリカ人のエスニシティの変遷は、歴史的かつ世代的現象である。日系アメリカ人の、特に二世は、その生涯において、日米戦争前の均質で隔離されたコミュニティでの生活から、戦時中には強制収容を体験し、戦後は著しい社会上昇を遂げ、近年補償という勝利を獲得するという、極めて劇的な変化を経験してきた。

一エスニック集団としての日系アメリカ人のもう一つのユニークな側面は、彼らが顕著な世代的特性とアイデンティティを維持していることである。(19) 事実日系アメリカ人はアメリカ合衆国の中でも、各世代に特別な用語を用い世代によって自集団を区別する数少ないエスニック集団の一つである。[20] 従って、「一世」（Issei）は移民の第一世代であり、「二世」（Nisei）はその子供、そして「三世」（Sansei）、「四世」（Yonsei）、「五世」（Gosei）と続き、これらの言葉はそのままアメリカ英語として用いられている。この顕著な世代集団の形成と世代的アイデンティティの維持は、前述の彼らの移民史における特別な歴史的状況に由来するが、これは世代の移行に基づくエスニシティの変化をより一層助長してきた。さらに、再構築されたエスニック・アイデンティティをいかに表現するかは、世代により異なっている。

このような歴史的にも世代的にもユニークな側面を持つ日系アメリカ人をケース・スタディの対象としながら、エスニシティの可変的で柔軟な本質を明らかにし、この集団が現在の社会的脈絡に重要な意味を持たせるために過去を再解釈し、それによってエスニシティが再構築されて変遷を遂げてきたことを以下本書で明らかにしたい。

第三節　フィールドワークとインタビュー

本調査はいくつかの異なる資料に基づいている。まず第一に、参与観察、第二に、個別インタビュー、そして第三に、資料及び文献である。第三に関しては、「戦時民間人転住・収容に関する委員会」によるシアトルにおける公聴会（以後、公聴会）での八〇人以上に及ぶ日系アメリカ人の証言集及びビデオテープをはじめ、補償運動に関する新聞記事、出版物、未刊行の文書、ドキュメンタリー・フィルム、シアトル日系人コミュニティの先行研究文献を中心に吟味した。しかし特に中心となったのは第一及び第二である。

私は、一九八二年から一九九〇年まで、学位取得後カリフォルニアで過ごした数カ月を除き、シアトルに居住していた。その滞在期間の二年目あたりから徐々に人類学でいう参与観察を始めた。本書はその間に行ったフィールドワークとその後一九九二年まで毎年一、二回行った短期補充調査に基づくものである。補償運動の影響にテーマを決定したのは、博士論文のタイトルにその題名を用いた劇、『沈黙を破って』を観た一九八六年初頭のことであった。

私が日系アメリカ人を研究対象としてフィールドワークを行っている歳月の間にしばしば出くわした質問は、なぜ自分達日系アメリカ人に、しかもなぜ補償問題に興味を抱いたか、ということであった。多くのアメリカ人の一般的な推測に反して、日本から来ているビジネスマンや学生等の日本人滞在者と、アメリカに三世代以上にわたって生活してきた日系アメリカ人との間の社会的相互作用は極めて少ない。従って日系アメリカ人の目には、日本からの若い女性が誰一人知らないコミュニティの中に入り込み、様々なコミュニティ行事や会議に長期に出席し続け、諸々のバザーを手伝い、彼女自身や彼女の親戚の誰も経験していない強制収容や補償運動について学びたい、というのは当初奇異なことであったらしい。

一九八二年秋、シアトルに典型的なある雨の日にその地を踏んだ時、私はアメリカにおいて大学院生として文化人類学を学ぼうという野心と不安に包まれていた。入学した大学に提出した研究計画書には、日系アメリカ人三世における「文化変容」について研究すると書いていた。日本とアメリカの二つの文化の比較研究を行うことに関心を抱いていたからである。

本研究のフィールドワークは人類学者が通常行う期間よりも長期にわたるものとなった。これは多分に大学院時代を通してシアトルに居住していたためであるが、これによりコミュニティの幅広い人々と強い信頼関係を築くことにかなりのレベルまで成功したのではないかと思う。また強制収容と補償運動が彼らにとって個人レベルでも集団レベルでもいかに重い位置を占めているかを認識させてくれたのも、まさにこのフィールドワークであった。このフィールドワークこそが、前述のような日本とアメリカという二つの極の間に挟まれた文化的連続体の中に日系アメリカ人を位置付けようとしていたそれまでの視点の誤りに気付かせてくれたのであった。

当初の数年は、日系アメリカ人コミュニティの様々な行事、会議への参加、仏教会、キリスト教会の訪問、礼拝参加、様々な祭やバザー等におけるボランティア的補助を通して、文字通りの参与観察を深めることに費やした。その間、幅広いコミュニティの人々と面識を持ち、他のプロジェクトでインタビューを行ったり、インフォーマルに話を聞く機会も多く持った。日系アメリカ人社会及び大社会であるアメリカに受け入れられるに従い、私はこの研究テーマの選択に確信を抱くようになった。

外国人としてアメリカに入ったことにより、インタビューにおいて日系アメリカ人からより詳細で率直な回答を得ることができたのではないかと思う。彼らが、自らの子供達やコミュニティでの友人に決して話したことがないと言う極めて個人的な経験談を語ったり、また人種やエスニックという微妙な問題に対する彼らの見方を示したりすることにそれほど躊躇しなかったからである。しかし、振り返ると、もし私が異なる文化背景を持っていたならば、逆に、例えば彼らが強制収容時に見せた「シカタガナイ」（仕方がない）というような行動を理解する上で極めて重要な日本の伝統的表現や概念に対する彼らの理解について、より詳細な情報を得ていたに違いない。

インタビューは、私が直接面識を持ったり、日系アメリカ人や非日系アメリカ人から紹介された五五名の日系アメリカ人を対象としている。この五五名のうち、第一次集団は二世一六名、三世一六名の計三二名で、それぞれ男女均等に構成されている。二世はシアトル地域で生まれ、その後の殆どを当地で過ごし、強制収容体験を持ち、調査時に六〇代前半から八〇歳前後までであった人を中心に対象者とした。二世の中でも帰米と呼ばれる集団は、（純）二世とは言語、価値観、規範、行動様式、アイデンティティの側面において著しく異なる。[21] 従って彼らをこの第一次集団から除外したが、第二次集団には含めた。三世は、同じくシアトル地域で生まれ、その後の殆どを当地で過ごした者を対象とした。年齢的には調査時二〇代後半から四〇代前半であった。収容所内で幼児期を過ごし、

従って個人補償を受けた者は除外している。(22)

右に記した三二名の第一次集団としての対象者に加え、二三名とインタビューを行ったが、そのうち五名は州外に居住する補償運動の指導者であった。残り一八名には田舎で育った二世、三世、第一次集団には含めなかった帰米、二世在郷軍人が含まれる。この第二次集団とのインタビューにより、全体的なコミュニティ像、また全国レベルでの補償運動についてより広い視野を得ることができた。この長年のフィールドワークと体系的な個別インタビューに基づく第一次資料は、さらに他の関連調査、また数百人の日系アメリカ人との個人的会話や非体系的インタビューによって深められた。

対象者は統計学的な意味での無作為抽出ではないし、本研究はそのような性格の研究でもない。が、対象者の抽出にあたっては、上に記した以外に、特にコミュニティとの関与度、現在と生育期の居住区のエスニック集団構成面での性格に偏りのないよう留意した。対象者を主に人生の大半をシアトルで居住してきた人々に限定し、戦後東海岸に移動した人々や強制収容後西海岸に帰還しなかった人々等を含めておらず、抽出に偏りは免れ得ない。また帰米を第一次集団から除外したので、日系アメリカ人の広義での二世の全体像を表すものともいえない。しかしながら抽出に偏りがあったとしても、この抽出によって本書で展開しようとしている集合体としての日系アメリカ人のエスニシティ変遷の議論自体に影響が及ぶことは殆どないと考える。この点については、また終章において触れたい。

個別インタビューでは、第一次・第二次集団とも体系的インタビュー自体は原則的に一人二回にわたり、平均計四、五時間をかけたが、接触の時間はその限りではない。通常、特にインタビュー終了後、雑談を持った。またそれ以外にも州外の対象者等を除いて、調査対象者とは正式なインタビュー以外でも再三会い、よりインフォーマルで非体系的な形式で彼らの感情や意見を聞き、参与観察の一部とした。インタビューは、オープン・エンド形式のライフ・ヒストリーを構築する質問を中心に進めた（cf. Sanjek 1990）[23]。この方法は、エスニシティの変遷を探る性格の研究のデータ収拾には極めて有効であると思われる。すなわちいかなる出来事が対象者のアイデンティティや他のエスニック集団への感情に影響を及ぼしたか、これらの感情が時と共にどのように変化したかを探る上で、たとえ対象者の記憶の基に再構築された歴史であってもその痕跡を明らかにしてくれるからである。

インタビューにおいては、テープレコーダーを用い、インフォーマントとのアイ・コンタクトをできるだけ維持し、筆記を最小限に押えた。通常、インタビュー調査の方法論ではテープレコーダーを用いても終始ノートを取ることが奨励されているが、最初のインフォーマントの略歴等を尋ねる調査表と固有名詞、数字以外はノートを取らなかった。私はインタビューに重要な自然な会話の雰囲気を醸し出す上でこの方法が極めて重要であることを見出した。テープ起こしはサンジェックが指摘するように莫大な時間と経費を要するが、「即席の文章」とインフォーマントの語りの正確な記述、及びインフォーマントの世界観や感情を鮮やかに表すという利点は、その欠点を遥かに超えるものであると思われる（Sanjek 1990 : 114-115）。

起こされたインタビューの内容は、合計にして英文シングル・スペースで優に一〇〇〇枚を越えるものとなった。個人別ファイルとは別に、この個人別ファイルをさらに利用して世代毎に約四〇の項目をたて、コンピューターのハイパーカード・プログラムを用いて項目別に対象者の回答を整理した。

本研究はまたライフ・ヒストリーを再構築する手法を取ることにより、どのような出来事が集団としての日系アメリカ人や個々人に生じ、またそれらの出来事が彼らの意識にいかなる影響を及ぼしたかということを考察することも試みた。また同じ出来事が集団内でも異なる意識や見方をもたらしているのか、もしそうならばどのようにか、ということも考察対象とした。

本研究は、調査者の作成した選択肢の中から対象者が回答を選択するという形式を取らず、経験や感情、意識を考察の主体に据え、対象者が自由に語る形式を取ったため、それらの回答を数値化できる性格のものではない。何%という数値を与えることにより曖昧な境界に無理に線引きをするよりも、データを整理して大別し、主たるもの、部分的なるもの、あるいは一部ながらユニークな視点であるもの、というふうにそれらの共通項あるいは多様性を提示することが趣旨である。本文中において、「大半の」「中には……者もいる」あるいは「一部の」等の表現を用いているのはそのためである。実際に用いた本文中のデータには対象者とのインタビューからの引用を使用しているが、それらの経験談や、意見、感情がコミュニティで占める位置付けの判断の背景には、前述のフィールドワークがある。しかし本研究では、そのような多様性が現れた場合、それと、例えば対象者の背景（教育レベル、社会階層、職業等の要素）との相関関係までは明らかにしていない。体系的な相関関係の分析には通常アンケート調査等の手法の方が適切であるが、但しこの場合一方の変数（経験談、意見、感情等）が他方の変数に比して数値化あるいは明確な境界をもった分類さえかなり困難であるという事情がある。これを明らかにするには、大規模の質的及び量的双方の調査が必要であり、今後の研究に期待されるところであるが、本研究の意図ではない。

通常のアンケート方式の調査研究に比較すると、この種の研究は極めて限られた数のインタビューに基づいている。エスニシティ研究における統計的研究による貢献は十分に認識されるべきものの、質的アプローチによってのみ考察されうる側面も多々あるのも事実である。第一に、エスニック・アイデンティティを理解することは本質的に人類学でいうところのエミック、つまり内側からの視点を要求している。従って仮説検証の形態で作られたものよりも、エスノグラフィを作り、それに基づき帰納的方法により理論的展開へと導くアプローチがより適していると思われる。オープン・エンド形式の質問条項の利点の一つは、対象者がそれぞれ完結的な個人として扱われる必要がなく、調査質問は対象者とその家族、友人、コミュニティの他の人々との関係について設定せずとも情報を得ることができる点であるが、過去の共有体験に関する個人及び集合的記憶に主眼をおいた本研究には効果的な形式であった。さらに私の考えでは、エスニック・アイデンティティを形づくる心の痛み、恥、誇り、喜びなどの感情は、数字での計量は不可能であり、エスニック・アイデンティティは本質的には数や量の問題ではなく質の問題である。さらに本研究の焦点となるエスニシティの変遷がなぜどのように生じるかというプロセスは、質的調査方法によってのみ考察されうると思われる。

前節で記した研究課題や対象に加えて方法論的にも、本研究は日米における従来の日系アメリカ人研究によって見過ごされてきたエスニシティの新しい側面に光を当てることができるのではないかと望んでいる。

第二章

シアトルにおける補償運動

追憶の日のシンボル・マーク

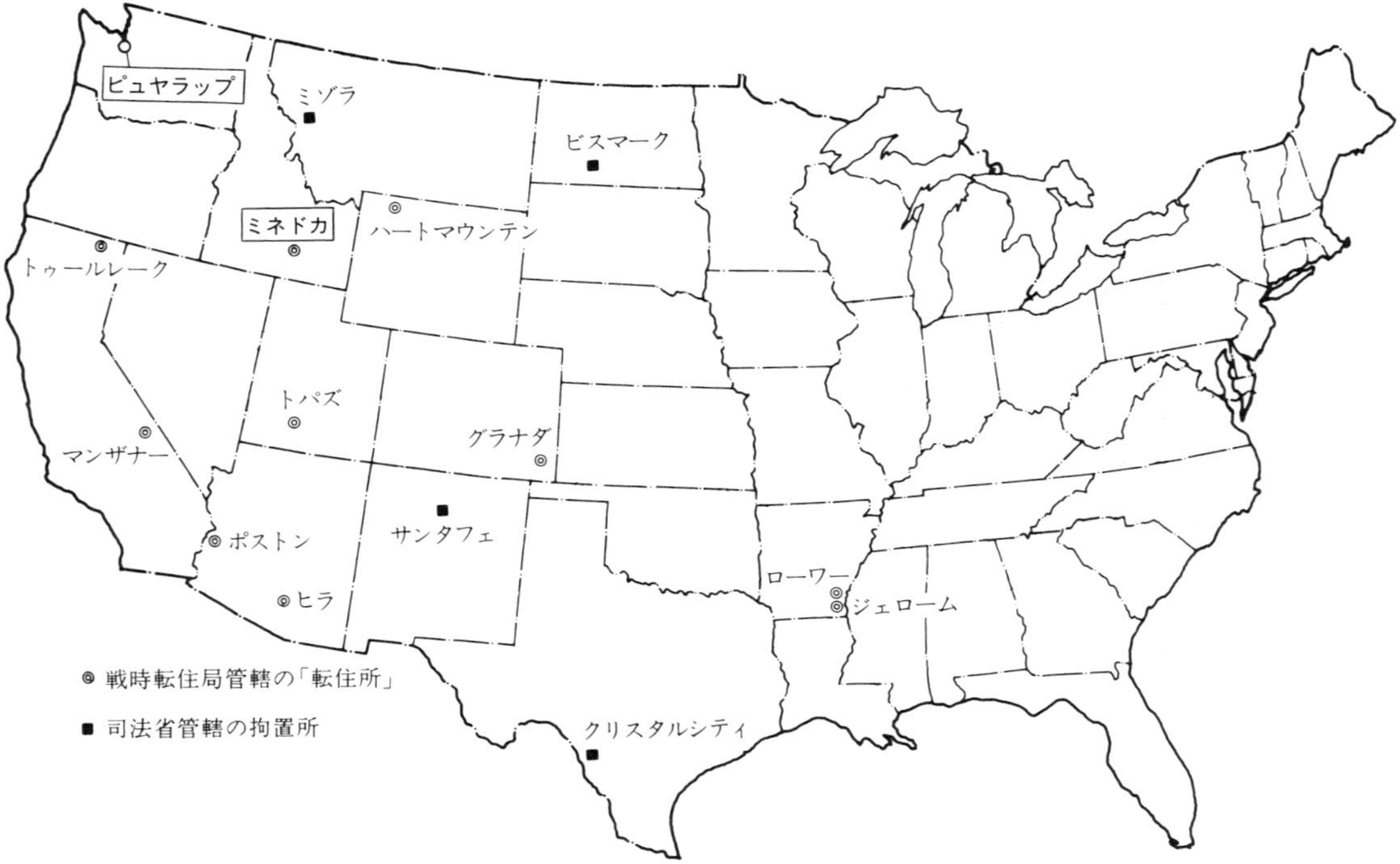

第二次世界大戦中の日系人の「転住所」及び拘置所

はじめに

時は一九九〇年一〇月九日。ワシントンDCの司法省内のグレート・ホールの舞台。その歴史的瞬間は、一人の車椅子姿の一〇七歳の老人から始まったのであった。生存する約八万人の強制収容体験者および被害者の第一号として、一世、マモル・エトウの手に、彼の前にかがむソーンバーグ司法長官からアメリカ政府による謝罪文と二万ドルの小切手が渡された。ブッシュ大統領によって署名されたこの謝罪文には、次のように記されていた。

金額や言葉のみでは決して失われた歳月を取り戻すことも心の痛みを拭うこともできません。また、それらによって、不正義を正し、個人の権利を擁護するという我々の国の決意を十分に表明できるというものでもありません。我々は過去の過失を決して完全に是正することはできません。しかし我々は今ここに、正義を守る立場を明確にし、第二次世界大戦中日系アメリカ人に対し、重大な過失が行われたことを認めるものであります。

……

補償を求め陳謝の意を述べる法案を制定させることにより、同胞アメリカ人であるあなたがたは、真の意味において、自由と平等と正義という理想への従来の誓いを新たにしてくれました……。

物語は、日本の真珠湾攻撃とそれに続くアメリカの第二次世界大戦への突入に始まる。戦争勃発後わずか数時間内にしてFBI（アメリカ連邦捜査局）は、一九三〇年代後半から密かに情報収集に走り作成していた「ブラック・リスト」に基づき、日系コミュニティ指導者の一斉検挙に奔走し始めた（Kashima 1986）。これらの指導者は、コミュニティ組織の幹部であり、日本と政治的つながりがあったわけではなかった。アメリカ現地時間一二月七日夕刻までの日系人逮捕者数はアメリカ本土だけで七三六人に上ると記録されている。一九四二年二月一六日までにこの数は二一九二人に膨れあがり、一世男子が大半を占めるこれらの人々は、後述する戦時転住局（WRA, War Relocation Authority）の管轄する「転住所」（Relocation Centers）とは異なる、司法省の拘置所に投獄され、戦争捕虜の扱いを受ける。(1)

一九四二年二月一九日フランクリン・ローズヴェルト大統領は、大統領行政命令九〇六六号を発令し、それにより西海岸における軍事指定地域からの日系人強制立ち退きに権限が与えられた。その結果、一一万人を超える日系人が自らの住み慣れた住居を離れ、鉄条網に囲まれて最高三年半の拘留生活を送ることとなった。彼らの三分の二はアメリカ市民であったが、残り三分の一である移民一世は、アメリカ市民権獲得への道が開かれたのは一九五二年に制定されたマッカラン＝ウォルター法をもってであり、戦争当時は「帰化不能外国人」というアメリカ市民権のない立場を余儀なくされていたのである。立ち退きの告知からその実施までの短期間に、人々は事業・店舗をはじめ、家具やその他の所有物を二束三文で売り払わなければならず、また全て失った者もあった。(2)

収容者は、「集合所」（Assembly Centers）と呼ばれた仮収容所で最初の数カ月を過ごし、「転住所」の準備が整い次第、一九四二年初秋までに砂漠や沼地の中の「転住所」へと転送されたのであった(3)（本章扉裏参照）。日系人の立ち退き・収容は「軍事上の必要性」に基づくというアメリカ政府の正当化に反して、日系人によるスパイ行為、破壊行為の記録は一件も存在していない。一九四一年一一月上旬ローズヴェルト大統領に宛てられた調査報告書である、有名なマンソン・リポートでは、「この一般に懐疑的に見られているエスニック集団の中には、顕著な、いや、異常とさえいってよいほどの強い忠誠心が存在することが確認された……。西海岸に日本人問題というものは存在しないのである」と日系人の忠誠心が確認されている（Weglyn 1976 : 34）。(4)また、日系人の身の安全を守るというもう一つの頻繁になされた正当化も成り立たない。真珠湾攻撃の後五カ月間に起きた太平洋沿岸三州での暴力破壊行為は、三六件が記録されているのみであるからである。さらに、同様に出身あるいは祖先の国がアメリカと対戦中であったドイツ系やイタリア系は、日系人のような民族背景を基準とした集団立ち退きや収容を強制されることはなかった。(5) 当初の一世指導者の逮捕にあたっては逮捕状もなく（Kashima 1986 : 393）、後の一般日系人の立ち退き・収容に際しても個別調査はなされていない。

「転住所」は鉄条網の柵で囲まれ、所々に位置する監視塔には兵士が銃を内側に向けて立っていた。「転住所」とはおよそ名ばかりで、その実態は「強制収容所」と呼ぶべきものであり、人々は「囚人」としての生活を強いられたのである。実際、木材を集めようとした収容者や、柵の外に転がったボールを拾おうとした少年が射殺されるなどの事件も生じている。バラックでは最大で二〇フィート×二四フィートの部屋が各家族に割り当てられた。食事は中央に位置する大食堂で供給され、周囲には共用の風呂、洗濯場、トイレ、娯楽ホールがあった。バラックは安普請で会話や物音がよく響き、このような状況下では居住者のプライバシーは著しく剝奪されていた。

一九四三年一月、戦時局は後に第四四二連隊戦闘部隊として知られる二世のみの戦闘部隊の兵士を募った。四四二部隊の輝かしい功績は戦後アメリカ全土においてよく知れ渡り、それは第二次世界大戦中、最も勲章の多い部隊として栄光に輝いた。しかし「最も勲章の多い」とは最も犠牲者の多いことを意味していた。(6)

日系人は最高三年半の歳月を強制収容所で過ごした。多くの二世は、入学許可や雇用契約が下されると出所できたが、日系人の西海岸への帰還は一九四五年まで禁止されていた。一九四四年一二月、連邦最高裁判所は既に「軍事上の必要性」はなく、立ち退き者の意思に反する拘留は違憲であるとの判決を下し、一九四五年初頭、一世や二世らは西海岸への帰還を認められたのであった。(7)

なお、アメリカ合衆国憲法では次のように規定されている。

修正第五条「何人も正当な法の手続によらずに、生命、自由または財産を奪われることはない」
修正第一四条「いかなる州といえども正当な法の手続によらずに、何人からも生命、自由あるいは財産を奪ってはならない。またいかなる州も合衆国市民の特権あるいは免除を損なう法律を制定し、あるいは施行することはできない。またその管轄内にある何人に対しても法律の平等なる保護を拒むことができない」

この強制収容という不正義が公的な認知とそれに対する賠償を受けるまで、半世紀近くを要した。一九八八年に成立した「市民的自由法」には、戦争勃発時アメリカ市民権を有していた約七万の二世も含め、一一万人以上の日系人に鉄条網で囲まれた生活を強いた強制収容は、「人種偏見」「戦時中の狂乱」及び「政治指導の過ち」に起因するものであったと明記されている（102 *U.S. Statutes at Large*, 903-904）。日系アメリカ人は強制立ち退き・強制収容により多大な経済的損失と精神的苦痛を被った。にもかかわらず、アメリカ政府は長く「軍事上の必要性」を理由にその過ちを認めることなく、強制収容の問題は未解決のまま歴史の中に葬られていた。補償運動は、このような過去の「不正を正す」という趣旨の補償、「リドレス」（redress）を求める動きであった。

法案が一九八八年に通過するまで、補償は日系アメリカ人にとって「叶わぬ夢」に思われた。この「叶わぬ夢」はJACLや連邦議会の日系議員をはじめ、クラス・アクション（集合代表訴訟）をとった「日系アメリカ人補償全国協議会」（National Council for Japanese American Redress. 以下NCJAR）やカリフォルニアを母体とする草の根運動「補償・賠償を求める全国連合」（National Coalition for Redress and Reparations. 以下NCRR）、「コラ・ノビ」（*Coram Nobis*）（誤審審理の中立て）と呼ばれる審理再開による法廷闘争の道を選んだチーム等、[(8)] 日系アメリカ人を中心とする組織及び個々人の根気強い努力と、非日系の公民権組織やマイノリティ組織及び多数の個人の支持によって実現された。本章はこのような日系アメリカ人の補償運動全体を記述するものではない。目的はむしろ、全国的な補償運動の進展を射程に入れながら、シアトル地域に居住する日系アメリカ人に関係し影響を及ぼした補償運動とその関連行事の発展過程を記すことにある。シアトルの日系アメリカ人コミュニティは、全国的に見ても早期に運動を始め、具体的個人補償案を提示し、それを全国レベルに推進し、補償運動の急先鋒的役割を果たしてきた。補償運動に関しては、全国レベルでの、特に一九七〇年代後半以後の展開についての記録は存在するが、(9) 運動がまだ水面下にあった初期のシアトルにおける活動内容に関しては、全国レベルでの運動と密接な関係にありながらあまり知られていない。

シアトルにおける補償運動の歴史的展開は、次の四期に大別されよう。すなわち、第一期　補償案の台頭（一九七〇―七八）、第二期　飛躍（一九七八―八三）、第三期　発展（一九八三―八八）、第四期　予算配分と補償実現（一九八八―九三）である。この間に政府の謝罪と個人補償を求めた政治運動に伴い、「戦時民間人転住・収容に関する委員会」による公聴会、追憶の日（Day of Remembrance）、州や市による補償等の他の関連行事なども行われたが、これらの行事は、補償の法的根拠を築き、日系アメリカ人コミュニティ内での関心者層を拡大し、彼らの運動支持への動機を強め、一般大衆を啓蒙する等の側面において、大きなインパクトをもたらしてきた。以下、個別インタビュー、未刊行文書、既存文献、及び新聞等に基づき、シアトルにおける補償運動とその関連行事の歴史的展開を記述することとする。

第一節　第一期　補償案の台頭（一九七〇―七八）

今日の形での補償が提案されるはるか以前に、強制立ち退きによる財産損失への金銭的賠償は、限られた形ではあるが、ハリー・トルーマン大統領によって制定された一九四八年立ち退き賠償請求法をもって実施されていた。そのわずか四年前、フレッド・コレマツ事件において、連邦最高裁判所が日系人の西海岸からの立ち退きは合憲であるとの判決を下したばかりであったが[10]、アメリカ政府はこの請求法の制定により初めて強制立ち退きに関してその道義的責任を認めたのであった（Chuman 1976 : 240）。これによって、サンフランシスコ連邦準備銀行が四億ドルと推定した一九四二年時の財産損失の賠償として、総計三六八七万四二四〇ドルが二万六五五八件に対して連邦政府より支払われたが、その支払いが完了したのは一九六五年であった。しかし、立ち退き賠償請求法は、その支払い額や複雑な請求手続き、賠償が認可される財産の種類の限定等、多くの問題を含んでいた。すなわち、一ドル当たり一〇セントという低賠償率のみならず、評価基準を一九四二年に設定したため、実際の補償金の支払い時にはインフレのため相当価値が下落していたこと、家具や機材、その他多くの所有品は対象外であったこと、戦時中に得ていたはずの所得に対する補償、強制立ち退き・強制収容によって引き起こされた心理的苦痛等は一切考慮されなかったことなどである（Chuman 1976 : 244）[11]。またそれは政府によるその行為の違憲性に正面から挑んだものでもなかった。従って立ち退き賠償請求法は、「不正義を正すという意味での補償では決してなかった」（JACL-LEC 1987 : 1）のである。

立ち退き賠償請求法の後、一九七〇年初頭まで強制収容に対する補償要求の動きは一切起こっていない。しかし補償に関与する運動の一つとして[12]、JACLや他の組織、政治活動家達の運動による国内治安維持法第二項目の廃棄達成が挙げられよう。第二項目、すなわち緊急時拘留法は、ソヴィエト連邦との冷戦という政治的緊張下で成立した一九五〇年の国内治安維持法の一部として制定された。この法によって大統領は、アメリカ領土内に侵略が及んだ時、議会が宣戦布告をした時、または国内で敵国援助のための暴動により被害を受けた時、スパイ活動や破壊活動に関与した者はいかなる者でも逮捕し拘留する権限を与えられていた（Takasugi 1974 ; Chuman 1976 : 327-331）。しかし、この法は多くの国内の政治運動家らにより「強制収容所法」として恐れられていた[13]。一九六〇年代、反戦運動や黒人運動、その他の政治デモが活発化すると、市民による激しい反対闘争もこれに類すると考えられ、事実ある政府要人は政治運動鎮圧の手段として拘置所を用いる用意があることをほのめかした[14]。第二項目廃棄を求める運動はカリフォルニアを中心とする一握りの日系アメリカ人運動家らによって始められたが、彼らはマイノリティの強制収容が再び合法的に起こりうることを憂慮したのであった。彼らは遂に一九六八年、それまで反応を渋っていたJACLに決議文を提出するよう説得することに成功し[15]、JACLシアトル支部の指導者も含めて、日系アメリカ人社会内外の強い支持を得た。こうして、一九七一年、リチャード・ニクソン大統領の署名により、遂に国内治安維持法第二項目は廃棄されたのであった（Okamura 1974）。

一方アメリカ社会におけるマイノリティ運動や公民権運動の加速的な勢いは、日系アメリカ人コミュニティにも及び、彼らの政治意識をも高めた。一九七〇年、シカゴでのJACL全国大会において、サンフランシスコ州立大学講師であった二世、エディソン・ウノは、第二次世界大戦中の強制収容に対する政府への補償要求をJACLの正式な政策として採択することを提案し、決議案は採択された。ウノは、アメリカ政府に戦時中の日系人に対する収容、抑留、公民権及び憲法上の権利の否定に対し、その過ちを認めさせるようJACLは働きかけるべきであると説いた。ウノはその後も全国各地のJACL支部を精力的に回り、補償案に対する支持を訴えた（Tateishi 1986 : 191 ; Hosokawa 1982 : 344）。ウノは、補償は法的責任の追及の形態を取るべきであると考えてはいたが、この時点ではその案は具体性に欠けていた。

ウノの唱道やJACLの決議を知らないまま、シアトル在住の二世ヘンリー・ミヤタケは、独自に一九七二年、日系アメリカ人の強制立ち退き・強制収容に対する金銭的賠償の可能性をめぐり調査を始めた。彼は、それまで法的知識は殆ど持ち合わせていなかったが、『法の見つけ方』（Cohen 1965）と題する本を手引に様々な判例を調べた。その結果、戦時中の日系アメリカ人の強制立ち退きの状況に類似した判例をいくつか見出したが、その一つが米独戦後処理条約であった。彼は、第二次世界大戦中複数のドイツの貿易会社が資産をアメリカ政府に凍結され、合衆国の法廷に訴訟を起こし、その一部を奪回している事実を突き止めた。またミヤタケは、ミリガン判決の例をも発見した。インディアナ州在住のミリガンは南北戦争中兵役拒否のため、一八六四年逮捕され拘留されたが、後に彼はアメリカ政府に対し資産の横領と市民的自由の剝奪で訴え、資産を取り戻した（tenBroek, Barnhart, and Matson 1954 : 227-233）。これらの判決によりミヤタケは、第二次世界大戦中の日系アメリカ人に対してなされた行為に関してアメリカ政府に金銭的賠償を要求する法的根拠がある可能性が高いとみなした。彼は、金銭的賠償の可能性について弁護士の友人から肯定的な反応を得るが、訴訟は既に何人かの日系アメリカ人が試み、失敗に終わっているので[16]、立法を通す方が可能性があるとの助言を受けた。

同じ年、JACLシアトル支部は全国決議に基づき、補償問題を調査するボランティアを募り、ミヤタケがそれに進んで応じた。しかしこの時、JACLや彼の周囲からは「波風をたてるな」「大衆を扇動するな」と批判の声が寄せられた。一九七三年末、通常の集会後彼は補償問題について語り、そのとき集まった数人の二世らと共に「シアトル強制立ち退き補償委員会」をJACLシアトル支部内に設立した。この時の指導者らは、当時多くのコミュニティ指導者から猛反対を受けたと語っている。この時点では、JACLシアトル支部の指導者達でさえ、補償案推進には二の足を踏んでいたのである。

一九七四年、「シアトル強制立ち退き補償委員会」は、「シアトル・プラン」として後に知られる、極めて具体的な全国初の個人補償案をJACLシアトル支部として準備したが、この案はその対象を日系人だけに限定せず、戦時中強制立ち退きあるいは強制収容の犠牲となった、ラテンアメリカから合衆国に強制輸送された日系人や、同じく自らの住居から立ち退きを命じられたアリュート人をも含める、全ての被害者に対する個人補償を要求するものであった[17]。シアトル・プランは個人補償という概念を全国でも初めて提出したが、その支出方法に特殊性があり、それが後に日系社会内で反発を受けることにもなった。彼らの支出案は、内国税収入庁に特別基金を設置し、日系人が支払う連邦所得税を蓄積して、そこから補償を支払う形式を取るものであり、一般社会からの日系人に対する反感を抑えることを意図していた。

一方、一九七二年のJACL全国大会で、一九七〇年時と同種の決議が採択され、次の全国大会が開催された一九七四年には、補償を最優先事項とすることで一致した（JACL-LEC 1987：2）。しかし、この間全国レベルでは運動に殆ど進展が見られなかった。シアトルの補償委員会は、一九七四年初頭には自らの支部やコミュニティから十分な支持を得、シアトル支部として一九七四年太平洋岸北西部会での承認を経て、同年一一月サンフランシスコで開かれた理事会においてその案を発表した。しかし当時補償案は様々な論争を呼び、何ら同意も得られず委員会設置に関しての合意がなされたのみであった。今日この時期のシアトル支部の動きは活字としてはあまり残されていないが、ミヤタケが行ったサンフランシスコの会議における提案は、JACLの機関誌『パシフィック・シティズン』に記録されている。

大規模の政府歳出を必要としないユニークな立ち退き賠償案がシアトルのJACL会員ヘンリー・ミヤタケにより先週末行われた理事会において説明された……。この概念はシアトルのJACL賠償問題研究委員会〔強制立ち退き補償委員会〕によって練られたものであるが、正当な法的手続を経ずして収容された全ての立ち退き者に一日当たり五ドル、月額最低一一四ドル三〇セント（これは第二次世界大戦中アメリカの捕虜キャンプで働いていたドイツ人とイタリア人の戦争捕虜に対して払われた賃金である）を賃金の補償に、また収容所における文化剥奪の補償として、文化活動の為にコミュニティ組織に収容者一人一日当たり一ドルを、また自主的にいわゆる自由ゾーンへ転住した者に大人一人六〇〇ドル、子供一人四〇〇ドルを支払うことを要求したものであった……。

また同案は一九七四年一月一日の時点における六五歳以上が最初の集団として、一九七四年一月の時点で五〇歳以上が次に、続いて死去した者の直接相続人を含む他の全ての者の順に手続きが進められることを提案している[18]。（*Pacific Citizen*, 1974.11.15）

しかしこの時期、JACL全国本部の指導者の多くはまだ補償案に強い反対を示していた。ビル・ホソカワは、JACL内でのこの問題をめぐる論争について次のように記している。

この運動に対して、以下のような、強力な反対論も唱えられた。非常に多くの会員が補償という考えには反対ないし無関心であるから、JACLが総力をあげて運動を推進することになると、組織は二分する。金銭的補償を要求すると、戦時下の政府の命令に応えて、日系人が支払った犠牲を安っぽいものにするだけでなく、さらには、大きな世論の反発を招き、世論の啓蒙という効果が帳消しになる。一九四八年の日系人強制立ち退き賠償請求法は、損害に対する涙金にも満たない補償額ではあったが、誤りを政府が認めたものであった。新たな運動には非常に長い期間と費用がかかり、他の緊急な案件に支障をきたすことになる。補償を求める代わりに、強制立ち退きを合憲としたコレマツ、エンドウ両事件に対する最高裁判決の破棄を求めた方がずっと意味がある。反論はこのようなものであった。（ホソカワ 1984：389［1982：344-345］）

シアトルの指導者らは、全国JACLの指導者らに補償運動推進の意欲の見られないことに失望し、補償をJACLの問題としてではなくコミュニティ・レベルの問題として進めようとした。仏教会、キリスト教会、日系人会、県人会、二世在郷軍人委員会等の日系人諸組織から支持を得、寄付金を集め、シアトル補償委員会の委員らは「第二次世界大戦中の日系アメリカ人の立ち退きと収容に対する補償を獲得するための活動へのアピール」と題した声明文を録音テープと共に一九七五年後半、全国の二〇〇以上の主要日系アメリカ人組織に配布した。このアピール文は、アメリカ政府による人権侵害と共に、政府による第二次世界大戦中の日系アメリカ人の拘留とスパイ活動の容疑に対して補償を要求することこそ、アメリカの主義に沿うものであると強く主張している。

政府の抑圧や不当な行為にただ服従したり黙認したりすることは建国者達の信条に反するものである。もし彼らがイギリスの専制政治を前に、二世がアメリカ政府の暴政に対して示すように振舞っていたなら、建国二〇〇周年の祝福などありえないであろう。よって、我々の国の誕生を記念するにあたり、今や日本人を祖先とするアメリカ人は、白人の人種差別主義者により提唱され、明らかに一部の元二世指導者によって信奉されている、擬似的アメリカ主義、すなわち白人に対するアメリカニズムと非白人に対するアメリカニズムが異なる種のもの、を覆す時が来ている。もし日系アメリカ人がＪＡＣＬの主張するごとくアメリカ人であるならば、彼らはアメリカ人として振舞うべきである。

（Evacuation Redress Committee, Seattle JACL Chapter 1975 : 2）

この声明文配布の折、同時に補償問題に関するアンケートを作成しアンケート用紙を同封した。一九七六年彼らはその調査結果を要約したが、七七八名のＪＡＣＬ理事を対象に行ったこのアンケートによると、九四・四％は一九四二年の立ち退き法により影響を受けた各個人に賠償支払いを認める法案を支持すると答えている（Evacuation Redress Committee, Seattle JACL Chapter 1976）。

この年は折からアメリカ建国二〇〇周年にあたったが、シアトルの補償運動グループは、ジェラルド・フォード大統領による、一九四二年時の大統領行政命令九〇六六号の廃棄にこぎつけた。一九七五年初頭、彼らは九〇六六号が正式に廃棄されていないことを知り、ワシントン州知事ダニエルズ・エヴァンズを通してホワイトハウスに接触を取ることに成功した(19)。こうしてフォード大統領は一九七六年二月一九日、三四年前ローズヴェルト大統領が行政命令九〇六六号に署名したその同じ日に、シアトルのグループらが中心となって創案した「アメリカの誓い」に署名したのである。

この建国二〇〇周年を迎えた今、アメリカ史における数々の偉大な出来事を祝福し記念している。しかしながら、国家の功績だけではなく過ちをもまた誠実に認識に含めなければならない……。我々は当時認識しておくべきであったことを今は認識している……強制立ち退きが過ちであったばかりではなく、日系アメリカ人は当時も今も忠誠なるアメリカ人であるということを。

この「アメリカの誓い」は九〇六六号を破棄し、初めて正式に連邦政府が強制収容は歴史的過ちであったことを認めた点で意義深い。しかし本研究の調査では、この「アメリカの誓い」を知る人は日系アメリカ人社会内部でも限られており、それを知る者もさほどの意義を認めていない。この事実は、逆説的に、金銭的な形での補償が、日系アメリカ人にとって心理的象徴となると同時に一般大衆の関心を引く意味で意義深かったことを示唆するものである。

一九七六年のサクラメントにおけるJACL全国審議会において、シアトル支部は再び「シアトル・プラン」を発表し、全会一致で採択された。これは、具体案としては全国審議会で初めて決議された補償案である。しかし、再び補償案はその後宙吊りのままとなった。シアトル支部と全国本部との間に、補償が個人補償の形を取るか、日系人コミュニティへの信託資金という形を取るかを巡って、激しい意見対立が繰り広げられていたからであった。全国本部の多くの指導者らは、強制収容は日系アメリカ人という一エスニック集団に対してなされた行為であるから、その補償もエスニック集団単位でなされるべきであり、信託基金の形を取ることで全米の日系アメリカ人コミュニティ組織が恩恵を受けるべきであると考えていた[20]。JACLの歴史上最も影響力の強い指導者の一人であったマイク・マサオカも、当時この立場を推していたが、彼はそれについて次のように回顧録に残している。

私はJACLが個々人に対する賠償支払いに固執しているのは賢明でないとも考えていた。強制退去の対象となった人々の大半は、議会が法案を可決するときにはすでに死亡しているだろうし、こうした要求を行うこと自体が、JACLの他の目的実現を阻むことにもなりかねない。私は常々、強制退去は集団としての我々少数派に対してなされた犯罪だと考えていた。数少なくなりつつある生存者だけに補償を行うよりも、もし賠償金が支払われるとするなら、それは病人や高齢者用のホーム、文化活動、人権教育プログラム、それに日系アメリカ人に求められた犠牲的行為を象徴する英雄記念碑等の地域的プロジェクトを通じて、主に日系アメリカ人全般に対してなされるべきであると感じていた。（マキオカ，ホソカワ 1988：369［1987：322］）

他方シアトル支部は、強制立ち退きと収容は、憲法で補償された個人の権利の侵害であり、またコミュニティ規模の小さい内陸地域に住む日系アメリカ人は信託基金からは恩恵を受けられないと反論した。「個人賠償支払いの申し立て」と題する文書の中で、シアトル・グループはその立場を明らかにしている。

実際、賠償は、損害を引き起こした側が損害を被った方に支払うべき賠償と同じ類である……。そのような第三者への賠償金支払いは、強制立ち退きの被害者個々人に直接支払われるべき資金を権限もなく不当配分することに本質的に等しい。

またもし、信託基金からの資金がコミュニティの余暇センターや高齢者用のホームなどに使われたとしても、立ち退き経験者や、特に日系アメリカ人人口の集中地域から離れた所に居住する者は全く恩恵を受けない。

（Evacuation Redress Committee, Seattle JACL Chapter 1977：1-2）

シアトル支部と全国本部の対立は、徐々に深刻化していった。シアトルの補償運動指導者の一人であるチャック・カトウは当時を振り返って、「事態はシアトル支部が全国組織から脱退する一歩手前まで来ていた。それはシアトルにとっては衝撃的な問題であった……。我々は全国組織からの脱退と我々独自の組織設立を真剣に考えていた」と語っている（Quan 1988：8）。

第二節　第二期　飛躍（一九七八－八三）

補償運動は遅々として進まず、JACL本部との深刻な対立の中、シアトルの指導者らには焦りが募っていた。しかし一九七八年末、全国で初めての「追憶の日」がシアトル近郊に位置する仮収容所跡で催されることにより、運動は一つの大きな転換期を迎える。

その年の半ば、シアトル立ち退き補償委員会は、中国系アメリカ人劇作家と三世の舞台俳優から接触を受けた。彼らの名はフランク・チンとフランク・アベで、強制収容と補償問題に強い関心を寄せていた青年たちであった。これらの創造的な若い力はシアトルの補償運動グループに加わり追憶の日を企画した。このようにして一九七八年の感謝祭の週末、二〇〇〇人余りの日系アメリカ人らがワシントン州西部のピュヤラップ遊戯場に集まったのである。

この日のために、地元シアトルの二世芸術家、フランク・フジイによってシンボル・マークが作られ（本章扉参照）、それは日本語の一、二、三の漢字を基に、内側のマークは上からそれぞれ一世、二世、三世とその団結を意味し、外側は鉄条網の柵を象徴している。このシンボル・マークは以後補償運動と追憶の日の行事に用いられている。

当日、二〇〇〇人以上の日系人が他のアメリカ人と共に、三六年前のごとく指定された場所に集合し、手渡された名札にかつての自分の番号と名前を書き込んだ。軍用バスに引率され、バスと車は隊列をなし、九〇分後にピュヤラップに到着した。そして人々は、「キャンプ・ハーモニー」の看板を掲げた鉄条網入りの門をくぐって場内に入った。

会場では、開会式が星条旗掲揚から始まり、続いて収容体験談が一世・二世により語られ、当時のバラックを再現した部屋、家具の展示、スライド公開等が行われた。この行事には市長をはじめ政治家も参列したが、この場で、後の下院議員マイク・ロウリィは、議員に選出されたあかつきには補償案を議会に提出すると誓約し、事実一年後に彼は最初の補償案を提出した。

この日の行事は参加者だけでなく、シアトルの日系コミュニティをはじめ、全国の日系社会に大きな波紋を投げかけた。追憶の日はマスコミの注目を集め、地域の全新聞、テレビ、ラジオは勿論、CBS全国ニュースでも報道された。

翌一九七九年二月一九日、日系人の立ち退きを命じた大統領令九〇六六号が発令された同日を記念して、追憶の日がカリフォルニアのサンフランシスコとロサンジェルス、オレゴンのポートランドで催された。シアトルの追憶の日の発起人である三世がこれらの日系コミュニティに働きかけ、運動の輪を広げたのであった。以後、二月一九日は毎年アメリカの日系社会の追憶の日として記念行事が開かれている。

一九七九年秋、シアトルの同グループは、今度はアイダホ州のミネドカ収容所の跡地で追憶の日を企画した。それは、戦時中武装兵士が立った監視塔の複製を建設し、それを燃やすという計画で、監視塔の焼却は、収容所の破壊と日系人の苦い思い出の焼却を象徴するとされた。しかしこの企画は白人の反感をそそることを危惧したアイダホ州の日系住民の反対を受けて、中止された。

第一回の追憶の日は、シアトル市やワシントン州など地方自治体から正式な支持を得た点においても全国レベルでの補償運動に一歩近づけた。一九七八年一一月、シアトルのチャールズ・ロジャー市長は「シアトル市は第二次世界大戦中、日系人に対して犯された憲法上かつ道義上の過失を認め、非難する」と記した決議文に署名し、追憶の日を支持した。市レベルでこのような表明をするのは全国でも初めてであった。一九七九年二月、ワシントン州知事デキシー・リー・レイは二月一九日を州の追憶の日に指定し、「日系アメリカ人の強制立ち退きは、なんらの公聴や罪の確定もなされぬまま行われた」とその過失を非難する立場をとった。同年七月西部諸州司法長官会議は、行政命令九〇六六号を権利章典違反であると宣言した決議文を採択、補償運動を支持した。同年一一月、「ワシントン州アジア系アメリカ人問題に関する委員会」は補償案の支持と委員会設置の旨を発表した。

日系アメリカ人社会からの支持者層拡大に伴い、JACL全国本部は一九七八年、ソルトレークシティでの大会において再度補償問題を最優先事項として取り上げた。この大会では長年シアトル支部が主張してきた個人補償案を基本的に採択したが、ここでは補償額は収容日数に基づく計算方法ではなく、JACL全国補償請求委員会の推薦に基づき一人当たり一律二万五〇〇〇ドルと設定した（Tateishi 1986：192）。決議案はまた、日系アメリカ人コミュニティ組織への活動目的のために一億ドルの信託基金を設置することを提案していた。大会の前、全国補償請求委員会の委員長であり、JACLの会長であったサンフランシスコのクリフォード・ウエダは、一九七七年に逝去したエディソン・ウノの後を引き継ぎ、補償運動を推進するためにJACLの機関紙『パシフィック・シティズン』に三五本の論稿を掲載した。

個々人に二万五〇〇〇ドルの金銭的補償支払いを求めた決議文は、まだ論争の的であり、トップ指導者の中には猛反対する者もいた。全国指導者の一人が顧みるように、彼らは収容体験に「値札」を付けることは自由の概念を安っぽくするだけであると考えた（*Pacific Citizen*, 1990.12.20-27）。また一九七八年、ソルトレークシティ大会においてカリフォルニア州選出上院議員S・I・ハヤカワは、地元報道関係者とのインタビューでJACLの二万五〇〇〇ドルの要求は「非常識でばかげている」とのコメントを述べた[21]。このハヤカワによる否定的コメントに抗議するため、シアトルのグループは資金を募り、一九七九年五月『ワシントン・ポスト』に三〇〇名以上の名前を連ねたハヤカワ宛の公開抗議状を全面広告で掲載した。

一九七九年初頭、JACL本部の幹部らは補償問題に関して四人の日系人議員と会談する機会を持ったが、その四人とは、カリフォルニア州選出ノルマン・ミネタ、ロバート・マツイ両下院議員、ハワイ州選出ダニエル・イノウエ、スパーク・マツナガ両上院議員であった。[22] これらの議員は、アメリカの一般大衆と連邦議会の他の議員を戦時中の不正義について啓蒙し説得する為には、法案導入以前に政府の行為が過ちであったことを公的に決議することが先決であると助言した。同様の意見が、専門のロビイストや公民権運動推進者らによってJACLに寄せられた（Tateishi 1986：192）。その結果、一九七九年八月イノウエ上院議員は、第二次世界大戦中の強制立ち退き命令とその日系アメリカ人への影響に関する事実調査のための連邦委員会の設置を要求した上院一六四七法案を提出し、法案は一九八二年五月二二日上院を通過した。同様の下院五四九九法案が、一九七九年九月に議会多数党リーダーであるジム・ライトにより提出され、一九八〇年七月二一日通過した。同年七月三一日、ジミー・カーター大統領の法案署名によって「戦時民間人転住・収容に関する委員会」が設置され、かくして翌一九八一年、後述するように全国で公聴会が開かれることになったのである。JACL本部による、直接議会への法案提出ではなく、委員会設立という選択に深く失望したシアトルの補償運動のグループは、後にNCJARを率いるシカゴのウィリアム・ホーリを迎えて独自の組織を設立した。ホーリは自らと同様の意見を持ったシアトルのグループらの存在を知り、一九七九年五月、シアトルの指導者らに接触をはかったのであった。彼はシアトルを来訪してシアトル強制立ち退き補償委員会と面談し、その結果同月シアトルにて誕生したのがNCJARであった。その会長には、シアトルの委員会の委員ではなく、JACLとの対立の経緯のないホーリが選ばれた（Hohri 1988：48）。このような組織の形成の背景には、全国本部が取った調査委員会の設置は、貴重な時間を無駄にするのみであるとの考えがあり、彼らは独自に法案を議会にかける道を探したのである。

彼らには一九七八年の第一回の追憶の日において、下院議員選出のあかつきには補償法案を議会に提出すると誓約していたワシントン州選出のマイク・ロウリィ下院議員がいた。一九七九年一一月、ロウリィ下院議員は、第二次世界大戦中に収容された日系アメリカ人に対し、一律一万五〇〇〇ドルと一日当たり一五ドルの補償と政府による正式な謝罪をするという下院五九七七法案を提出した。支出方法を除いて、法案はシアトル・プランに基づいていた。[23] この法案は司法委員会に委ねられ、行政法及び政府関係小委員会に委任されたが、小委員会で消滅した。

シアトル強制立ち退き補償委員会と、間もなく本拠をシカゴに移しクラス・アクションを起こしたNCJARとの絆は次第に薄れたが、その後NCJARは全米で約七〇〇人の資金援助者を得た。その中にはシアトルの指導者や日系アメリカ人会員の多くも含まれている（Hohri 1986 : 196-199 ; 1988 : 47-50）。一九八八年一〇月、補償法案通過の二カ月後、クラス・アクションは完全に道を断たれたが、NCJARは当時最大の焦点であった予算歳出に向けてのキャンペーンに舵を切り換えた。[24]

シアトルの補償運動グループとJACL本部指導者との関係は、一向に改善の兆しもなく事態はさらに悪化していった。シアトル強制立ち退き補償委員会の元指導者らは、彼らの投稿記事がJACLの機関紙である『パシフィック・シティズン』から徐々に締め出され、意見表現の場を失っていったと言う（cf. Quan 1988）。一九七九年頃、シアトル強制立ち退き補償委員会は進展のなさに深く落胆し、全国レベルでの彼らの意見反映の場も失ったと感じ、解体し始めた。委員会はまた、中心を担う委員らの病気や家族の不幸、離婚等の個人的事情によっても危機を迎えていた。シアトルの補償委員会の顔ぶれが替わったのはこの頃である。中心的指導者らはグループを去ったが、チャック・カトウ、ケン・ナカノその他若干の二世が残留し、後にJACL全国本部の補償委員会委員長にも選出される二世女性、チェリー・キノシタが中心となり、NCJARの北西部代表としても活躍した二世チズ・オオモリが広報担当を務め、後にシアトル支部の補償委員会委員長ともなった三世ウェイン・キムラや他の二世も加わった。キノシタを中心に、これらの新しいリーダーは以後一〇年以上にわたり、一般大衆の啓蒙と日系アメリカ人の集会や組織での講演、政治家への支持請願と説得、ワシントン州選出の連邦議会全議員との会合によるロビー活動、他の公民権組織や政府組織とのネットワーク作りなどに尽力した。

一九八〇年秋、キノシタは、ワシントン州ピュージェット・サウンド地域における主たる日系アメリカ人組織の代表者に呼びかけ、そのうち一六組織が参加して、「ワシントン州補償連合」を組織した。キノシタは、当時ワシントン大学の客員教授としてシアトルに在住していたゴードン・ヒラバヤシに連合の名誉委員長に就任することを依頼し、彼女自身が事実上の委員長として動くこととした。ヒラバヤシがカナダに帰還した後は、チャック・カトウが副委員長を務めた。このワシントン州補償連合の当初の目的は、公聴会で証言する人々を探し、公聴会の準備を進めることであった。一九八〇年春、補償運動に積極的に参加していた三世、カレン・セリグチとフランク・アベが強制収容に関するシンポジウムを企画し、二世、三世、他のアメリカ人らが法律、文学、歴史、心理、個人的経験等の様々な側面から強制収容とその影響に関して論議を交わした（Seriguchi and Abe 1980）。

一九八一年、ワシントン州補償連合は強制立ち退きと収容の影響に関するアンケート調査を行い、シアトルでは八五一人が回答を寄せたが、その四〇%が収容所において三年半過ごしていることが明らかになった。また回答者の八四・六%が住居、所有物、資産の損失などの経済的損失を立ち退き命令による最も深刻な問題として挙げている（表3参照）。

一九八一年七月、「戦時民間人転住・収容に関する委員会」による公聴会がワシントンDCで始まり、その後ロサンジェルス、サンフランシスコ、シアトル、アンカレッジ、ウナラスカ（アラスカ州）、シカゴ、再びワシントンDC、ニューヨーク、そしてボストンの各市で開かれた（Hosokawa 1982: 354）。日系アメリカ人、アリュート人、元政府要人、関連する非日系アメリカ人、研究者等を含む七五〇人以上の人が委員会の前で証言した（Commission on Wartime Relocation and Internment of Civilians 1982: vii）。同年五月、ワシントン州補償連合では、公聴会の進行や五分間という時間制限に慣れるためにリハーサルを行い、約二〇〇人がこれに参加した。

表3　行政命令9066号の被害に関する調査
ワシントン州シアトルにおいて（1981年2月，3月）

行政命令9066号の結果生じた問題	人数	%
家屋，所有物，資産の損失（経済的損失）	720	84.61
戦前の居住地に戻れないこと	408	47.94
罵声，脅迫，嫌がらせ	502	58.99
暴力行為やテロリズム	105	12.34
雇用差別	379	44.54
一家の稼ぎ手の死亡，衰弱	120	14.10
病気の不十分な治療	267	31.41
他の物理的問題	58	6.82
中途停学	340	39.95
家族崩壊や友人喪失	386	43.36
感情的心理的問題	167	19.62
文化の喪失	23	2.70
その他	65	7.64

行政命令9066号の肯定的影響	人数	%
性格的に強くなった等	9	1.06

（出典：Japanese American Community Committee on Redress/Reparations, commission hearings, 1981[25]）

補償連合は、調査委員会のワシントンDC事務所と協力してシアトルでの公聴会に向けて準備を進めた。こうして一九八一年九月、シアトル・セントラル・コミュニティ・カレッジの講堂において三日間にわたり公聴会が開かれた。北西部、ハワイ、アラスカから一五〇人以上が集まり証言したが、その八〇人以上がワシントン州キング郡に居住する日系アメリカ人であった。シアトルにおいては証人の選抜はせず、証言を申し出た者は全員証言できた。各証人は五分間の証言時間を与えられ、その内容は経済的損失から、立ち退き・収容体験、心理的苦痛、戦時中の政府の立場、二世兵士の経験、戦時転住局の運営方針、補償案、三世への影響等、多岐にわたるものであった。三日間を通して講堂は常に人で溢れた。

公聴会の設置をめぐっては決して意見の一致するところではなかった。日系議員及びJACL本部は、公聴会は一般大衆の啓蒙上不可欠なステップであると考えたが、NCJARや当時のシアトル強制立ち退き補償委員会などは、政府によって行われた行為が過ちであるのは自明の理であり、公聴会は時間の無駄で、一世が日毎に世を去っていく現状では被害者への補償を遅らせるだけであると激しく反対した。NCJARの委員長ウィリアム・ホーリは、当時の彼の立場を次のように回顧している。

〔戦時民間人転住・収容に関する委員会は〕JACLが連邦議会に直接補償を要求することに対して見せた消極性の結果以外の何ものでもない。委員会は、調査を行い、不正義であったという自明の結論を導き、そして被害者の要求を述べるというものであった。（Hohri 1988 : 87）

シアトル強制立ち退き補償委員会の元指導者らは今も頑なに公聴会設置による補償の遅れを主張するが、大半の日系アメリカ人は現在、戦時民間人転住・収容に関する委員会の設置は、補償案の通過に不可欠であり、連邦議会議員と一般大衆への教育的役割において、正しい選択であったと見なしている。

第三節　第三期 発展（一九八三―八八）

歩みの遅かった補償運動も、「戦時民間人転住・収容に関する委員会」の正式な報告書が一九八三年発行されると、急激な進展を見せ始めた。公聴会の二年後の一九八三年二月、同委員会報告書『拒否された個人の正義』において、強制収容は、「人種偏見、戦時中の狂乱、及び政治指導の過ち」に起因するものであったとの委員会調査の結論が下された（Commission on Wartime Relocation and Internment of Civilians 1983 : 24）。六月、委員会は二万ドルの個人補償及び正式な政府の謝罪と教育基金の設置を連邦議会に勧告した。

ゴードン・ヒラバヤシの再審は、別の角度から補償に向けて駒を進めた。一九四二年三人の二世男性が立ち退き命令に挑戦した。彼らは、ポートランドのミン・ヤスイ、サンフランシスコのフレッド・コレマツ、そしてシアトルのゴードン・ヒラバヤシであった。ヒラバヤシは当時ワシントン大学三年生であったが、アメリカ憲法を信奉し、アメリカ市民を含む日系人のみを対象とした夜間外出禁止令を故意に破り、シアトルのFBI事務所に出頭したのであった。ヒラバヤシはその結果、強制立ち退きと夜間外出禁止令違反の罪で投獄された。彼は連邦最高裁判所まで上訴したが、一九四三年、強制立ち退きは軍事上の必要性に依拠したものであるとの判決を下され、上訴を取り消された。ヒラバヤシは、刑務所で計二四カ月を過ごした。

一九八一年、ボランティアの弁護士らがサンフランシスコのコレマツ弁護団と協力して、ヒラバヤシのケースを再調査し始めた。その過程で、先の連邦調査委員会の調査員アイコ・ヨシナガ＝ハーズィック、歴史家のピーター・アイロンズ、ヒラバヤシ、及び他の二人は「情報の自由法」により公開された書類の中から極めて重要な政府文書を入手し、それによって、一九四三年戦時局は当時の裁判のために重要な文書を隠蔽していた事実を発見した。すなわち、当初戦時局に手渡された元の報告書は軍事上の必要性に関しては一切示唆しておらず、後に軍事上の必要性を暗示する文に加筆・修正した事実が明るみに出たのであった。[26] 重要な証拠が隠蔽されていた時のみ上告を認める「コラ・ノビ令状」によって一九八四年五月、再審が認められた。公聴会は一九八五年六月一七日から六月二七日にかけてシアトルで行われ、ヒラバヤシは一九八六年二月、遂に逆転判決を手にし、彼の名誉は回復された。この五年の間に彼の一二―一三人の弁護士からなる弁護団によって奉仕された時間は、通常計算すれば四〇万ドルに相当するという。[27] 一〇万ドルの募金と四〇万ドル相当の時間の貢献を合わせて五〇万ドル相当がこの件に寄せられたのである。

一方、シアトルでは追憶の日は継続され、様々な文化行事が催された。一九八三年二月一九日には、追憶の日は市内の公園で大統領令九〇六六号を象徴する九〇六六フィートのマラソン大会として企画された。完走不可能な者は九〇六六インチ走り、全参加者には鉄条網のデザインの下に「九〇六六を耐え抜いた」と記したTシャツが参加賞として配布された。

同年八月、七〇〇―八〇〇人がピュヤラップ広場に集まり、シアトルの二世芸術家で世界的に有名なジョージ・ツタカワによって制作された記念塔の除幕式が行われた。塔は、一九七八年の追憶の日の参加者の中からあがった同跡地を永久に記念する必要があるとの声をもとに築かれたのであった（*Seattle Post-Intelligence*, 1983. 8. 22)。ツタカワによると、柱型のシリコンの塔には、全ての人種が老いも若きも平和に手を取り合っており、それはよりよい世界に住むための友情やより調和的な関係を表すという。彼は、強制立ち退きによる苦痛や惨めさの記憶よりも、将来の世代により関心を寄せていた。この行事で塔の隣に州の歴史記念碑が建立された。この式典ではシアトル太鼓グループが「戦争におけるもがき」を表す伝統的な日本の曲を演奏した（*Seattle Times*, 1983. 8. 22)。

一九八六年の追憶の日は、アジア系のコミュニティ・ホールで行われ、会は戦前から戦争勃発に引き続く立ち退き・強制収容に関するドキュメンタリー・フィルムの放映から始まり、補償運動の経過報告、そしてこの日のプログラムのハイライト、日系キリスト教会の二世牧師によるキャンドル・サービスへと移った。前列から後列へとキャンドルの灯が室内に広がると、キャンドルを片手に人々はキリスト教のミサ形式に従い、牧師との交読文を読んだ。第一部は立ち退き・強制収容についての回想からなり、「我々は自らの体験を他の者に、いや子供にさえ語るすべを知らなかった。故に我々は犠牲者ながら、沈黙の闇へと自らを追いやり、それは四〇年以上も続いたのである」と。暗闇を象徴してキャンドルは消され、沈黙が続いた。やがて交読が続けられ、強制収容という経験を強調する義務が説かれる。「これらすべての背後にあるのは、我々の忠誠と信奉が自らの国によって裏切られたという悲劇である。しばし前まで余りの苦々しい思い出ゆえに我々は固く口を閉ざしていた」。ここで再びキャンドルが灯され、「しかし我々はもう沈黙を続けはしない」と交読は終わる。

一九八八年の追憶の日は再び同ホールで行われ、一〇周年を記念して、第一回の企画者の一人で今はラジオ・リポーターの三世が司会を務めた。彼は開催の言葉で、あまり知られていない初期の補償運動について触れた。ハイライトは補償案の下院議会の通過に多大な貢献をしたカリフォルニア州選出下院議員、二世のノルマン・ミネタによるスピーチであった。プログラムの終わりは、三世の牧師によるキャンドル・サービスで、かつて運動に貢献し、今は亡き数多くの一世、二世の名が読みあげられ、黙禱が捧げられた。

強制立ち退きと収容は、三世のディレクターの率いる「北西部アジア系アメリカ人劇場」のアジア系アメリカ人アーティスト達により制作された数多くの劇のテーマにもなっている。強制収容に関して最も重要な作品は二世女性、ニッキー・ルイスによる『沈黙を破って』であり、初演は一九八六年ワシントン大学講堂においてヒラバヤシ裁判の資金集めのためになされたのであった。『沈黙を破って』は、シアトルの日系アメリカ人の歴史と三世代にまたがる彼らの経験や感情を描いたものである。『ミス・ミネドカ』や『二世――ラブ・ストーリー』等の他の劇も強制収容所での人々の生活を扱ったものである。[28]

一九八三年、ワシントン州補償連合は、一九四二年にその民族的背景のために解雇された三八人の元日系アメリカ人州職員に対し、五〇〇〇ドルの金銭補償を支払う法案をワシントン州議会を通過させるようにキャンペーンをした。シアトル市もそれにならい、戦争中同様に解雇された三人の日系アメリカ人元職員に対し、同様の補償を支払うこととなった。ワシントン州補償連合は、全国でも初の試みとして、一九四二年初頭強制的に辞職を求められた二六人の日系元職員に対する補償を認めるようシアトル教育委員会を説得した。その結果、一九八六年四月、日本館劇場における一〇〇人以上の観衆を集めた行事でこれらの元職員に囲まれ、ブース・ガードナー州知事は各個人に五〇〇〇ドルの賠償を認める法案に署名したのである。

補償運動は政治的にその実現に向かって次第に進展していた。JACL全国本部は、戦時民間人転住・収容に関する委員会による報告書提出後、極めて積極的に補償運動を推進し始めた。JACLの指導者らはロビー活動を組織し、あらゆる補償法案を支持するために裁判所で証言したりした。ＪＡＣＬは、政治教育委員会をロビー活動専用組織として一九八二年に設置し、同委員会は全国ＪＡＣＬ補償委員会の下で補償運動に関する活動を続けた。一九八五年前半、グレース・ウエハラが最初の政治教育委員会の実行委員長に任命された後、ロビー活動はさらに活発化した（JACL-LEC 1987 : 6-8）[29]。草の根運動の組織ＮＣＲＲと他の組織も積極的にロビー活動を繰り広げた[30]。戦時民間人転住・収容に関する委員会の報告書が提出されて間もなく、一九八三年六月、ワシントン州選出のマイク・ロウリィ下院議員は二四人の共同発議者と共に基本的にはＪＡＣＬ全国補償委員会の推薦を織り込んだ下院三三八七法案、すなわち一九八三年市民的自由法を提出した。また、同年六月、アラン・クランストン上院議員が最初の上院補償法案を提出した。一〇月、下院の多数党リーダーであったジム・ライトが下院三三八七法案の四二人の共同発議者を含む七二人の共同発議者と共に下院四一一〇法案を提出した。一一月、ハワイ選出のスパーク・マツナガ上院議員が一三人の共同発議者と共に上院二一一六法案を提出した。しかし法案は行政法及び政府関係小委員会で消滅した。一九八五年一月、第二次世界大戦中に活躍した二世の戦闘部隊四四二部隊を讃えた数字を用いた下院四四二法案が、再び他の九九人と連名でジム・ライトにより提出されたが、法案は再び消滅した。同年五月、上院一〇五三法案が二五人の共同発議者と共にマツナガ上院議員により提出され、一九八七年一月、下院四四二法案は今度はワシントン州選出のトマス・フォーリー下院多数党リーダーによって一二五人の連名で再提出された。四月、マツナガは七五人の共同発議者と共に上院一〇〇九法案を提出した。五月、下院四四二法案は小委員会を通過し、九月一七日、アメリカ合衆国憲法の二〇〇周年記念にあたるその日、二四三対一四一をもって下院で承認された。一九八八年七月、上院一〇〇九法案は六九対二七で上院を通過した。そして遂に一九八八年八月一〇日、補償運動が始まってから一五年以上の歳月を経て、第二次世界大戦中に収容された日系アメリカ人に対する謝罪文と補償金の支給を保証する下院四四二法案がレーガン大統領によって署名され、制定されたのである。四六年の後に不正義は遂に正され始めた。この補償法案が制定されたのは、折からシアトルで行われていたJACL全国大会中であったが、それはパーティ席上で発表され、参加者にいっそう深い思い出を刻むこととなった。

第四節　第四期　予算配分と補償の始まり（一九八八－九三）

法案通過という長年の夢が遂に叶えられ、ワシントン州補償連合は一九八八年一〇月、二世在郷軍人ホールで祝賀会を開き、三〇〇人を越す人々が勝利を共に祝うために集まった。祝賀会はアメリカへの忠誠の誓いで始まり、当地の三世を中心とした太鼓グループによる太鼓演奏に続き、乾杯があげられ、会は補償運動に対する貢献者の表彰へと進行した。会場の赤や青の風船には「シアトルで始まった補償を祝す」と白字で記されており、その他の飾り付けにも全て星条旗を象徴する赤・青・白の三色が用いられていた。法案が署名された当日に連邦議会に掲揚された星条旗がワシントン州選出のマイク・ロウリィ下院議員の手からJACLシアトル支部に寄贈されたが、それは後にシアトル支部事務所に額に入れて飾られることとなった。

しかし、日系アメリカ人の歓喜も束の間であった。一九八九年一月にホワイトハウスを退くレーガン大統領は、一九九〇年度の補償の予算として二〇〇〇万ドルを計上したが、これは約八万の生存者のうち一〇〇〇人しか補償できない額であり、支払い受領者数より死亡者数の方が高くなることになる。JACLや、NCRR、NCJAR、他の組織は、予算配分に影響力を持つと思われる政治家に手紙を書くよう人々に強く奨励した。

皮肉にも、合衆国で補償案が通過した一カ月後の一九八八年九月二二日に補償を決定したカナダ政府は、その後直ちに政府の謝罪文とカナダドルにして二万一〇〇〇ドルの個人支払いを始めた。(31)

一九八九年を通して歳出予算案は紆余曲折の道を辿った。年初めの二〇〇〇万ドルの予算配分の後、下院小委員会は四月、一九八九年度の臨時支出として二億五〇〇〇万ドルを補償支払いに当てることを勧告したが、これは六月削除された。五月、両院は一九九〇年度の予算として一億五〇〇〇万ドルで合意したが、後にそれは五〇〇〇万ドルに減額された。九月、下院は一九九〇年度の予算として五〇〇〇万ドルを承認したが、後に同月、一九九〇年度の予算には歳出を認めないものの「資格制度計画」として支払いを認めることを決定した。この資格制度計画は両院により一〇月承認され、同年一一月二一日、ブッシュ大統領により署名された。これにより、一九九一年度予算の始まる一九九〇年一〇月から一九九三年度予算まで総計一二億五〇〇〇万ドルに及ぶ補償歳出が、毎年年間五億ドルを最大限に支払われることが保証された。この資格制度計画は、毎年の予算歳出の承認を経ず、自動的に支払われる形をとる。これにより支払いはさらに一年遅れたものの、日系アメリカ人コミュニティではこれを大きな勝利として評価した。

一九九〇年一〇月、ワシントンDCでの祝賀記念行事にならい、シアトルにおいても同月一四日、二世在郷軍人ホールにおいて政府による謝罪文と補償金がシアトル敬老ホームの五人の最年長者に手渡される記念式を催した。

一九九一年度、九二年度の予算配分により一九二七年一二月三一日以前に生まれた計約五万人の人々に謝罪文と補償金が送られた。一九九三年度以後の予算に関しては、平均寿命が伸びたことと補償法の資格を拡大解釈したために、[32]該当者の数が大幅に増え、財政不足の問題を抱えたが、四億ドルの追加金を認める一九九二年市民的自由法修正法（下院四五五一法案）が制定され、一九九三年度にさらに二万五〇〇〇人に、一九九四年度に同年三月時点で約五〇〇〇人に補償が送られている。これにより個人補償は少数の書類未提出者と一部の資格決定をめぐる保留のケースを除きほぼ全て完結している。[33]

補償金の受領者の多くはその一部を敬老ホーム、教会、JACLなどのコミュニティ組織に寄付している。全国レベルではJACL全国本部が一九九〇年九月、その利子によってコミュニティ活動を支える基金を設立する目的で日系遺産基金キャンペーンを始めた。一九九三年一二月末の時点で約六三〇〇人の寄付者から四二〇万ドルを集めており、典型的な寄付金額は約一〇〇〇ドルであるという。

一九九二年二月一九日、大統領行政命令九〇六六号の五〇周年記念には、二つの主な行事がシアトル日系アメリカ人コミュニティで催された。一つはワシントン州における日系アメリカ人史の展示で、ウィン・ルーク・アジア系博物館において二月一九日から半年間催された。もう一つはピュージェット・サウンド大学で開かれた「法的損害回復――コラ・ノビ令状を通しての補償と民事訴訟を通しての補償」と題された追憶の日のセミナーである。博物館での「大統領命令九〇六六号――その五〇年前と五〇年後」展は、写真一七〇余点と、七五点以上の工芸品、収容所におけるバラックの部屋の複製などを含めて、日系アメリカ人の一〇〇年の歴史を描いたものである。この展示は全国的な注目を浴び、同博物館の歴史上、最も成功した企画であった。全国の他地域の日系アメリカ人コミュニティでも、行政命令九〇六六号の五〇周年を記念して展示会やフィルムの上映、パネル・ディスカッションなど様々な企画が実施された。五〇周年を記念するこれらの行事は、人々の感情を刺激し、彼らに自集団の歴史を振り返る機会を与え、一般大衆や日系アメリカ人の若い世代に知識を与える役割を果たした。

シアトル日系アメリカ人コミュニティにおける補償運動は、本章で記述したように、補償法案のキャンペーン、市・州による補償、再審理裁判、追憶の日、劇など、様々な行事を含んでいる。これらの多様な活動によって、日系アメリカ人コミュニティの内外で多数の人が参加者として運動に関与した。これらの行事が、マスメディアの作用により、補償運動に興味の薄い人々も含めて幅広い層の日系アメリカ人に大きな影響をもたらしたことは否定できない。シアトルだけでも、補償案がＪＡＣＬシアトル支部に提出されてから、謝罪文と金銭補償が生存者に手渡されるまでに一七年を要した。これらの歳月の間、補償に関する日系アメリカ人の意見はほぼ一八〇度の転換を見せた。一九七〇年代初頭、補償や収容体験を語ることは「タブー」であった。今日、「収容所のことは忘れよう」

と言うことが「タブー」となっており、ある三世の指導者は、収容体験を語ることがほぼ「流行」にさえなってしまったと語る。

第三章 二世の経験

ひなまつり（1930年代末）
写真提供：ショウスケ・ササキ

シアトル日系最大の商店古屋カンパニーのピクニック（1930年）
写真提供：ショウスケ・ササキ

はじめに

日系二世は、現在大半が退職して余裕のある日々を過ごす年齢を迎えている。戦時中の立ち退き・収容体験者は補償を獲得し、各地の日系アメリカ人コミュニティでは、その闘いと成就の歴史を讃える祝典が繰り広げられ、こうした中、二世はかつてないほど自らの人生の様々な体験を回顧する機会に接している。そこで本章では、彼らの幼少期から補償運動開始以前までのエスニック・アイデンティティや人種差別に纏わる体験や心情、その他の彼らのエスニシティに関わる出来事や感情を記述することとする。ここでの焦点は、彼らに実際に何が起こったかではなく、彼らが自らの歴史をいかに解釈しているかという点であり、換言すれば本章は二世自身にとっての歴史を彼らの眼から捉えたものである。特に明記しない限り、本章でのエスノグラフィは筆者の個別インタビューに基づいている。

第一節　戦前の生活

シアトル在住の二世のおよそ八割は、一九一〇年代後半から一九三〇年代前半に生まれている（Yanagisako 1985：64）。一九二〇年代には既にシアトルの日系アメリカ人コミュニティの中心地はかなり明確な地理的境界を持っており、北はイェスラー・ウェイから南はディアボーン通り、東は一八番街から西はエリオット・ベイまでが、いわゆる「ニホンマチ」（日本町）の領域であった。町の中心地は六番街及びメイン通りに位置し、これがコミュニティの文化活動の場となっていた。[1] しかし一九四〇年頃までに、かなりの日系人がこの中心区域から外へ転出する動きも見られていた。

当時の日本町には、日系人居住者の需要を満たすありとあらゆる商店や組織が集中していた。八百屋、薬局兼雑貨屋、洗濯屋、飲食店、銀行、保険屋、宿屋、教会、日本語学校、「オフロ」（風呂屋）まであったのだが、何れも大抵の人々は住居から歩いて行ける距離にあった。義太夫や歌舞伎などが日本からはるばる当地に頻繁に来訪していたという。ある一世などは、日本から遠く離れた地にいることを忘れてしまうほどであったと述懐している（伊藤 1984：929）。二世にはこうした日本町を一つの「小島」と表現する人が多いが、当時の彼らの居住地はエスニック集団的には極めて均質であった。「八百屋を経営するようになってから出会った白人といえば郵便屋さんとお巡りさん、配達の人くらいのものでしたよ」とT・R・ゴトウ（本名）は振り返る（Suguro 1989：6）。また、二世の多くは戦前のコミュニティはゲットーだったと言う。これは、日本町区域での高い人口密度と当時の日系人を含むマイノリティの低い生活水準によるものである。言語上の障壁、「帰化不能」という市民権が剝奪された社会的地位、労働組合からの排斥などの理由から、一世が主流社会の雇用領域に進出する道は殆ど閉ざされていたのである。大方の日系人にとって最低の衣食住を賄うだけでも困難な時代であった。恐慌時の苦境は特に厳しく、[2] シゲミ・コダイラ（本名）のように醬油ご飯以外は何も食べられなかったという者もいる（伊藤 1984：974）。しかし、「みんなが同じ境遇だった」から自らの生活水準を意識することはなかったという。

先日、友達と話してたんだけどね。〔あの頃〕私達、貧しいとは全然思わなかった。コミュニティのみんなが貧しかったもの。たとえ貧しくても本当の温かみがあったわ、あの頃は。クリスマスの時も贅沢はできなかったけど本当に楽しかった。みんな、同じ境遇だったから……車なんてのも持ってなかったのよ。〔車を〕持っている家も二、三軒あるにはあったけど、それでもみんな仲が良かった。友達だってみんな車がないんだから、自分になくたっておかしいとは思わなかったのね。

（ミキ・ハヤシ）

一世の交友関係は同県人や同じ日系人キリスト教会・仏教会関係の者にほぼ限られていたと言ってよい。二世である自分の子供達を日本映画、リサイタル、家族同士の集まり、県人会のピクニック、日本語学校のピクニック、合衆国独立記念日の野球試合、「ニッポンカン」（日本館）での「シバイ」（芝居）などによく連れていったという。

うちの家族は八百屋の裏に住んでたんですが、店の裏には小さな「コタツ」（こたつ）がありましてね、両親の友達がよく遊びに来ていましたよ。みんなでこたつを囲んでお茶を飲んだり、男は「ゴ」（碁）や「ショウギ」（将棋）を打ったり。小さな集会所みたいなもんです。なんやかやと話し合う声が時々聞こえてきましたけど、生活のことや夫婦関係の問題なんかを話していましたねえ。中にはずいぶん深刻な話もありましたよ。

（ジョージ・サイトウ）

二世の中には、少数であるにせよ、日本町から離れた白人地域で生育したものもいるが、両親の交友関係を通して他の日系人との社会的紐帯を維持していた。といっても育ち盛りであった二世は、一般的に冒険心が旺盛で、外社会との接触を積極的に楽しんでいた様子である。例えばS・F・ミヤモトは、二世が商品の種類や値段の選択肢の広いコミュニティ外の社会で買物をする傾向があったと指摘している。そのため、コミュニティ内での相互扶助の必要性を当然のこととして捉えていた一世の商売人が困惑することもあったらしい（Miyamoto 1984：24）。一世による最初の合衆国移住から数十年を経過しても、戦前の彼らの生活様式は、日本の伝統的慣習をそのまま踏襲したものであった。殆ど毎日和食を食べ、折に触れて着物も着た。正月には餅をついて獅子舞を踊り、夏には盆踊りに興じ(3)、秋には松茸狩りに出かけ、雛祭りや端午の節句などの年中行事も守っていた。

三月三日には「オセック」（お節句）、お祝いしてね。「オヒナサマ」（お雛様）はまだちゃんととってあるわ。

古い、古い、お雛様。祖母の病状が悪くて、あれは一九二七年だった、父が一度日本に行って、祖母からもらってきたものなの。うちの家では女の子は私だけだったから、私に贈りたかったんでしょう、日本のおばあちゃん。私が小さな時分は、母が可愛らしい「サクラモチ」（桜餅）とか、ピンクと白と緑の三色餅を用意してくれてね。「ニホンマチ」でこういうお餅を買ってきて、お雛様を飾ったものなのよ。

（バーバラ・ヤマグチ）

明治時代に育った一世は、日本の国家や文化、そしてしばしば人種に対する誇りを子供達に植え付けていった。ビル・フクダの母は、「日本のようなお国の後ろ盾があるから、お前は胸をはって表を歩けるんだよ」と言うのが口癖であったし、ヘレン・カゲシタの父は他の多くの一世と同様、日本民族の人種的優越性を信じていた。一世は天皇を尊敬し崇拝し、自宅に写真を飾る者も多かった。この戦前期に見られる民族的イデオロギーは、ミヤモトも「日系人に共通の表現」として「日本人家族はすべて由緒ある天皇家の分家であり、我々日本人は国家全体を一つの巨大な家族のように考えていた」（Miyamoto 1984 : 29）と的確に要約している。ハワイ選出連邦上院議員、ダニエル・イノウエも同様の点を指摘している。

我々に倫理や日本史を教えていたお坊さんが、毎日毎日せっせと天皇陛下の神権を唱えていた……。厳粛な面持で「皆さんは、ほんのちょっとした運命のいたずらで母国を遠く離れたこの地にいるだけだということを忘れてはなりません。皆さんは何の躊躇もなく絶対の忠誠を尽さなくてはいけません。日本から呼び出しがかかれば、みなさんの体を流れているのは日本人の血であることを思い出しなさい」と教えられたものである。

（Inouye 1967 : 36-37）

一世は「オヤコウコウ」（親孝行）、「ガマン」（我慢）、「ギリ」（義理）、「ハジ」（恥）、服従、実直、勤勉などといった日本の伝統的価値観及び行動様式を二世に強調して教えた。わけても「恥」は二世にとって主要な文化的意識を形成するに至った。「誰もが顔見知り」であり、噂もすぐに拡まる、極めて強いネットワークを維持する小さなコミュニティに暮らしていたからである。

「ニッケイジン」(日系人)は誰もが親の影を背負って大人になった……。そこは恥の社会で、「そんなことをしたら隣の人に一体どう思われるか……だからやめなさい」という調子でね。人と違うことが許されない。皆に合わせなければいけない。そういう態度は、確かに僕の人生にずっとつきまとってるな。殆どの二世にもね。(ビル・フクダ)

恥の観念は家庭の枠を超えてコミュニティ全体にまで拡張された。面倒な問題で体面を汚さない、コミュニティの体裁を維持することが日系人の主たる関心事であった。

何か悪いことをすると日系人全体の「ハジ」になる。日系人コミュニティ全体が恥じることになる。このことは若い頃から厳しくたたきこまれてきました。(スミ・ハシモト)

一世はまた目上への礼儀を重んじ、年長者への「クチゴタエ」(口答え)を許さなかった。二世のなかには幼年時に植え付けられたこうした服従の精神と一九四二年に発令された強制立ち退き令に対する彼らの受身的対応とを結びつける者もいる。

二世はだが一方で、若年期における犯罪率、非行率の低さを誇りとしている。(4) 問題児に対してはコミュニティからも更正を促すような圧力がかけられた。バーバラ・ヤマグチの記憶によると、自動車を盗んだと噂された九歳の男児は、家族の手には負えぬとコミュニティの圧力により躾のために日本へ送り返されたという。

一世の親達は極めて教育を重んじ、二世に優秀な学業成績を期待した。実際、二世の間では飛び級は珍しいことではなかった。学校では成績も良く、「殆ど問題を起こさない」ので「先生のお気に入り」であった。シャーリー・コバヤシも他の二世とともに、日系人生徒の優秀性を強調する。

卒業生総代は日系人でした。(5) 毎年必ず日系人の首席が一人いて、上位一〇番の中にも必ず日系人が沢山入っていたんですよ。

（シャーリー・コバヤシ）

しかし、内実としてはアメリカの教育制度より日本のそれを好ましく考えていた一世の親が少なくなく、日本の教育を受けさせるため日本の親戚に子供を預ける理由の一つはここにあった。これらの子供が後に「帰米」と呼ばれる人々である。スミ・ハシモトの場合、彼女自身は「地震が恐くて」これを拒んだが、二人の兄弟は日本の教育を受けるために日本に渡り、結局そのまま定住し、アメリカに戻ることはなかった。このように二世の兄弟が日本とアメリカに別れて暮らし、生涯そのままになった例は決して稀ではない。

一世が二世に対して抱く期待は学業に限られてはいなかった。ミキ・ハヤシは、父親が「何でもええから何事にも全力尽せよ。『ドロボウデモエエカラ』（泥棒でもええから）」と言っていたのを思い出す度に吹き出してしまう。

二世は上に挙げたような日本の伝統的価値観や行動様式を親から継承してはいるが、こと日本自体に関する知識になると、訪日経験がある者を除いては極めて限られたものであった。二世が一世との間に感じたギャップの最たるものは、言語に纏わるものである。一世は一般的に殆ど英語を話さなかったが、二世の日本語水準もまた簡単な日常会話の域を超えず、複雑な思想、微妙な感情を伝えることができないという障害があった。

親が学校で何をしたとか、親のかつての生活を聞かされたことなんか、まずなかったね。母もなぜアメリカに来たか言ってくれたことは全然ないし。これは僕だけじゃなくて、他の二世もそうなんだよね。こっちからも滅多に尋ねたりしない。日本語のレベルも表現力も全く初歩的なものだから、コミュニケーション・ギャップはひどいもんだった。自分の日本語は他の二世よりうまいと思ってたけど、それでもやっぱりそんな状況だったから……。

（ビル・フクダ）

一世らは子供達を全米でも最初に設立されたシアトルの日本語学校、「コクゴガッコウ」（国語学校）に通わせたが（Ichioka 1988：196）、二世はアメリカの公立学校下校後、日々この日本語学校に駆けつけ、夏は一時間半の、冬は一時間の授業に臨んだのであった。[6] 学校は第一学級から第八学級に分かれていた。さらにその上級として「ホシュウカ」（補習科）が設けられ、歴史、地理、文学など言語以外の日本の様々な側面について講義が行われていた。日本語は最も重要な日本の文化的マーカーの一つとして認識されていたので、親としては我が子にこれを習得させたい一心であった。シアトル出身のモニカ・ソネによる自伝『二世の娘』においても、「日本人の血」が流れているのだから日本語学校へ通うようにと母親に言われるシーンが冒頭に描かれている（Sone 1953：4-5）。以下は一九〇八年にシアトルで開催された二世の教育に関する会議において、日本領事田中都吉が行った演説の抜粋である。

我は日本民族なりと云ふ自覚が大切。彼等〔アジアにおけるスペイン人やポルトガル人の子孫〕が悲しむべき末路を有する所以は、当初教育上に注意せざりし結果なれば、我々も之に鑑戒し、我々の後継者たる小国民へ日本的思想を鼓吹する事肝要なり。吾人は排斥其他の万難に当りて屈せず、勇往邁進して已まざるは、日本男児の気骨稜稜たるもの存すればなり。故に如何に米国の風俗に同化し所在地の境遇により生活の根拠を確保するにしても、我は日本人なりてふ観念は飽くまで保留されたきものなり。

日本的精神を鼓吹せよ。是を以てテクニカルの点は全然米国教育に従うべきも、精神教育には日本的観念を加味すること肝要なれば、此の目的遂行の為に新教育機関を設け、不知不識の間に児童をして愉快に面白く其の趣味を涵養せしめざるべからず。此の根本義が同胞移民の是認する処たらんには、其方法如何を講ずること難きにあらず、尚不明の点に就き質問あらば説明を辞せざるべし云々。

（竹内 1929：417-418）

しかし、二世の日本語学校通学によって、彼らの他のアメリカ人との交際は制限されるものとなった。

高校に入ると日本語学校に通わなくてはいけないっていうことを意識し始めるのよね。高校ともなれば放課後に色々な活動があるでしょう。だけど日本語学校に行かなくてはいけないから絶対に参加できないの。そんなわけで「ハクジン」（白人）とも本当のところ親しくなる必要がなかったのよ。

（セツコ・フクダ）

日本語学校へは不承不承通学していたという二世が多いが、両親に文字通り無理矢理通わされたという。[7] そこで習得した日本語力は大方の二世が最小限度であったと評するが、間接的に日本人の価値観や行動様式も習得したのであった。「オトウバン」（お当番）もその一例で、一般のアメリカ学校では用務員に任せられているが、交替で黒板を消し、教室の掃除をするという習慣を彼らはここで身に付けた。日本語学校ではまた、「キゲンセツ」（紀元節）に日本館において様々な行事を行った。館内に掲げられた御真影に向かって深々と礼をし、校長の後について「バンザイ」（万歳）と叫び、天皇の長寿を祝った。二世はしかし、こうした行事の意味を殆ど理解していなかったし、天皇に対する忠誠心も全く持ち合わせていなかったという。[8]

彼らは、日本語学校の他にもさまざまな日系人のクラブや団体で日本人の価値観や行動を体得した。

〔シアトル武徳会で〕剣道のレッスンを受けてたけど、「ドウジョウ」（道場）はファースト・ヒルを登ったシアトル・バプテスト教会にあってね。随分遠い道のりだったけど週に一度歩いて通ってたよ。「カンゲイコ」（寒稽古）は今でも忘れられない。冬の朝五時から二週間毎朝。これが寒いのなんのって！　先生はみんな旧日本兵で、軍のキャンプにでもいるかのように僕らを扱って……。色々な作法を教えられたもんだった。「レイギタダシイ」（礼儀正しい）、序列があることはしっかりたたき込まれた――自分が何番目の位にあるかってことを。

（ビル・フクダ）

二世の子供達を様々な習い事につかせることは、一九三〇年代の恐慌時や恒常的な経済的困難にもかかわらず、一般的な慣行としてなされていた。文化・教育面で幅広い教養を習得させ、大社会に受け入れられるように養育するのが、一世の未来への希望であった。

母に言われて「オドリ」（踊り）を習ってたわ……。貧乏だったし、レッスンはタダじゃないから、両親にとっては大きな負担だったはずなのに、それでも何とか通わせてくれた。コミュニティの行事にも随分いろいろ出たわ。母が踊りの衣装を縫ってくれて……。今でも地下室のトランクの中にとってあるの。あの頃の衣装を広げると、よくまあこんな色々な着物を全部手で縫ったもんだと感心してしまうのよ。二人共年をとってから、母に「どうしてあんなに自分を犠牲にしたの」って聞いたことがあってね。そしたら、日本語でなんて答えたかはっきり覚えていないけど――自分の人生のともしびだったとか言ってた。母にとってはそれが大きな慰めだったのね、きっと。

（ミキ・ハヤシ）

このように二世は家庭とコミュニティを通して日本的価値観、行動様式、規範、そして日本語を習得していった。彼らには、だが、同時にもう一つの世界があった。アメリカ的価値観及び行動様式を学んだ一般のアメリカ学校である。(9) 非日系人との交友が限定されていたにもかかわらず、若年において英語が彼らの第一言語となったという事実自体、アメリカ学校が二世のアメリカ化に与えたインパクトの大きさを示している。

英語で考えるようになったのが何年生の頃だったかは覚えてないけど、或る日「どうしよう、わたしったら英語で考えている！」って突然気がついて。それはもう、一大発見だったわよ。

（ミキ・ハヤシ）

アメリカ学校における諸慣行と家庭環境におけるそれとが矛盾し、一致しないこともしばしばであった。H・キタノはこの点に関して「学齢期のどの時点かにおいて自らの〔民族的〕出身背景を恥じ不幸に思わない二世は珍しかった」と吐露している（1969：50）。例えば、両親の拙ない英語力を恥じた二世も少なくない。

一度、高校生の時どこへだったかは思い出せないんですが、母が英語がわからないから「ハクジン」の中に入りたくないと言って、どうしても一緒に行ってくれないことがあったんです。結局、私の先生が一晩だけ母親役を引き受けてくれたんですけど……。両親は、白人の言葉は意味も何もわからない人でした。だから母は白人の親同士が集まる場所には絶対に出かけようとしなかったんです。そういう時はやはり恥ずかしかったですよ。親が色々な行事に参加できない分だけ私が疎外されてしまうような気がしてました。

（シャーリー・コバヤシ）

二世の中には、白人の教師から日本語を話さないよう厳しく注意を受けたという人々もいる。バーバラ・ヤマグチには苦い思い出がある。

あれは小学校一年の時だった。一般参観の日に母と一緒に登校して通訳してあげてたら、先生にいきなり「お母さんが中国語しか話せないなんて、恥を知りなさい！」と言われてね。あんまり驚いて屈辱を味わって、中国語ではなくて日本語だと正すことさえできなかった。その後、長い長い間、二度と母を参観に誘わなかったの。二世が決して日本語を学ばなかったのはこういうことがあったからなのよ。私達はインディアンの人達が学校で互いに自分達の言葉で話すと教師にぶたれるっていう話を聞かされてたの。「ハクジン」がいかに英語以外の言葉を見下していたかってことなのよ。私達は、自分達の言葉を話すのは恥ずべきことだって教師らから聞かされていたの。（バーバラ・ヤマグチ）

一方、両親について何らの羞恥心も感じたことがないと主張する二世がいるのも事実である。しかし意識的にせよ半ば無意識的にせよ、二世は「アメリカ化」しなければならないという思想を吸収していたと言える。日本名から英語名への改名という共通した慣行にも、二世の当時の「アメリカ化」志向が反映されている。英語名は響きや意味において類似した日本名から採られることが多かった[10]。

シアトルにおける二世が通った主な小学校は、ベイリー・ガザート小学校、パシフィック小学校、セントラル小学校、ベーコンヒル小学校である。日本町の中心に位置したベイリー・ガザートの生徒は九割が日系人であったが（Miyamoto 1984 : 53）、他の小学校における比率は一、二割であった。

調査対象者に、学齢前から高校または大学にかけて、最も親しかった友人五人のエスニック背景を尋ねると、白人アメリカ人や中国系アメリカ人の名を一、二含める若干数を除き、大多数の二世は日系の名を連ねる[11]。大抵の二世にとって白人アメリカ人及び他のマイノリティとの交際は、学校内のみに閉ざされていたが、市内の白人地域に居住する二世は、白人とより広い社会的交際を持っていた。しかしながら、戦前一般的に見られたマイノリティの地理的、社会的隔離と親である一世の他のエスニック集団に対する偏見により、二世が他集団と交わる機会は狭められていた。特に日系人と中国系人との間には、日本の中国侵略及び両国の歴史的相克に基づく敵意が存在していた。

若い日系アメリカ人はこっちで固まり、中国系の学生はあっちで固まりといった状態だったね。僕はそれを「シマグニコンジョウ」（島国根性）と呼んでた。表立った対立こそないけど、国際的なコミュニティなのに、どこかお互いよそよそしくて。今でもよく覚えているけど中国系人の子供も、ユダヤ系の子供も、黒人の子供も、日系人の子供も、みんな和気藹藹と仲良くする必要があると〔高校で〕作文に書いたことがあるんだよ。別にお互い憎み合ってたわけではなかったけど、冷淡だったたね。正直言うと、これは親を真似てのことなんだ。

（ビル・フクダ）

日系人と中国系人は睨みあってた。チャイナタウンを歩く度に蔑んだ眼差しを浴びるんだから。日本と中国は交戦中だったから中国系人はロクな奴じゃないと聞かされながら育つんだよ。日本語学校でも教師らがそう教えてたし。当時は中国系人を好きになるような状況じゃなかったたね。日系人は中国系人を見下していたよ。「クロンボ」（黒ん坊）や白人はあんまり見かけなかったしね。商店の主人は白人でも問題なかった。（ジョン・オオキ）

あの頃は今のようにエスニック背景を話し合うようなことはなかったんです。自分達が日系人であることを忘れようと努力した感がありますね。なにしろアメリカ人らしくなりたい一心なんですもの。今は平気で民族民族って言うでしょう。単にアジア人って言うんではなくて、日本人、中国人、ベトナム人、台湾人というふうにね。もっとも私が高校生の時分は、これほどいろんなアジア人はいなかったけど……。何もかももっとずっと単純だったわね。

（シャーリー・コバヤシ）

通常異性との交際は高校卒業後始まったが、白人と交際していた少数の例外を除き、交際していたものは圧倒的多数が二世をその相手としていた。一般的に日系人コミュニティ外との婚姻は、当時は「考えられない」ことであった。事実、統計的にも、一九三〇年から一九四二年までのシアトルの二世の外婚率は一％にも満たないと報告されている（Leonetti and Newell-Morris 1982）(12)。時には一世はデートさえ非日系人とは許さなかったという。配偶者は日系人からのみという一世の頑固な主張は、その後二世がより緩やかな形であれ、三世に対してやはり同様の望みを抱いていることに影を落しているのかも知れない。

コミュニティ内に留まっている限り、二世は露骨な差別に遭遇することはなかった。外界における人種差別の存在に気づいていた者は、「心地よい」小社会に留まることでそのような状況を避けていた。日系人が大多数を占める学校へ通った者の中には、スミ・ハシモトが言うように、自らを「王様と女王様」の如く感じていた者さえいたほどである。しかしながら、年を重ね、外界との接触が増えるに従い、二世は差別と排斥に直面するようになる。当時まだ幼年、青年期にあった二世に対する差別は一世に対するそれよりもはるかに緩やかなものであり、戦前においては個人的な差別体験の記憶が全くないと言う二世もあるが、一方では幼少期の差別体験を鮮明に記憶している者も少なくない。

〔小学校で〕学芸会の計画をしている時、小柄な〔女王様の給仕〕役が必要になって、クラスメートが私を推したんですが、先生がダメだと言ったんです。何か理由を挙げてたけど、どんな理由だったか忘れてしまった。ただ私が日系アメリカ人だからとは感じ取れましたね。（ヘレン・カゲシタ）

六、七、八年生の時「ハクジン」主流の高校に通ったんだけど、初めての登校日、いきなり四人の「ハクジン」とケンカする羽目になってしまってね。階段に座ってたら連中に背中を叩かれたんで、最初は走って逃げたんだけど、後から追いかけて来るんだ。しょうがないからくるりと向き返って、殴り合いが始まった。僕が次々に、一人は鼻に二つ、一人は三発、一人は顔に一発とパンチを決めたら最後の奴は逃げてしまいやがった。その後、奴らは二度と僕にちょっかいを出さなくなったけど。この事件は僕にとって実に嫌な「ハクジン」体験だったね。それから後になってまた二人の「ハクジン」が〔トルコ出身の〕学生に摑みかかるのを……一人が彼を押えてる間にもう一人が何度もビンタを繰り返しているのを目撃して……。いよいよ「ハクジン」に対して嫌悪感を募らせるようになった。あの嫌悪感は決して消えないね。そりゃ中には本当にいい人もいるけど。（エド・ムラカミ）

大学の優等生会の会合など課外活動は、時折二世や他のマイノリティの出入りが禁止されているテニス・クラブや特別な場所で開かれた。多数派集団による差別と二世が自らに課した自律性の双方に基づく学内の社会的隔離によって、二世は、自集団のクラブや組織を形成するようになった。ワシントン大学の二世女性の社交クラブ「芙蓉会」もその一つであった。

ミヤモトはマイノリティである日系人と多数派である白人アメリカ人との関係をカースト的であると特徴づけている（Miyamoto 1984 : ix–x）。アメリカ帰化権取得資格の剝奪、ワシントン州における一九一四年外国人〔排日〕漁業禁止法、一九二一年外国人〔排日〕土地法の施行など[13]、カースト的関係は一世の体験においてより顕著であったが、それは二世の社会的経済的地位のみならず、エスニック意識や社会志向にも影響を及ぼした。

雇用はおそらく戦前の二世が直面した最も厳しい差別の場であったと言える。シアトルの二世の雇用機会は、J・タカハシによると、西海岸の他の主要都市と比較しても極めて乏しいものであった（Takahashi 1980 : 177–178）。このような悪状況をもたらした要因の一つは、大半の労働組合からマイノリティが排除されていたことにある。従って年長の二世はたとえ化学、会計学、生物学、経営学などの学士号を有していても、一世の庭師としてまたは魚肉店の店員として働いた[14]。エド・ムラカミはワシントン大学で経済学士号を取得した後、一世が経営するガソリンスタンドで働いていたが、当時の日系アメリカ人の雇用機会剝奪について以下のように語っている。

誰一人職がなかった。エンジニア〔の二世〕がいっぱいいたけど、職につけた者は一人もいない。もちろん当時は三〇年代恐慌で非常に「フケイキ」(不景気)だったしね。でも「ハクジン」で職を見つけた人は大勢いた。「ニホンジン」で職にありついた者は一人もいないんだから。結局かなりの人が日本に渡ったんじゃないかな……。僕の知っている機械エンジニアもここで職を得られなかった。彼は上位一〇番内に入っていて、あのW社は上位一〇人を雇うことになっていたのに、彼の名前だけ外して、別の「ハクジン」の名前にすり替えたんだ。

(エド・ムラカミ)

住宅もまた制度的差別が顕在する領域であった。

日系のゲットー地区、いわゆるゲットー地区の外に出ようとしてもですね、居住者が殆ど白人の所ではアパートを借りたり、そこに住み込んだりすることができないことは承知していましたよ。たとえ「空室有り」の看板が下がっていても、中に入るとすぐに「ああ、あれはもう契約済みでして。看板を取るのを忘れて申し訳ない」と、こうくるからね。そんなことは、よくあることだった。

(イチロウ・マツダ)

二世の女性の雇用機会はなお一層閉ざされていた。特に大卒の女性に対し戦後間もなく門戸を開き、従って日系アメリカ人の社会進出への道を切り開くこととなった教職でさえ、戦前期においてはまだ閉ざされた職業だったのである。「なにしろ就職先がないんですから、一世の親に娘を大学に通わせる意味がわかろうはずもないですよ……。女の子の場合は特に進学する動機はそれほどなかったんです」とカナ・オチアイは説明する。しかしシアトルの二世の女性には、たとえ専門職でないにせよ小事業への就職機会は西海岸の他都市より開かれていた。E・N・グレンの報告によると、一九四〇年にシアトルで雇用されていた二世女性の三分の一近くが事務員または販売員であり、さらに、サービス職、事業経営、管理職など小事業関連のその他の職業についても、サンフランシスコと比較すると占有率が高かった(Glenn 1986: 77-78)。

二世の多くは、以上のような差別体験により、強制収容以前に既に肯定的なエスニック意識を抑圧され、劣等感と二級市民意識をしばしば植え付けられたという。

役人は、みんな白人でしょう。そこからしてあの人達の方が偉い、あの人達の世界の方がこっちの世界よりも少し優れてるという態度を持つようになるわけ。そんなことは誰から教わるわけでもないけど、こっちは自然に二級市民みたいに思ってしまうの。親がいい職業に就いているわけではないからみんな貧乏でしょう……。それ〔劣等感〕があったから、私達はコミュニティにしがみついてたのよ。そのほうが居心地はいいんですもの。

（ミキ・ハヤシ）

二世が当時自らのエスニック背景に劣等感を抱いていたか否かは別として、大多数は日系人であるというエスニック・アイデンティティを持つと同時に、国民アイデンティティとしては自らをアメリカ市民として見なしていた。差別体験に思いを馳せる者がいる一方、大戦が勃発して初めて人種と出身国に根ざす「差異」を決定的に思い知ったという二世もいる。

一九三〇年代末から一九四〇年代初頭にかけて、二世の中には既に日米戦争を予感している者もいた。

商売をしていれば、それも外国貿易であれば、石油輸出禁止令が出て鉄鉱輸出禁止令が出たらば、ああ戦争が近いなと感づきますよ。戦争がじきに来るってわかってました。肌で感じてました。白人は本当に日本人叩きをしていましたよ。ちょうど〔ロンドン軍縮〕海軍会議の頃かな。日本、イギリス、アメリカが集まって戦艦の数を制限しようとするんだが、日本はいつも不利だったねえ。

（ハリー・タナベ）

新聞が「ジャップ」に関する煽動的記事を次々と掲載し始めていた。だが、大半の二世は日毎に深まる日米関係の悪化に気づくには、まだあまりにも幼すぎたのであった。

第二節　強制立ち退きと強制収容

一九四一年一二月七日、日本の真珠湾攻撃を引金にアメリカは太平洋戦争に突入した。翌朝までにFBI捜査員は、数年来用意していた「ブラック・リスト」に基づき、シアトルだけでも一〇〇人以上のコミュニティ指導者を一斉に検挙した（Residents of Minidoka Relocation Center 1943）。これらの一世は大半が日系組織の指導者や、日本語学校の教師、仏教会開教師、柔道の師範などであった。一部の者は「敵性外国人」として尋問を受けた後釈放されたものの、大半はそのまま家族と別れ別れになり、司法局の管理する拘置所へと送られ「敵性外国人」として拘留生活を送ることとなる。ウィリアム・カワタ（本名）の父は、アラスカで逮捕され、後に拘留された。

戦争が始まって間もなく町の保安官がうちにやってきて、まるで犯罪人でも扱うかのごとく銃を突き付けて父を刑務所に連れていきました。全く何の通知ももらっていませんでした。私は怒りで体が震え、絶望と恐怖でおののいていたのを覚えています。これではまるでナチス・ドイツのゲシュタポ警察ではないかと。なぜ我々がアメリカでこのような扱いを受けなければならないのか。私は次第に星条旗に対して忠誠の誓いをたてるのが耐えられなくなりました。こんなのは不公平だ。自由もない。平等もない。「全ての民への正義」など何もないと思いました。そしてアメリカ人がいかに忠誠の誓いに偽りの言葉を並べているのか、と嘆かわしくなりました。

（ウィリアム・カワタ、本名、公聴会証言）

シズエ・ピーターソンの父も逮捕されたが、その資産は凍結され家族の手に戻ることはなかった。彼女の母は、深い精神的打撃を受けたまま夫と引き裂かれた。

母は、恐怖におののいていて。一体何をされるのかわからなかったし。そして三人の子供達と置き去りにされたわけですから。お金もない、収入もない、全く何もなかった。本当に試練に満ちた日々でした。

（シズエ・ピーターソン）

二世は当時その平均年齢が一九歳に満たず、戦争の勃発により大きな動揺を受けていた。大多数のコミュニティ指導者を一度に失い、彼らは混乱と不安に陥っていた。当時ワシントン大学の学生であったイチロウ・マツダは、真珠湾攻撃直後の絶望感を次のように語っている。

パールハーバーの翌日、月曜でしたが、大学に行こうかどうか迷ったんです。何と説明してよいのか、呆然とした気持ちとでも言うんだろうか。抑圧されたような、恥ずかしいような、そして幾分罪悪感を感じたような、何か妙な気分になったのを覚えてますね。そして大学に行くには行ったんですが――図書館に行くとそこはしーんと静まりかえっていて、学生達はみんな戦争のことを考えてたんでしょう……。そして私は自分が日系なので、そこにいるのが恥ずかしくなりましたね。翌日両親に大学をもうやめたい、と言ったんです。というのも、もう勉強を続けていく意欲を失ってしまったから。そしてパールハーバーの後は特に、もう自分に将来はないと思いました。というのもパールハーバーの前も一世や二世にとって生活は困難だったけど、戦争によってますますひどくなり、やがて強制収容所に送られるということを知ったからです。だからもう自分の人生は終わりだと思いました。自分はアメリカでは将来がない、自分はアメリカでは未来がないと思ったんです。

（イチロウ・マツダ）

一世は、日本と関係のあるものを次々と燃やし始めた。そのようなものを所有していれば日本とつながりがあると疑われ、危険な立場に追い込まれると考えたからであった。家族のアルバムや、日本の親戚からの手紙、日本語で書かれた書物、訪問者の記録帳など、一世が何十年も大切に取っておいた思い出深いものが、次々と灰に化したのであった。

「ヘイカ」（陛下）の写真がこんな高い所に掲げてあってね。戦争が始まり日本といくらかでも関係があると不利になると聞いたから、私達は急いで写真とか手紙とか、みんな燃やしました。そして母がその「ヘイカ」の写真も燃やさなくちゃいけないって言っていたのを覚えています。母はてっきりそれを燃やしたんだろうと思っていたんですが、しばらく前、姉が「ママは『ヘイカ』の写真を燃やさなかったのよ。何処かに隠したみたい」と言うんです。

（シャーリー・コバヤシ）

シャーリー・コバヤシの母にとって、日本の天皇は日本の象徴であり、自らの故郷との最も強い絆の一つであった。三世の中には、今日、この時期に多くの貴重な日本の文物や家族の持物が失われたことを惜しむ者もいる。それによってただでさえあまり知らされていない家族の歴史がより辿りにくくなったというのである。

開戦直後、アメリカ国内の日本銀行に預けられた資産も凍結され、短波ラジオやカメラ、日本刀など武器とみなされるものは全て没収された。やがて中国系人が「アイム　チャイニーズ（中国人です）」と記したバッジを付け始めた。これは主流社会がその身体的特徴の類似性ゆえに、日系人と中国系人を区別できない為のことであるが、このバッジは一部の二世の中国系アメリカ人に対する感情に影響を与えた。

友人の何人かが、中国系人のバッジをパールハーバーの翌日見たらしくて。友人の一人はいつも中国系の女の子と一緒に学校に通っていたのに、パールハーバーの後、それっきり彼女と一緒に歩かなくなったんですってよ。私達とは手を切るかのように去ってしまってね……。私達はそれでずいぶん傷つきましたわ。一二月八日から、私達は罪の意識を感じさせられるようになりましたのよ。

（カナ・オチアイ）

一九四二年初頭、シアトル公立学校の二世の被雇用者全員が、ＰＴＡの強い圧力により辞職を余儀なくされた。「強い疎外感を味わった」とシズエ・ピーターソンは振り返る。「というのも、他の人と同様、私はアメリカ人なんですよ。それなのになぜ私だけが別扱いされなければならないのかと思ったんです」。一九八六年これらの二世はシアトル公立学校教育委員会からこの不正義の償いとして個人補償を受けている。

一九四二年二月一九日、時の大統領フランクリン・ローズヴェルトは、大統領行政命令九〇六六号を発令し、西海岸に軍事区域を設定する権限を与え、それによって一一万人以上の日系人が、この区域から立ち退きを命じられることとなった[15]。しかし当初この命令は日系人を名ざしでは含んでおらず、従って日系アメリカ人自身、自らが該当することを認識していなかった。三月二日、任意立ち退き令が発令され、軍事第一区域と指定された太平洋沿岸三州の西半部及びアリゾナ州一部に居住の日系人は、自発的に内陸に立ち退くよう通達が出された[16]。三月中旬、午後八時から午前六時までの夜間外出禁止令が日系人に課せられ、居住地から五マイル以上の遠出も禁止された。三月三一日ベインブリッジ・アイランドの日系人はわずか二、三日の通告の後、立ち退きを強制された。彼らが大統領行政命令九〇六六号によって強制的に立ち退かせられた日系人の最初の集団であった。このベインブリッジ・アイランドにおける日系人の立ち退きによってシアトルのコミュニティでの立ち退きに関する噂が急速に広まった。

色々な噂が流れてました。ベインブリッジ・アイランドの人達が、四月〔三月末〕に立ち退いたので、任意立ち退きの噂が広まって……。父の従兄がトラックを持っていて、「立ち退かなくちゃいけないんだったら一緒に行こう」と言ってきて、それで父が「何処に行くっていうんだ」と。当時何もかもが混沌としていて、どのぐらい奥地に行かなくてはいけないのか、何もわからなかったんです。残るんだったら、仕事やお金はどうなるのか。というのも日本の銀行に預けたものはみんな既に凍結されてましたから。

次に噂に聞いたのは、アメリカ市民は残れるけれども市民権を持っていない者は立ち退かなくちゃならないということでした。ということは、私達兄弟三人はここに残れるけれど、父と母と、そして私の姉も日本で生まれましたから、三人は行かなくちゃならないということでした。父は繰り返し、「女の子は『アブナイ』（危ない）、レイプされるかもしれん」と言ってました。といっても一体うちで何ができるというんです。弟は一五歳でしたけど、もし父と母と姉が立ち退き、私達三人がここに残らなくちゃいけないのなら働きに出ると言いだしてね。

けれど一五歳の男の子に一体何ができます。そこで母が、「いやいや、もし立ち退かにゃならんようになったら、その時はみんなで一緒に行くんよ。命令が来るまでは何もせんでええ」と言って。そうするうちに立ち退き命令がやってきたんです。

（シャーリー・コバヤシ）

シアトル地域では具体的な日時や集合場所を記した立ち退き命令は、立ち退きの一ヵ月前に掲示された。一世や年長の二世は事業売却と所有物の処理に追われた。

わかるでしょ、何か起こっている最中って、それがとても大変なことかどうかなんて考えもしない。ただ頭の中が混乱していただけだったわね、あの時。これで果していいのか悪いのかなんて、考えている暇なんかないのよ。荷造りにただただ忙しくて。父は店のものを処分するのに忙しかったし、母は色んなものを荷物にまとめるのに追われてたし、私達は、家具を売ったり持って行くものを選ぶのに忙しかったしね。一体どんな所に連れて行かれるのか、どのぐらいいなければいけないのか、何も聞かされてなかったのよ。誰も言ってくれなかったのよ。誰一人として、一体私達がこれからどうなるのかって教えてくれた人はいなかったのよ。そして誰にも、戦争がどれくらい長引くのかわからなかった。ただただ混乱の日々だったのよ。

（ミキ・ハヤシ）

大半の場合、一世と年長の二世は事業や備品、在庫品、家具、電気器具その他の個人的所有物を二束三文で買い叩かれることになった。カズ・ミヤタの父は、シアトルにあった雑貨店を四〇〇ドルで売ったという。古物商や仲買人が「ハイエナのように」うろつき、時間のない弱みを知って値をたたいた。ムツ・ホンマ（本名）は、立ち退き当時ロサンジェルスに住んでいた。

軍が日系人に立ち退きを命じた後、他の人達が西ロサンジェルスに流れ込み、日系人の家や家庭用品を次々と買い漁って行きました。私は、決して何も売りませんでした。恐かったんです。人々が家に入り込んできて「このピアノを買いたい、いくらだ」と聞くので、私は何度も繰り返し、ピアノは私にとって命なのでピアノは売らないと言いました。六歳の時からピアノを習い、南カリフォルニア音楽大学に行きましたから。すると、「ピアノなんかもって行けっこねえぞ。俺が買う」と言うのです。ピアノをトラックに乗せて二五ドルおいていきました。ボールドウィンのピアノにです。別の時、今度はある人が私の洗濯機を乗せているのを見つけたのです。私は自分には三人の子供がいて毎日洗濯機を使わなくてはならないからもって行かないでくれとしがみついて頼みました。その人達は洗濯機をついに降ろしはしたのですけれども、その時までにはダイニングセットは消えてありませんでした。

（ムツ・ホンマ、本名、公聴会証言）

ミキ・ハヤシの夫のように友人に店や家を預けた者もいるが、多くの場合それもまた災難にあった[17]。

うちの人は——当時はまだ主人のこと知らなかったんだけどね——うちの人、二軒店を持ってて、夜間外出禁止令の出た後、店をある時間に閉めなくちゃならなくなったらしいの。立ち退き命令が出て、在庫を一軒の方にまとめ、備品を倉庫に入れて、隣に住んでいる人にその番を頼んで、それから立ち退きに出たわけ。ピュヤラップにいる時、二カ月経ってからその人達が一八ドルきり持って、それで儲けはこれしかないって言うんですって。でもそんなこと、あり得ない話だっていうのは明らかで、つまり、何もかも次から次へと売り捌き、自分達の儲けにしてたらしくて。それでうちの人、みんな売りに出したいから、町に出たいって申し出たけど、許可がもらえなくて。仕方ないから弁護士に連絡をとって、弁護士にみんな売ってもらえるように一任したらしいの。その時にはもう既に備品を除いては殆ど何も在庫が残ってなかったんですって。残ったもの全部を一五〇〇ドルで売ったって言っていたわ。

（ミキ・ハヤシ）

出産間近の女性は、ピュヤラップ仮収容所には病院施設がないため、立ち退き前に陣痛を誘発して出産した。コミュニティの他の多くの二世と同様、トシ・アキモトは、日系アメリカ人のアメリカへの忠誠を示すため立ち退きに対し「静かなる協力」を要請したＪＡＣＬを非難する。トシ・アキモト自身は、幼少の頃日本から両親について渡米したので市民権を持っていなかった。

当時、もし私がアメリカ市民だったら、大きなプラカードを作ってそこに「私はアメリカ人です」と大きく書いて、街の中をデモ行進するなり、あるいはピュヤラップにそれを持って入るなりしてただろうと考えたもんですよ。そうしてれば何らかの効果はあったと思いますよ。少なくとも新聞はそれを写真に撮って記録に残したでしょうね。そうすればアメリカ政府が自分達の市民を強制収容所に拘留するのを示すわけですから。けれど彼ら、JACLの人達はそんなことしないんですから。ただ「法に服従して大統領がそうしろと言うのならば、文句を言わずに収容所に静かに入れ」ですからね。そんな考えには私自身は大反対でした。でも私は日本国籍しか持ってなかったんで、何も言うことができませんでしたがね。

（トシ・アキモト）

事実、一九四二年二月二八日、JACLシアトル支部のジミー・Y・サカモト――彼は当時のシアトル日系コミュニティで最も影響力の強い存在であったが――は「政府が我々に命令するのであれば、ただ有難く思うべきである。というのもこのような時にこそ、真の忠誠心を持っているならば、本当の忠誠とはアメリカ政府の命令に従うことだからである」と述べている（Daniels 1988 : 220）。このような意見は、全米JACLの意見とも一致していた。[18]

JACLが当時立ち退きに対して取った姿勢に対し、それが日系アメリカ人全体を代表するがごときものであったという批判は、今日でもコミュニティに根強く残っている。しかしながらJ・タカハシ（1980）は、二世の政治経済の分析の中で、当時の特殊な歴史的状況の中での構造的限界について指摘している。すなわち一世への帰化権拒否、労働組合からの排斥、当時一般的であったアングロ・コンフォーミティ志向、及び抑圧されたエスニック意識、そして裁判所への権利の保護の依存、これらすべては、JACL内での二世のリーダーシップを、協力という保守的な反応へと導いたのであった。[19]

大半の日系アメリカ人が、このようにして「静かに」対応したのに対し、三人の二世男性が命令に抵抗し、その結果、前章でも触れた通り、逮捕されるに至った。その一人は、ゴードン・ヒラバヤシ（本名）であった。当時ワシントン大学三年生であったヒラバヤシは、夜間外出禁止令を故意に破り、強制収容命令に挑戦し投獄されたのであった。ヒラバヤシは、自分のこのような態度は彼の母と白人アメリカ人の友人による影響によるものであると語っている。

私の母は、不正義に対しては、それはとても強く立ち向かう人でしてね。母は一世代いや二世代早く生まれすぎたんです。母はフェミニストになるには二世代早く生まれてしまったんです……。そして「もし何か起きて誰かが差別されたなら」――私達は誰かに起こったことについて話し合ってたんですが、すると……「あの人はもう少し強く立ち向かうべきだった」と言ったものでした。だから私達はそういう類のことを話してたので、私自身そういうことには少し強い衝動があり、他の人には考えつかないような物の見方をする土台があったんですね。

ヒラバヤシは続けて、夜間外出禁止令や立ち退き命令に対する自分の立場を母と議論していた時の様子を述懐する。

父も母も反対しませんでした……。けれどこう言うんです。「でも今は戦時中だ、私達はどこかに連れ去られようとしているんだよ。どこに連れて行かれるのか、それが一体どの位なのか、全くわからない……。それでお前がこういうことを政府にしたなら、お前が一体どんな目に会うのかお父さんやお母さんには何もわからない。お前は絞首刑になるかも知れないし、焼き殺しの目に会うかもしれない。けれど私達にはそれを知るすべもない。今お前がしていることをお父さんやお母さんは誇りに思うよ。けれども、何が起こるかわからないんだ、そのことは今はしばらくおいておいて、家族が一緒にいられることを第一としよう」と。本当のところ、それは私達の一番の心配事だったんです。両親には本当に彼らの身に何が起こるのかわからなかったんです……。くじけそうになるほど大変なことでしたよ。母は私に対して涙さえ使い、泣き崩れては、今家族がバラバラになることだけはやめてくれと言いましてね。

けれど、私はやめるわけにはいかなかったんです。もし両親と一緒に〔収容所に〕行っていたなら何かを諦めずには行けなかったでしょう。そして私が諦めなければならなかったものは、不正義と私が看做すものに立ち向かう人間に私をした、まさにそのものだったんです。そしてもし一緒に行くなら、それは自分自身に負けることを意味してたんです。そしてそうなっていれば自分自身にも影響していたでしょう。私はもう彼女が育てあげた同じ人間ではなくなっていたでしょう。そして後に母はそれに気付いてくれたんです……。

母がトゥールレークへ移動してからですが、母から手紙が届きましたね。母がそこに着いて二、三日たったある日、誰かがノックをするので出てみると、二人の女性が立っていて南カリフォルニアから来た誰がしと言うのです。そして彼女達は……ここで自分達のリーダーはへつらってばかりいるのに、シアトルで訴訟を起こして闘っている人がいてその人のお母さんがここにいると耳にしたと言うんです。「これほど苛々することってありますか。私達は丸裸になったというのに、誰一人何も言おうとしない。私達はここに来て、奥さんに会って息子さんがしてらっしゃることに感謝すると、どうしてもそう言いたかったんです」。母は手紙にこう書いてきて、非常に感激した……と言ってきたんです。それを読んで――家族と一緒に行かなかったことにほんの少し罪悪感を感じ、後悔していたんですが――しかしその手紙を読んだ時、私はその心の重荷が取れたのを感じたんです。というのも、たとえ母と一緒にいたとしても、母にそのような感激を与えることはできなかったでしょう。母がそのように感激したのは、私がここに残ったからだったんです。

（ゴードン・ヒラバヤシ、本名）[20]

シアトルの二世の中にはゴードン・ヒラバヤシの知己も少なくなかった。

ゴードン・ヒラバヤシは、その頃私がつき合っていたボーイフレンドがとても親しくしてた友人だったの。思い出せば、みんなで何時間も立ち退き命令について話し合ったわ。ゴードンが「命令なんかに従うつもりはない」と言っては、私のボーイフレンドが「君みたいな勇気があれば——、でも僕にはできない」と言ってね……。こうして私達は何時間もその問題について語り合った。「何も犯罪を犯したわけでなし、我々をこんな目に合わせるのは憲法違反だ」。「我々を裁判所に連れていって証言させるなんていう手続きは取ってないじゃないか」。——そう、何時間もそうやって議論し、答えを探し求めていた。でも当時、私達、何の力もなくて、絶望の淵に立たされてたのよ。ゴードンのように収容所に行くことを拒否した人達は別として、私達に一体何ができるだろうかっていう気持があったことは本当なの。（バーバラ・ヤマグチ）

後に多くの三世が、その三人を除き、二世がなぜ立ち退き命令に抵抗しなかったのかと疑問の声をあげる。当時の状況は極めて複雑で単純な答えは見出せないが、何よりも二世は、軍の統制下で服従以外選択の余地がないと感じたのであった。ハリー・タナベは言う。「一体何ができるっていうんですか。兵士達は銃を持っているし、なぜわざわざ殺されるような真似をしなくちゃならない？　我々はみんな全くの無力でどうすることもできなかったんですよ……。軍に行けと言われたら行くしかなかったんです」。二世はまた、財産や所有物の売却、処理に忙しく、疑問に思う暇もなかったという。当時彼らはまだ若年で、一世のコミュニティ指導者は逮捕され拘置所に送られ、突如として、意思決定する立場に立たされたのであった。二世を代表する見方ではないが、一部の二世には、そのような状態を疑問視したり抵抗したりすることなく受け入れる服従的態度、政府の権威者により課せられた命令に質問さえせずにただ従う態度は、彼ら二世が日本の文化的規範に束縛されていたゆえであると考える者もいる。

今考えれば、私達、全くの世間知らずだったんです……。指示を待ってたようなところもありましたもの。権威ある者に決めさせてしまったっていう気がするんですよ。政府の役人ってのは力を持ってる人だって、そう強く植え付けられていたでしょ。だから政府がすることをいいだの悪いだの考えさえしなかった。私達の殆どは、

ああいう年齢層でもあったし、なぜこんなことをなんて聞こうともしなかったんですね。（ヘレン・カゲシタ）

エルマー・タズマ（本名）は、伝統的な日本的価値、特に我慢、忍耐、服従を挙げ、それらの価値観に立ち退き時の二世は縛られていたのだと主張する。

日本人にとって不平を言うということは、「サムライ」の規範を破るということです。小さな頃から「シンボウ」（辛抱）とか「ガマン」（我慢）ということを叩きこまれてきました。この二つの言葉は何が起ころうとも耐えるということを意味します……。アメリカ政府に「市民権を与えない」と言われると「わかりました」、「土地を持てない」と言われると「わかりました」と言ってきました。「これから囚人として収容所に連れていく」と言われると「わかりました」と言いました。だから時々考えずにいられないのです。「この真っ赤に焼けたオーブンに入れ」と言われたら、何人「わかりました」と言っただろうかと。（エルマー・タズマ、本名、公聴会証言）

政府と軍当局は、軍事上の安全をめぐる問題とアメリカ国籍を持つ二世の扱いについて議論を重ねていた。これらの高官の吐いた言葉、特に太平洋沿岸防衛司令部司令官、ジョン・L・デュウィット中将の言葉は、今でも二世の記憶に深く刻み込まれている。

ジャップはジャップである……彼らの忠誠心を判断する手がかりはない……。アメリカ人か否かは問題ではない。理論的には日本人であることには間違いはないのであり、それを変えることはできないのである。

（*San Francisco Chronicle*, 1943. 4. 14）

事実この「ジャップはジャップである」という言葉は、後に多くの一世や二世が当時の政府の人種差別に言及する折にしばしば引用する言葉である。

一九四二年の五月初旬までに、シアトル地区の約七四〇〇人の日系人がその住居から「根こそぎ」にされ、ワシントン州西部のピュヤラップにあるキャンプ・ハーモニーに仮収容された。多くの二世は自らの政府に裏切られたと感じたのである。ジョン・オオキもその一人であった。

「日本人を祖先とする全ての者へ」。あの言葉には当惑した。「だって、俺は合衆国市民じゃないのか。俺は合衆国で生まれ、毎日学校で忠誠の誓いも立てていた。なぜそれで外国人みたいに扱われなくちゃいけないんだ。日本で読む以外日本のことなんて何も知らないというのに」。だから本当に憤りを感じた。今でも覚えてるけど、立ち退きの時、歩道に腰をかけて「一体忠誠の誓いとはなんだったんだ、『全ての民への自由と正義』、――あれは白人だけのものだったのか」と。何処か間違っている、何か間違ってる、って思った。それでね、だんだん自分が日系だということを恥じるようになってね。「何で俺は収容所に行かなくちゃいけないんだ、何で白人は行かなくていいんだ、中国系人は行かなくていいんだ」。そして突如として、「畜生！　日系人でなきゃよかったのに」ってね。（ジョン・オオキ）

一方まだ低学年の幼い二世にとっては、立ち退きは、バスに乗ることとさえ未知の冒険であった。ミチ・ウォルターは、当時カリフォルニアで一〇歳を迎えていた。

冒険みたいに考えていた、「これからどこに行くのかしら」と。何かを特に恐れてたという記憶もないし、……。電車に乗ることなんて当時滅多になかったでしょ。少なくとも私はそれまで一度しか電車に乗ったことがなかったから。だから収容所に行くことは冒険みたいだったの……。みんなで集団で行ったから、そんな悪いことだとは思えなかった。（ミチ・ウォルター）

立ち退きの日、日系人は指定の場所に集合し、バスに搭乗した。手に抱えられるだけの荷物のみ運び込むことを許され、囚人のごとく番号入りの名札をぶら下げなければならなかった。ペギー・ミッチェル（本名）は、その時の様子を次のように証言している。

老人や病人は、見るに忍びませんでした。張り詰めた耐え難い空気が漂い、私は父のことが心配でたまりませんでした。というのも父は具合がすぐれなかったのです。途中でバスの運転手に、父が手洗所に行けるようにと、どこでも都合のいいところで止まってくれ、と何度も頼んだのですが、ことごとく無視されました。私はただ目的地に着くまで、どうか父が、父が大丈夫でいてくれるようにとそればかり祈ってました。私の人生の中であれほど長く感じられたバスの中の時間はありませんでした。
（ペギー・ミッチェル、本名、公聴会証言）

マツゾウ・ワタナベも次のように回顧している。

バスは半時間ほど遅れてやってきて……。その日は雨で寒くて、みんなトイレに行きたがってね。バスがガソリンスタンドで止まって、トイレに行こうと沢山の人がバスから降りたんですがね……でも、ガソリンスタンドの人は、トイレに鍵をかけてしまって日系人に使わせなかったんです……。そして我々を待つ新設の囚人キャンプに近づいた時、鉄条網が目に入ったんです。私が思わず「鉄条網だ！」と言うと、隣に座っていた人が「そんなばかなことはある筈がない」と言ったけれども、私の言った通りだった。
（マツゾウ・ワタナベ）

ミキ・ハヤシは、ピュヤラップまでのバスが通夜の様に静かだったことを記憶している。誰も一言も口にしなかったという。彼女の母の目からは大きな雫がこぼれ落ちていた。

ハーモニー収容所は、鉄条網と監視塔で囲まれた狭い仮収容所であった。収容所は四地域に分割され、それぞれに鶏小屋を思い起こさせる木製バラックの長い列が並んでいた。他区域の友人を訪ねることは許可されておらず、当時ボランティアで看護婦補助を務めていたバーバラ・ヤマグチは、他区域への訪問に、毎日通過門から通過門まで保安官に付き添われたという。また独身者約二〇〇名は、後に他のバラックに移動するまで、馬小屋をあてがわれた。そこは、天井が高く冷たいコンクリートを敷き詰めた所で、馬の悪臭が漂っていた(21)。

大抵のバラックでは、床板は直接湿った地面に敷かれ、雑草があちこちの隙間から伸びており、藁を詰めたマットレスと簡易ベッド、それに天井から吊した裸電球があるだけであった。一家族が一部屋に居住していたものの、

収容所での新しい生活を控えて（1942年）
写真提供：行政命令9066号プロジェクト

隣室との間には高さ約二メートルの板壁の仕切りがあるのみで、その上は天井まで空洞であった。夜間外出禁止令がまだ施行されており、夜九時には消灯となった。毎日数回、点呼も行われた。

戦時中に政府が広報用に作成した日系アメリカ人の転住と収容を説明したフィルムの中で、「軍は全ての居住者に住居と健康的で栄養価の高い食料を十分に供給している」と述べている[22]が、多くの二世はハーモニー収容所の食水準の低さについて語っている。事実、仮収容所での一人当たりの平均食費は、一日三八・一九セントに過ぎなかったと報告されている（Daniels 1988 : 231）。特に初期においては、ウインナー・ソーセージとポテトが来る日も来る日も続いたという。ある日、腐敗したウインナー・ソーセージが出され、それにより多くの人が下痢に苦しんだ。手洗い施設が屋外に位置し、絶対数も少なかったため、状況はさらに悪化した。特に高齢者、病人、妊婦には極めて辛い状況であった。加えて、チーズや粗びきとうもろこしなどのアメリカ的食事は、一世や二世の口にあわないことが多かった。列をなし食事配給を受けるカフェテリア・スタイルは、日本の伝統的慣習には存在せず、一世の中には、無料の食事配給を受けることに対し、「乞食みたいに」と悲嘆していた者もいたという。一世のテレサ・ヒトル・マツダイラ（本名）は、次のように語っている。

鐘の合図で食物をもらう。乞食と同じ生活が続けられたので、本当にご飯をもらう度に泣いておりました。そして子どもの将来のことばかり心配して、これではアメリカに育つ子供はゆく末どんなことになるんでしょうかと思ったんです。私達は日本から来ているから、それこそ木の根っこのような生活でも構いませんけども子供の将来ばかり考えておったんですよ……。

三年間鐘の合図でご飯をもらい、生活する、それは日本人の気性に全然合わないんです。日本人はできるだけ自分で努力して働いた金で貧しいでも［貧しくても］生活していくことが日本人の気持ちですよね。それがもらって食べる。それが非常に苦しかったんです。それで子供もどうして自分たちがこんな生活をしなくちゃならんという侮辱感が随分深かったと思います。（テレサ・ヒトル・マツダイラ、本名、公聴会証言[23]）

部屋の間の仕切りが途中までしかなく上が空洞になっていたので、会話や赤ん坊の鳴き声、他の物音がバラック中に響き、プライバシーは完全に剝奪されていた。

隣の部屋は、若い夫婦でね。それで夜になると何もかもが聞こえて来るの。こっちが恥ずかしくなってしまって。わかるでしょ、若い女性にとってそれがどんなに恥ずかしいことかって。毎晩私はこうやって――（手で耳を塞ぐ真似をしながら)。仕切りが天井までないもんだから。もう子供じゃなかったから、何が起こってるのかはわかってた。

（ミキ・ハヤシ）

プライバシーの欠如は、家族内でも同様であった。家族全員、例えば一世の両親と独身適齢期の二世の子供が一室を共有することが多かったからである。女性の共同手洗いには個別の扉がついておらず、男性手洗い室には隣との仕切りさえ設置されていなかった。

収容者は、収容所内の管理当局の不信に満ちた態度に屈辱を覚えた。マツゾウ・ワタナベは、夜ブロックの中央に位置していた手洗い室に行こうとバラックを離れると、サーチライトがずっと彼を追って向けられたことを記憶している。ノブコ・スズキ（本名）は、ある日、友人から中央事務所を経由して届けられた自家製のチョコレート・ケーキが、禁止品検査の為にぐたぐたに切断されていたと証言している（公聴会証言）。収容者に訪問客が訪れると、指定場所で、柵越しに一、二メートル離れて会うことが許された。ピュヤラップでの拘留期間中、白人アメリカ人の友人が、食料や他の必需品を差入れてくれることもあった。しかし、ヘレン・カゲシタは、彼女の友人が誰一人として訪問しなかったことに深く失望したという。

ピュヤラップにいる間、誰一人友達が訪ねて来てくれなかったんです。随分傷つきました。白人の友人からは何の励ましもなかったんですもの。こんなことがあったから、どこか意識しないところで、白人と再び昔みたいにつき合えないでいるのかも知れないんだと思うんですよ。

（ヘレン・カゲシタ）

また、柵越しに外部の人々に好奇の眼で見られたことに対する屈辱を記憶する者もいる。

最初ピュヤラップに行った時のことを覚えてますよ。私達、みんな鉄条網の柵の中にいるでしょう。日曜になると、白人がやってきて、まるで動物園の中でも見るかのように外から私達をじろじろと見るんです。あっち行ったり、こっち行ったりして、私達をじろじろ見るんです。それが耐えられなかったこと、覚えてますよ。だか

ら決して柵には近づこうとしなかったんです。（スミ・ハシモト）

大半の二世は、プライバシーの剝奪を収容生活で最も耐え難かったことの一つとして挙げている。プライバシーに関しては、ミネドカよりハーモニー仮収容所での状況の方が劣悪であったという。以下、ピュヤラップでのハーモニー収容所時代最も耐え難かったこととして収容体験者が挙げた例を記そう。

何もかも――そこに住んでいるということ自体。一つの部屋で、藁のマットレスで、どこにも行けなかったこと。食事も一緒で、トイレを使うのも一緒で、プライバシーが全くなかったということ。それが最も大きなことだったと思う。（セツコ・フクダ）

プライバシーがなかったことと、両親を見てたことかしら。二カ月で父の髪が真っ白になってしまって。何もすることがない父を見て、気の毒でならなくて。父はいつもソファにゴロゴロしてるだけだった。ついにある日、父が誰かから花の種をもらってきて、バラックの前にスイートピーを蒔いたの。それを見て胸が熱くなってね。それまでただの一度も庭の手入れなんかしたことのない人だったんですもの。（ミキ・ハヤシ）

収容所での生活は、特に妊婦や、幼児、病人を抱える者にとってさらに困難なものであった。スミ・ハシモトは、幼な子を引き連れた収容所内での生活体験について次のように語っている。

台所の施設など何もなかったから、赤ん坊のミルクは――ミルクの瓶を殺菌しなくちゃならなくってね。おむつを洗うにも洗濯機もなかったんですから。だからおむつをバケツ一杯に抱えて、洗濯板と石鹼を摑んで列に並んだものだった。というのも朝六時に洗濯室にお湯が出るんですけど、五時にはもう列ができてて。だから赤ん坊のいる母親たちは、この大きな洗濯室に駆け込んだものでした。そして五分も経たないうちにもうお湯が出なくなってしまうんですよ……。

赤ん坊の面倒を見るのは、それはそれは大変でした。バラックの壁は二メートルもなくって、その上が吹きぬけになってたでしょ。だから赤ん坊が泣くと、私達はバラックの端の部屋だったけど、バラック中に泣き声が響きわたるんですよ。赤ん坊を泣かせてるわけにはいかないから、いつも抱いてなくっちゃいけなくて。ベビー・ベッドなんてのもないし……。私はこの赤ん坊と四つになる息子の面倒で明けくれてました。そんな私に、座って自分がおかれた状況を泣いたり、腹を立てたりする時間がどこにあると思いますか。体だけでもうくたくたにすり減ってたんですよ。

（スミ・ハシモト）

一九四二年八月から九月にかけて、ピュヤラップの日系人は、仮収容所を出てアイダホ州にあるミネドカの収容所に移転させられた。(24) 道中ミネドカまでは電車で約一日を要したが、電車のブラインドは下ろされ、軍需工場の位置する地区を通過するまで外を見ることが許されなかった。長い旅の果て、遂に到着した所は荒涼とした砂漠の中であった。列車の停車点から何十マイルも離れたミネドカ収容所までバスに乗り移動した。

電車は古く、窓もブラインドも閉められていて、それは惨めな経験でしたよ。そして着くと――「ガッカリシタ」（がっかりした）。目の前にしたのは、荒野の砂漠の砂埃だけ。細かいススみたいな砂埃だけ。そういうのを見たのは、ピュヤラップより衝撃的だったですね。だってそこは本当の収容所で、そこがどんな地だか皆目見当もつかなかったんですから。

（ヘレン・カゲシタ）

ミネドカ収容所は、砂漠の中に位置し、その砂の嵐と、夏は摂氏四五度近く、冬は零下三〇度近くになる気候は、北西部の温和な気候に慣れた人々にとって極めて厳しいものであった。約七三〇〇人のワシントン州からの収容者に、二八四〇人のオレゴン州からの収容者を合わせ、合計一万一四〇人がこの六万八〇〇〇エーカーの収容所に居住することとなった（*Minidoka Irrigator*, 1942.9.10）。砂塵はミネドカ収容所の物理的状況の中で最も忘れ難い記憶の一つとなっている。

それはひどい砂嵐がやってきたものだった。バラックは隙間だらけだったから、窓が閉まってても窓の下からサーッと砂ぼこりが入って来るのが見えるのよ。食事をしに大食堂にいこうものならそれはもう！　テーブルの上にカップやお皿が置いてあるけど、カップを取ったら、跡が残るの！　あれは絶対忘れられないわ。

（セツコ・フクダ）

人々は口に砂が入るのを防ぐために、頭巾や帽子で顔を覆ったという。シャーリー・コバヤシは、埃臭さを防ぐために、就寝時には濡れタオルを顔に当てたという。しかしこの小麦粉のような砂埃も、雨天時には深い泥沼に変わる。通信販売が許可されると人々が最初に注文した品は、長靴であった。ミネドカでの自然環境は、収容所の居住者の生活において最も困難な問題の一つであった。

ミネドカ収容所の建設は人々がピュヤラップから到着した時にはまだ完了していなかった。ミキ・ハヤシは、指定されたバラックが完成するまで、壁の一切ない長いバラックで毛布を吊して仕切りを作ったと述懐している。一部屋の大きさは家族構成によるが、約一〇フィート×一五フィートから二〇フィート×二四フィートであった。ハーモニー収容所と同様、部屋には軍用簡易ベッドと毛布が備え付けてあるだけであった。六〇歳以上の高齢者にはベッドが供給された。クロゼットが備わっていなかったため衣類はロープに吊した。部屋の隅にはだるまストーブが置かれており、木板が燃料として用いられていた。建設が進み、周囲に木や芝生が植えられるに従い、砂による害は減った。一九四三年二月に水洗トイレが設置されるまで、外の小屋で地面に穴を掘っただけのトイレしかなく、気温が摂氏零下三〇度近くになると特に老人にはこたえた。湯水、時には飲料水さえ、当初は不足がちであった。

部屋に備え付けの家具はなかったものの、人々は戦時転住局の供給する材料で手製の家具を作り始めた。ピュヤラップよりは諸施設は整備されており、収容所内には病院や消防署もあり、小学校、中学校、高校も一九四二年末には開校した。

収容者達は自治組織を作り、一九四二年九月ミネドカ収容所への移転が完了すると、市長としてジミー・サカモト（本名）が選出された。全収容所は、四四ブロックから構成され一ブロック平均三〇〇人が居住し、各ブロックにはブロック・マネージャーが置かれた。各ブロックには六棟のバラックが並び、大食堂、共同手洗い、洗濯室がその中央に位置していた（小平 1980：126）。収容所内には、皿洗いから料理人、大工、トラック運転手、看護婦、新聞編集者など様々な職種があったが、一九四三年一月の時点でミネドカ収容所において、男性二九一〇人、女性一六四〇人、ミネドカの全収容者の約半数が、雇用されていた（*Minidoka Irrigator*, 1943. 1. 27）。給料は、職種に応じて月一二ドル、一六ドル、一九ドルの三段階に設定されていたが、医者等の専門職には一九ドル、教師には一六ドルが支払われていた。しかし、全く同一の職務内容でありながら、白人教師は月に何百ドルもの報酬を受けていた。正看護婦であったジェーン・タチバナは、収容所内の雇用差別について次のように語っている。

ミネドカで白人看護婦と一緒に働いていたんですが、差別がひどかったですね……。一緒に働いていた看護婦は白人でしたけど、彼女達は公務員としての給料をもらってるのに、勤務時間の半分は座ってコーヒーを飲んだりタバコを吸ったりしているんですよ。見ていて本当に癪にさわるったら。こっちはいつも分娩室で出産に立ち会わなくちゃならなかったんですから……。前日の晩三時間しか寝ていなくても朝早く起きなくちゃいけないしね……。彼女達は私に何でもやらせようとするの、分娩の後始末だとか。分娩が済むと姿を消し、どこにもいやしない……。〔後に〕収容所の外の様々な仕事に応募することができたんですが、それでもう収容所に留まる必要はなくなり、これらの看護婦が四〇〇ドル位もらっている時に私は月一九ドルの給料しかもらえないというような、そんな状況からやっと抜け出すことができたんです。（ジェーン・タチバナ）

ジェーン・タチバナは、ミネドカに移動する以前のトゥールレーク収容所時代の安楽死についても、収容所内の看護婦としての貴重な経験を語っている。病院施設や医薬品に恵まれず、時として安楽死が遂行されていたという。

心臓病患者の女の人が一人いて、その人は妊娠中ずっと呼吸困難だったんです……。彼女の妊娠中、その痛みを和らげられる物は何もなかったんですが、もし収容所なんかにいさえしなかったら彼女のような状態の患者が使える設備は色々あったと思いますよ……。ある日その人のご主人がやってきて、言うんです。「すみませんが、先生に言って家内のこと、お願いするわけにはいかないでしょうか。あれ程苦しんでいるものですから」。彼は、もうそれ以上自分の奥さんが苦しむのを見ていられなかったんです……。するとT先生が「我々が収容所に入れられてる限り、ここでしてあげられることは何もない。第一、何も手に入らないし。だからもしご主人がそう望むなら、それに従うしかないでしょう」……。彼女は酸素補給用テントの中に入れられててね。それが彼女にとって唯一息をする方法だったんですよ。するとその旦那さん、子供達を呼んできて一人一人にスプーン一杯ずつ水を母親に与えさせ、そして私の方を向いてうなずいて……。後はモルヒネを打つ仕事が私に残されていただけでした。あんな心臓だったらモルヒネを四分の一も打てばすぐに死んでしまう。三分か四分も経たないうちに彼女は息を引きとりました。

（ジェーン・タチバナ）

収容所生活により、家族関係も破壊されたという。突如として父親は一家の稼ぎ手としての役割を失い、多くの場合、家族の中での権威や統制力も失った。子供達はそれぞれの仲間集団と大食堂で食事を共にし、夜遅くまでバラックに戻らなかった。戦前のように親から「コヅカイ」（小遣い）を受け取ることもなく、両親と同様に大食堂で食事を供給された。カズ・ミヤタは、収容所内で父との口論が絶えなかったが、そのようなことは戦前決して起こらなかったという。若い女性は洗濯室に集まり雑談を交わした。収容所では、低廉な給与ながら貯蓄をするために、両親共に働き、その結果家族が互いに顔を会わせることが極めて少なくなった。ヘレン・カゲシタは、ある感謝祭の日のことを次のように思い出す。

父は皿洗い、母は大食堂のウェイトレスをしていて。兄はいつもどこかで友達と一緒に食事をしてました。感謝祭と言えば家族が揃って食事をする時でしょ。でもみんなどこかに行っていないんです。私一人座って食事をして、「何ていう感謝祭なのかしら！」と思いましたよ。

（ヘレン・カゲシタ）

ミネドカ収容所は、全強制収容所の中でも、最も平穏な収容所の一つであったと言われている。しかしミネドカ内でも、異なる集団の間で軋轢や対立が生じていた。敵対感情は、シアトル出身者とオレゴン出身者間、あるいはシアトル出身者とハワイ出身者間のように、異なる地域集団間で生じることが多かった。

親子の間で最も深刻な心理的葛藤が生じたのは、陸軍が二世のみによる戦闘部隊編制を計画し、収容所でその志願兵を募った時であった。ローズヴェルト大統領から陸軍長官に差し出された手紙は、一九四三年二月に収容所の機関紙にも掲載された。

陸軍省による、忠誠なる日系アメリカ市民からなる戦闘部隊結成の案を、ここに全国的に承認する……。合衆国に忠誠なる市民は、如何なる者もその祖先に関わりなく市民としての義務を遂行する民主的権利を否定されるべきではない。この国が創設されたところの、また以来統治されてきたところの原則は、アメリカニズムは心情の問題であるということである。アメリカニズムは決して人種や祖先の問題ではなく、また過去においてもそうであったこともない。

（*Minidoka Irrigator*, 1943.2.8. 傍点筆者）

アメリカ政府が、収容所内から二世男子の志願兵を募るのは、ヘレン・カゲシタの言う通り皮肉なことであった。しかしそれに自発的に応じた二世男子は、彼らにとってアメリカが唯一の国なのであり、そうすることによって国への忠誠を示したかったのだという。

義理の兄が、アメリカ軍への入隊を志願しました。彼の母が、なぜ彼や彼の家族をこのように扱う国に自分の命を捧げるのかと聞くと、彼はこう答えたのです。「お母さん、僕の国はここです。そして僕にはこの国しかないのです。僕は、忠実な市民であるということを証明したいのです。いつかきっと、いつかきっと誰もがわかってくれ理解してくれる日が来ます。見てて下さい」。

（ペギー・ミッチェル、本名、公聴会証言）

収容所自治組織の市長ジミー・サカモト（本名）は、収容所内での機関紙で次のように軍への志願入隊を奨励している。

今は二世にとって試練の時ではあるが、我々の忠誠心を示す機会でもある……。できるだけ多くの二世が戦闘に加わることを望んでやまない。

（*Minidoka Irrigator*, 1943. 2. 3）

フクダは終戦後資格年齢に達すると自ら進んで軍に入隊したが、その時の感情を次のように表している。

陸軍へは自主的に入ったよ。母が望んでなかったことは知ってたけれどね。不正だらけだと感じたんだ。でもだからこそ出ていって何かを証明しなくちゃいけないと思ったんだ。「お前達、本当に間違ってるぞ」と言わなくてはいけないとね。何もせず、どうやってそれを正すことができる？　誰も兵士なんかになりたくないさ。でも自分達がどんな人間かを示すために、そのために、みんな出て行ったんだ。

（ビル・フクダ）

事実、忠誠の証しこそが、大半の二世の軍入隊志願の動機であった。自らの両親を鉄条網の中に残しながら、アメリカ軍への入隊を希望するということは、二世自身が認識しているか否かは別として、単なるアメリカへの愛国心の表現というより、自らの主への忠誠を尽くすという伝統的な日本的価値観を反映したものと言えるであろう。封建的な忠誠は、しばしば孝行等の家族の紐帯を強調した価値観と衝突することがあった。サンノゼ出身で太平洋戦線における軍情報部で活躍したホウイチ・クボ（本名）は、この「忠誠心」について次のように表現している。彼はある時、サイパンにおいて洞窟に隠れる日本兵に降伏を説得したことがあった。

私はヘルメットを取り、自分の日本人である顔を見せました。すると日本の兵士の一人が、「なぜ日本人のあなたが――。なぜあなたがアメリカ軍として戦っているのですか」と尋ねるのです。そこで私は、「日本にこういう格言があるでしょう」と日本語で話し始めました。昔日本に、父親と戦う息子がいて、父親は天皇側に属し、自分の息子にも同じ側について欲しかったのです。そこで私は言いました。「忠ナラント欲スレバ孝ナラズ。孝ナラント欲スレバ忠ナラズ」。私がそう言うと，一同全員立ち上がり，深々と頭を下げるんです。そして隊長が，礼をして言いました。「失礼なことを申し上げて，どうかお許し下さい」。

（ホウイチ・クボ，本名，ドキュメンタリー・フィルム『栄誉の色』[25]）

イチロウ・マツダは，開戦直後徴兵されたが，収容所に残した両親への懸念を語る。

軍での訓練の間もずっと――当然のことながら心底から，家族のことが心配で心配で……。軍にいて何千マイルも離れていて，家族に何もしてあげることができなかったから。だから私の軍時代の生活は決して幸せなものとは言えないんです……。もし両親が家にいたなら，いつか会いに行ける，いつかきっと元気で戻ってみせると，希望を持ち続けることができたんでしょうが……両親は不法に拘留されていたんです。極めて異常な状況におかれていたんです。両親の身の上に何が起こるかわからなかった……。だから二世は，二世兵士は，大変辛い思いをしてきたんですよ。私達には，白人兵士と比べて二重の重荷がかかっていたんです。我々の両親は収容所にいた，白人の兵士は，彼らの両親は家にいた，だからそれほど――［彼らも］孤独は孤独で家族にも会いたかっただろうけど，しかし私達は，家族に会えなかったばかりか，その状況まで案じなければならなかったんです。

（イチロウ・マツダ）

有名な二世部隊，第四四二戦闘部隊の血の合戦は，フランスのブリュエール戦線での「失われたテキサス大隊」，すなわち一四一歩兵大隊の救出を任ぜられるにあたって生じた。四四二部隊は，テキサス大隊に残った全ての兵士の救出に成功した。しかし二一一名を救助するために，死者一四〇名も含む八一四名の死傷者が連続二五日間の戦闘の中で出るという，悲惨な結果となった。それ以前からの戦闘での犠牲者も含めると，第四四二部隊は合計二〇〇〇人の死傷者を出した（Hosokawa 1969：405-406）。

収容者を二つに引き裂いたもう一つの出来事は，いわゆる「ノー・ノー・ボーイ」問題である。「ノー・ノー・

ボーイ」とは、「戦時転住所出所許可申請書」と題されたいわゆる忠誠登録質問の第二七問、第二八問の双方に「ノー」と答えた人々を指す。

第二七問　あなたは合衆国軍隊に入隊し、命ぜられたいかなる戦闘地にも赴き任務を遂行する意志がありますか。

第二八問　あなたはアメリカ合衆国に対し無条件の忠誠を誓い、内外のいかなる武力による攻撃からも合衆国を忠実に守り、日本国天皇あるいは他の国の政府や権力組織に対し、あらゆる形の忠誠や服従を拒否しますか。

同様の調査が女性に対しても行われた(26)。このような忠誠登録質問は、二世と帰米の間だけではなく、一世の親と二世の子供の間にも多大な精神的苦悩と葛藤を引き起こした。質問条項第二七問への「イエス」の回答は、徴兵され得るということであり、もし命ぜられれば日本にいる従兄や親戚、場合によっては兄弟に銃を向けることを意味した。第二八問は、特にアメリカ市民権を拒否されていた一世にとっては彼らのただでさえ不安定な立場を脅かす問いであった。一世にしてみれば、それを受諾することは、彼らにとって唯一の日本の国籍を剝奪されかねないことであり、無国籍の存在になり得ることであった。他方第二八問は多くの二世を混乱させた。彼らの回答は、「イエス」でも「ノー」でもなかった。そもそも「日本の天皇への忠誠や服従」など存在しなかったからである(27)。

さらに、出所資格の決定に戦時転住局が用いた調査書の回答は、一問一問点数化されていた。例えば、

第一四問　日本に三度以上旅行したことがある。（却下）

第一六問　神道徒である。（却下）

仏教徒あるいは他の東洋の宗教の信仰者である。（マイナス一点）

キリスト教者である。（プラス二点）

第一七問　帰米組織の幹部である。（マイナス三点）

コロンブスの騎士団、メーソンズ、ロータリークラブ、あるいは他のアメリカのクラブ組織の会員である。（プラス二点）

第一八問　日本語の読み書き、会話能力に優れている。（マイナス二点）

これに対し、例えば、

第二一問　犯罪を犯し、有罪と宣告されたことがある。

に「イエス」と答えた者は、マイナス一点を加算されたのみであった。

対象者は、合計点に応じて「白」「茶」「黒」に分類され、白は出所許可を、黒は出所不許可を、茶は保留を意味し、出所に関する地位が決定された。

先に挙げた質問条項に「ノー・ノー」と答えた他の多くの収容所の人々は、後にトゥールレーク収容所に転送され、アメリカに「忠実な」日本人・日系アメリカ人から隔離されたが、ミネドカにおける「ノー・ノー・ボーイ」は転送されなかった。しかし親子の間での意見の食い違いによっては家族分散の可能性も高まり、多くの一世と二世は苦境に立たされた。中には戦後長く、父と息子が反目し続けたケースもあった。第二次世界大戦中に、約三万三〇〇〇人の二世が軍に服役し、その約半数以上がアメリカ本土出身者であったが[28]、そのうち二万人が収容所経験も持つと報告されている（Masaoka and Hosokawa 1987 : 179）。他方、二六七名が兵役を拒否した。この問題をめぐって「ノー・ノー・ボーイ」とその家族対二世兵士及びその家族の間で相互への迫害が始まった。

思い出したくないことは一杯あって、心の中にそれを封じ込めてるんですが、恐らく最も辛かったことは、二世青年が軍への入隊を求められた時だったでしょうね。弟はちょうどその年齢の一八歳だったんですが、末っ子でしたし、一人息子だったから、我々家族にとっては本当に辛い時だった。彼は志願しなかったんですが、早い時期に召集されましてね……。私達は、何の権利もない、シアトルから連れて来られ、市民でありながら何の権利もない、そう感じたんだと思いますよ……。私達のブロックには、兵役を拒否したいわゆる「ノー・ノー・ボーイ」がいたんですが、母にとって一番辛かったことは、二人の息子を持つ家族がいて、その二人共が「ノー・ノー」と答えたんですが、その父親が母のところにやってきて言うんです。「あんたのとこの息子は死ぬよ。うちの息子は刑務所に入れられるかもしれないけれども、少なくとも生きながらえるからね」。

（シャーリー・コバヤシ）

「ノー・ノー」という回答の背景には、個人によって様々な理由があった。アメリカ憲法を固く信奉しそう答えた者もあれば、帰米や一世の中で日本への愛国心からそう答えた者もいた。以下に挙げるダグラス・ツジイとイサオ・ワダは、共に「ノー・ノー」と答えているが、その理由は全く異なるものである。ダグラス・ツジイは、開戦時は二〇代半ばであった。彼はそれ以前短期で日本を一度訪れたきりであり、何のコミュニティ組織にも積極的には参加していなかった。彼にとっての「ノー・ノー・ボーイ」問題は、一九四二年初頭、彼が志願して軍に入隊した一カ月後、日系人であったが故に郷土防衛（ホーム・ディフェンス）から辞任を迫られた時に始まったという。この事件により、「何かがぷつんと切れた」ように感じたとダグラス・ツジイは言う。そしてその彼を拒否した同じ政府が、収容所に拘留した二世に入隊者を募り始めたのである。「それはあまりにも政府の『ワガママ』（我まま）だと思いました」とツジイは続ける。極めて限られた選択肢と、そのような困難な選択を強いられた重圧の中、ツジイは双方の質問に「ノー」と回答することを決意したのであった。その結果、彼は仲間と共に三年間刑務所で服役することとなる。

郷土防衛軍に入隊するや否や放り出されてね。それで敵性外国人として分類されて、鉄条網の中に入れられたんですよ。本当に馬鹿げたことです。本当に馬鹿げてる。両親にとって、どちらがより辛かったのか——もし私が軍に入っていたなら、両親は敵性外国人でしょ。だから彼らの祖国と戦うことになる。だけどもし軍に入らなかったら、そうすれば私は刑務所に入る。それも両親にとっては起きては欲しくないことですからね、両親も本当に辛かったと思いますよ。それにどちらを取るにしろ、非常に難しい選択を強いられたわけです。私達の将来は、全く真っ暗闇のように思えました。全く絶望的に。日本に行くことができるわけでもなかったですからね。当時でも、二世がもし日本へ行ったらやはり二世として扱われ、だから我々には自分達の国などないのだと、そう思ったものでした。

（ダグラス・ツジイ）

二世軍人については、ツジイは「もし本当に市民であるのなら、出かけて行って忠誠を証さなければならず、さもなければ市民権を失うなどと、そんな態度は全く馬鹿げている」と考える。ツジイはしかし、二世兵士の功績により全ての日系アメリカ人が恩恵を被ったことを強調し、彼自身が如何にそれに感謝の念を抱いているかを語っている。ダグラス・ツジイは、アメリカの市民権問題に直接の関心を抱いていない日本志向の「ノー・ノー・ボーイ」と自らとの間には、大きな相違があると強調する。

イサオ・ワダは、一九二〇年代後半から三〇年代後半にかけて日本で教育を受けた帰米二世で、彼もまた「ノー・ノー・ボーイ」である。彼はトゥールレークに転送され、戦後日本に強制送還され、一九五〇年代半ば、再び合衆国に戻りシアトルに居を構えた。

どんどん、その時収容所からね、兵隊行きたい人はどんどんもう——結局、ほら、日本知らない人はみんな行くでしょ。僕らの気持ちにしたら、何言うてるかってところです。こんなとこに入れといて誰が行くかという。行くよりも何よりも大体から反対でしょう、そういったことに対して、アメリカに対して。こっちは何もできないし。日本には絶対、あの——その天皇——その軍人のあれと頭からたたき込まれてる人がね、やっぱり何したって天皇陛下でしょう、その頃は……。

僕は自分は日本人だと思ってるんだからしょうがないじゃないか。まだアメリカ人っていう自覚がないんですよ、その時全然。来てすぐ収容所にほうり込まれてね。それでアメリカ人どうのこうの言われても、そういう自覚がないでしょ。（イサオ・ワダ）[29]

彼ら帰米はまた純二世に「お前の国が戦争を起こしたのだ」と言われるなど、「純二世」が既に排斥するんだから」と述べている。

兵隊〔純二世〕と言い合いしたことあるよ、僕ら。みんな見てたけどね……。何でお前、天皇陛下のために忠誠誓わなあかんねん〔とその二世が聞いて〕。ほんじゃら何でね、僕らがアメリカ人だったら何でね、こういった所に入れんのかね、僕らアメリカ人じゃないかっていうて。その二世は片言の日本語ですよ……。だから余計に頭にくるでしょ、言うてても言い方がきついから……。

〔兵隊に行きたくないのは〕大体言葉わからないでしょ。一番困るのは言葉のあれですよね……。ある程度恐怖っていうものがあるでしょ、恐怖心っていうものが……。全然英語がわからんもんがおっぽり出されたら、何言ってんのか、いちいち……。（イサオ・ワダ）

日系アメリカ人内での分裂は、トゥールレークなど他の収容所ではより顕在化していた。イサオ・ワダは、毎日トゥールレーク収容所内で極右翼が行進していたと回顧する。

トゥールレークへ行ったらそういった者の集まりで。加州〔カリフォルニア州〕とかそういったとこ、漁師の、そういった紀州のね、そういった漁師の多いとこでしょ。そういったのはまた頭、カチカチでしょ。日本的で国粋ってのもいいとこだ……。ノー・ノーの中でもまたきついグループですよね……。「日本奉仕団」とか色々団をこさえて。それらが丸坊主にして、ワッショイ、ワッショイやったわけ。で、ワッショイ組っていうのができたんです。朝起きて、朝集まって、ワッショイ、ワッショイやるんですよ……。今の労働組合なんかやるでしょ……走って、デモみたいに。毎朝ですよ……。

ノー・ノーの中には、もう色々――ヤクザですね。そういった中にいたんです。外で悪いことばかりやっていた連中がカリフォルニアとかハワイで……。毎朝「宮城に向かって敬礼!」です。東に向かって敬礼ですよ。（イサオ・ワダ）

イサオ・ワダは、日本の勝利を信じて疑わなかったいわゆる「カチグミ」（勝ち組）であった。今では「考えられないような」噂が飛び交ったという。

日本が負けるなんて誰も考えなかった……。日本に送られる日までも、勝てると思ってた。日本から船が迎えに来るわ、お前らみんなもう、特別待遇受けるからって、そういったことを一世が言うんだから……。

そういったイエス・イエスの連中は、〔日本から〕軍が入って、そう言った〔イエス・イエスの〕連中をほかんとこに入れるからって。そういったデマまで（笑）。（イサオ・ワダ）

ダグラス・ツジイにとってもイサオ・ワダにとっても、「屈辱の歳月」は戦中も戦後も続き、「ノー・ノー・ボーイ」というレッテルで汚名を着せられてきた。両者共他の「ノー・ノー・ボーイ」と同様沈黙を保ち、コミュニティの表舞台に出ることはなかった。

軍の志願兵募集や「ノー・ノー・ボーイ」問題の他にさらに、収容者の記憶から未だに拭い難い数々の悲劇があった。ボール遊びをしていた少年が、ボールを拾いに柵によじ登ったところを監視塔の兵士に撃たれて幼い命を奪われ、欝病がちの若い母親が自らの赤ん坊をハンマーで殴り殺したという惨事もあった。日系アメリカ人自身にとっては当時病気と見なされてはいなかったが、欝病気味であった人々もいたという。ノブコ・スズキ（本名）は、一九四三年一月ミネドカ病院で、危険と見なされた精神病患者が閉じ込められている一室を目にした（公聴会証言）。

二世はよく、誰もがそれぞれ苦い体験を持っているという。それは人によっては、母親の自殺であり、ヨーロッパでの兄弟の戦死であり、あるいは収容という特殊環境から生じた夫婦間の問題であった。

ある時……〔ミネドカにいる〕主人の父が倒れて、私達はトゥールレークにいたんですが……主人と私と二人の子供の私たち家族で、行くことにして――バスに乗って行く許可を得たんです……。途中オレゴンで、――息子は〔アレルギー症で〕特別なミルクでないといけないんですが、そのミルクが切れてしまって。遠くにセーフウェイ〔スーパーマーケット〕が見えたんで、この特別な缶入りミルクを買おうと思ったんです。でも戦時中でしょ。缶のものは何でも配給券を持ってないともらえなかったんですね、当時。でも私たち収容所にいて、配給券なんてもらったことないでしょ……。仕方ないからとにかくその缶入りミルクを一つ持ってレジの所に行って、「このミルクがどうしても必要なんです。収容所から他の収容所に行く途中で、この子まだ一歳にもなってないんですが、ミルクがなくなってしまって」。そうしたら、レジの女の人が私を見て、「配給券はあるんですか」と聞くので、「いいえ、でもそれを今説明してるんですけど、私たち持ってなくって……」。幸い、後ろの女の人が、「あのう、私一つ余分に券がありますから、この方にあげて下さい」って言ってくれてね。それでやっと息子のミルクが手に入ったんです。もしあの人がいなかったら……。彼女は白人でした。小さな子供がいたら、それは本当に辛い時期でしたよ。

（ジェーン・タチバナ）

ミチ・ウォルターは当時まだ一三歳であったが、最も辛い思い出は、アメリカ国籍の離脱を決意した、今は亡き母との争いであったと言う。

個人的には私にとって最も辛かったことは、収容所で、ある時期の後出所が認められ始めたんだけど……。母はアメリカ国籍を離脱して、私達みんな日本に行くことになってね。私にとって一番辛かったのは、みんなが次々と収容所から出て行くのを見ながら、自分はどこにも行けない、もし行けるとしてもそれは日本であって、私は日本になんか行きたくなかったのよ。それで私は、今でも両親に恥をかかせたと思うけれど、……。雑誌社や色々な所の編集者に手紙を書き始めてね……自分がとても辛い立場にいて、助けて下さい。どうか私がアメリカに留まれるよう助けて下さい、と。

（ミチ・ウォルター）

カズ・ミヤタは、収容所内の高校で日系アメリカ人の強制収容についてのレポートを書き、退学を命じられた。

学校じゃ、かなりの生徒が授業をさぼったりしてました。それで収容所の学校は二つ、校則を設けたんです。その一つは、もし一科目でも落とせば全ての科目で落第することになるっていうやつで……。だから生徒会としては、それに反対する運動を起こそうとしていました。ちょうどその時私はアメリカの公民の授業を取っていたんですが……。期末のレポートで「アメリカにおける民主主義――それが私に意味するもの」と題し、それは強制収容について痛烈に非難したものでした。合衆国憲法がありながら収容所に拘留され、出所するにも法的な手続きさえない。私は、連邦議会の記録まで調べてかなり調査をして、文献もたくさん引用してね、書いたんです。しかしその公民の授業の先生は、そんなレポートは受け取れないと、こうきたんですよ……。それで私には非常に大きな問題になってね。というのも、我々に言論の自由ということを教えておきながら、実際には私達はそれを実践することはできなかったんですから。だから私は、「レポートの書き直しなんか絶対にやらんぞ」と、余計意地になって。すると先生は、「この科目を落としたら、全部の科目で不可を食らうことになるのよ」と言うのです。私達は、この校則の改正をめぐって学校側と交渉していたんですから、問題児だったんです。だからこれは彼らにとって、私を学校から追い出すいい口実になったんです。それで実際私は退学処分になってしまったんです。

（カズ・ミヤタ）

戦後、カズ・ミヤタは、高校卒業証を持たず、成績証明書には「進学推薦せず」との注意書きが記されていたというハンディを抱えながらも、一般教育能力テストを受け、ワシントン大学に入学した。彼は後にシアトルでの補償運動の中心的指導者になるが、この高校時代の出来事が自らが補償運動へ関わる大きな動機になったという。

収容所内の学校における教師に対する評価は多様で，その教育方法を非常に賛美する者もいれば，教師の質の低さを嘆く者もいる。しかし学校の施設の貧弱さに関しては意見を同じくしている。

私が我慢がならなかったことは，良い教育を受ける機会を奪われたということ。高校生なら学校が生活の全てでしょ。それで学校に通っていても，当座凌ぎの学校で，実験室があるわけでなく，家庭科教室のような部屋があるわけでなく，運動施設があるわけでなく，そんな施設など何一つない所でしたのよ。先生にしても一流の教師ではなかったですわ。本当にいい加減な扱いを受けて学校教育をだまし取られたって気がしますのよ。

（カナ・オチアイ）

収容所内での学校が一九四二年末まで開校せず，学齢期の子供はほぼ一年にわたり教育の機会を奪われた。体育館の使用が可能になったのは一九四四年のことであり，それはミネドカへの転住から既に二年が経過した後のことであった。図書館の所蔵図書は，大半が寄贈図書であり，シュウゾウ・カトウ（本名）によると，教師はその大半がインディアン保留区でかつて宣教師を務めた人々であり，多くが高等教育を受けていなかったり熱意に欠ける教師であったという（公聴会証言）。カズ・ミヤタは，優れた教育を受ける機会の剝奪やそれによる二世の動機喪失は，強制収容のもたらした大きな弊害であると指摘する。

中には非常に才能のある子もいましたよ……。でも収容所でのことにつまずいたんです。「勉強して何になるんだ，俺達は収容所に投げ込まれたんだ……」。数多くの子供達が道から外れてしまったんですよ……。高校生といったら，非常に多感な時でしょう。だからそのような欝の状態に陥りやすいんですね。今この年になってわかるけど，当時は何もかもが混沌としていて絶望的に思えましたよ。

（カズ・ミヤタ）

しかしながら，二世は収容体験に関し否定的な記憶だけを持っていたわけではない。彼らは異口同音に，そこでの色々な人々との出会いの喜びを語る。収容所で多くが生涯の友人を得，またかなりの二世が人生の伴侶に出会っている。[30] トシ・アキモトは、「戦争がなかったら、家内には会っていなかったよ」と言う。二世は、自らや一世が限られた状況の中でも最善を尽くしたと強調する。収容所の第一号の機関誌において、ある二世の編集委員は次のように提唱している。

我々がここにいるのは自らの意志によってではない。しかし抵抗によって、ここにいるという事実を変えることも、戦勝するまでい続けるであろうという可能性を消すこともできるわけではない。我々一万の民が意を決することは一つである。力を合わせ全力をもって、この不毛の地を住みよい共同体に生まれ変わらせることである。我々が自らに課した責務は、この異常な状況から可能な限り尋常な状況を絞り出すことである。オアシスを創ることが我々の目標なのである。「大地や自然と闘ったパイオニア達の偉業を再びここに実現する」ことが我々の大きな冒険なのである。

我々の未来は我々自身の手にかかっているのであり、絶望する必要など全くないのである。

（*Minidoka Irrigator*, 1942. 9. 10）

収容者の中でも特に若者は、ダンスや映画、諸種のコンテスト等、様々な企画を大食堂で催した。

楽しいことなど滅多になかったから、自分達で祝日を作るの。祝日のある度に大食堂をきれいに飾って、一番上手に飾った人には賞品が当ったもんだったわ。

（セツコ・フクダ）

学校では、学生委員会や他の課外活動が組織され、収容所内でも、結婚式、葬式をはじめとする儀式や行事も行われた。正月には餅をつき、他の年中行事も守られていた。ジョン・オオキの家では、端午の節句には、母親が立ち退きの際の限られた荷物に入れて収容所まで持ち運んだ、息子一人一人の節句人形が並べて飾られた。

一九四三年一二月中旬には、全国の何百にも及ぶ組織から贈られた一万七〇〇〇ものクリスマス・プレゼントが収容所に届けられた。収容所内である小さな男の子が鉄条網の側に立って、どうやってサンタクロースが中に入れるの、と尋ねたエピソードが拡め伝えられてのことであった。これらの他のアメリカ人による心暖まる贈物の差入れは、今でも多くの二世の記憶に刻まれている。

他の多くの収容所では、収容者は外出が固く禁止されていたが、ミネドカでは近くの町、トゥイン・フォールズへの外出を許され、そこでレストランや売店を利用することができた。小平尚道は、四四二部隊が出征する折、あるレストランの主人が二世の志願兵を招き、望む限りの馳走を振舞ったと記している（小平 1980：125-126）。

夏には、二世の年少者は当時労働力不足に悩んでいた地域の農場に出かけ、ポテトや季節の野菜を収穫した。

夏になると、ポテトの収穫に農場に行ったもんだった。外に出たかった——それだけのことだったけどね。外に出るにはいい機会だったんだ。本当のところ、何もすることがなかったからね。（ビル・フクダ）

器用な者は、砂漠から木や山ヨモギ等を拾い集め様々な工芸品を作った。「ショウギ」を楽しむ者もあった。事実、収容所内で、特に一世の間で茶道、編物、「シャミセン」（三味線）などの「ケイコゴト」（稽古ごと）が盛んに行われたという。また戦後一世の間で「シギン」（詩吟）が人気を呼んだのも、収容所内で道具を必要とせず、手軽に行われるからであった。

収容所内での経験が、戦前日系人には道の閉ざされていた職種に戦後就職する機会を与えたことも事実である。

私は運が良かったの。高校を卒業してたから。決していい経験だったとは言えないけど、良いところもあり悪いところもあった。収容所に行ったからこそ、准看護婦の見習いにつけ、それで看護学校に行くことになったんで、そうじゃなかったら、そういうことはしてなかったでしょうね。（セッコ・フクダ）

多くの二世はこれに加え、立ち退きや収容が起こっていなければ、日系アメリカ人は閉鎖的なゲットーの如きコミュニティでの居住を続け、今日のように多くの成功した専門職の二世三世を東海岸に見ることはできなかったであろうと、強制収容所体験のもう一つの肯定的側面を挙げている。

収容所内での個々の経験に纏わる思い出は別として、強制収容全体に対する感情は一様ではない。多くの二世にとって、強制収容の記憶は苦痛を伴うものである一方、収容所生活においてそれまでの人生で初めての休養を得たという一世や、経済的に困難だった者にとって「楽」なものであったと語る二世もいる。事実、収容所生活に対する評価は特に一世の間では個人差があり、収容以前の各人の経済状況や生活水準によって異なる。戦前生活に困窮していた人々にとっては、収容所は住居や食物の心配を要さない所であったのであり、戦前日々の糧に心配のいらなかった人、あるいは都市環境での居住しか経験のなかった人々にとっては、試練に満ちた所であった。しかしながら一世の女性が、収容所では日本人だけに囲まれ、それまで余裕がなくてできなかった様々な「ケイコゴト」を習い、生活の心配もいらず、「キャンプは楽しかった」というのも、またよく耳にすることである。例えば一世のウメ・セキネは、キャンプは楽しかったと主張する。「うちのハズバンドは『死ぬまでキャンプにおれたらええのに』ってよく言うとった。食べ物はタダやし、働かんでええし」。帰米二世のヒサ・ゴタンダは、戦前夫の両親と同居し全ての家事を一任されていたが、収容所内では、たとえバラックであっても夫と初めて水入らずの生活を送ることができたわけであり、彼女にとって収容所での生活は幸福なものであったという。次に挙げるフクダの収容者に関する観察は、この点を支持するものである。

収容所の中には色んな人々がいたよ。ギリギリの生活をしてた人から、金持ちの人まで。底辺に近い人々は、「ゴクラク」（極楽）と言ってた。毎日、朝、昼、晩食事が出て、「ゴクラク」と言ってたもんだ。（ビル・フクダ）

ほぼ全ての二世が、人との出会いを収容所で最も良かったこととして挙げていることは既に触れたが、以下はミネドカ収容所で最も辛かったことと彼らが見なす例である。

心理的に檻の中に入れられているように感じたこと。それから、こんなことをしておいて、それでいて青年達に命を捧げろと言ってくるなんて、何て無茶苦茶なことを。私の政府に対する幻滅は、その時から始まったんです。

そこに閉じ込められて、鉄条網の柵に囲まれ、監視塔の兵隊に見張られていたこと。希望なんかないと思えたわ。

（ヘレン・カゲシタ）

あんなとこにいさせられたこと自体、とんでもない、ひどい体験だったと思うね。思いつく唯一の良かったことっていや、差別されないってことぐらいなもんだ。「ハクジン」が僕らのことどう思ってるかわかってるからね。そのぐらいだよ。他にいいことなんて何も思いつかないね……。僕達日系人の発展はそれによって随分阻まれちまった。でも成功する人はどっちにしろ成功するんだし。それまで以上に「ハクジン」を信用しなくなったね。勿論初めから信用したことなんてなかったけど。余計信用しなくなったっていうわけだ。

（スミ・ハシモト）

一番困ったのは——何もかもストップしてしまったということですよ。自分の商売を始めてそれを拡張するつもりでいたのに、それができなくなってしまいましたからね。刑務所に入れられたように思いましたよ。時間を無駄にしてると思いましたね……。したくもないことをさせられて、自分の人生の三年、四年を失ったんです。経済的に自分の拠点から離されたわけだけど、経済的にはかなり損したね。戦後ゼロからやり直さなくちゃいけなくなったわけですから。

（エド・ムラカミ）

（トシ・アキモト）

収容所では、アメリカ化が日本的伝統やコミュニティの紐帯を代償に奨励されていた。学校内では、日本語での会話や、柔道、剣道などの日本の伝統的スポーツが禁止され、「アメリカ化」はカリキュラムの中に組み込まれていた（Yamada 1989 : 8）。

どの授業だったか覚えてないんですけど、でも……。私達は洗脳されたんだと思いますわ。「必ず主流社会に入り込むようにしなさい。主流社会に受け入れられ、善良な市民であるということを証明しなさい」って耳にタコができるほど聞かされましたもの。

（カナ・オチアイ）

収容所を離れる時、基本的に言い渡されたのは、日系人同士で行動するな、集まるな、目立ったりするな、ということでした。そういう風な言われ方をすると、何か日系であることは悪いっていうことでした。

（モウ・ニシオカ、本名、ドキュメンタリー・フィルム『姿なき市民』[31]）

彼らが収容所を出るにあたり受けた「メッセージ」が、戦後長くこだまし、それにより彼らの「アメリカ化」が駆り立てられたと語る二世も少なくない。

多くの二世が収容所を早く出たくてありとあらゆる努力をして。学校にいる時一番の目標は、「ここから出なくちゃいけない」ということだった。収容所から出るために膨大な数の授業を取って、一六歳にして僕は収容所を去ったんだけど。僕が高校を卒業したのは、他の子より頭が良かったわけでも何でもない。単位を取ってしまったんで出ることができただけなんだよ。

（ビル・フクダ）

息子がもうすぐ五つになるっていう時でしてね……。だからそろそろ学校を探してやらなくっちゃと考えてました。だからミネドカに着くや否や、「ここから絶対出てみせる、ここから絶対出てみせる」と考え始めてたんです……。「ハクジン」の友人に……「収容所から出なくてはいけないんだけれども、なんとか助けてちょうだい」と手紙を書き始めたんです。

（スミ・ハシモト）

しかし、他の者は外世界での反日本人・日系人感情や排斥を案じていた。一九四三年一月の収容所の機関誌には、西部五州における世論調査が掲載されたが、その調査結果は出所の意欲を促すものではなかった。「太平洋沿岸から移動させられた日系人に、戦争終結後西部への帰還を許可すべきだと思いますか」の質問に対して二九%が「許可すべきである」、二四%が「アメリカ市民にのみ許可すべきである」、そして三一%が「誰にも一切許可すべきではない」と答えている。その不許可案を取るさらに三分の二が、彼らを日本に送還すべきであると考えていた。別の質問条項では、戦争終結後日系人を家の使用人として雇う意図があるかとの問いに対して、肯定的に答えた者は二六％に過ぎず、六九％が否定している。

いい仕事が見つかり、安全な場所に住めるとわかっていれば、収容所から出たいと思ってましたけど。私達日系人がどんなに憎まれているかよくわかってましたから、どこにでも行くというわけにはいかなかったんです、殺されてしまいますからね。外に出ること自体嫌だったわけではなかったけれど、怖くもあったから、いても構わないと思ってました。でもそこにずっといるわけにもいきませんからね。（ジョージ・サイトウ）

若い二世には機会も開かれており、出所を待ちわびていたが、五〇代や六〇代に達し住居も店舗も失った一世は、外社会の人種差別を恐れ生活手段を心配せねばならなかった[32]。

シアトル出身の二世は、収容所出所後、西海岸への帰還まで平均一、二年を東海岸で過ごしている例が多い。出所に関しては、キリスト教関係の宗教組織と関連を持つ者が比較的雇用、入学を認められ易かったといわれている。スミ・ハシモトによると、収容所に最後まで残らなければならなかった人の大半が、未婚の仏教徒であったという。多数の二世が中西部や東部に定着し、戦前の居住者の六〇％から七〇％のみが戦後シアトルに帰還した（Leonetti and Newell-Morris 1982 : 23）。

第三節　第二次世界大戦後の生活

西海岸への帰還後、日系アメリカ人は生活の再建に全力を注いだ。当初多くの者が新たな住居を見つけるまで日本語学校や教会、トレイラー、宿屋、友人宅で寝起きしていた。友人により財産を安全に管理されていた一部の者を除き、大半はかつての家屋や資産を失っていた。収容中、持家を他人に貸した年長の二世の多くは、帰還後、盗難や、損傷、破壊を目の当たりにしなければならなかった。サブロウ・エノモトやテレサ・ヒトル・マツダイラ

（一世）は、その時の衝撃を次のように語っている。

わしらはホテルに住んどって、そのオーナーにわしらのものを預けて行ったんですよ。だけどキャンプから帰ってくると、みんなことごとくなくなってしもとるんです。こんな話はよくある話だ。預けた物が返ってきたなんて、一〇人に一人ぐらいかね。白人は無責任ですよ、特に戦争中は。戦争が来るともう友だちでも何でもなくなるんだから。

（サブロウ・エノモト）

シアトルに着きまして、自分のうちに入ったら全部その貸した人が取ってしまったんですよ。何もないんです。キッチンのストーブ〔台所のガス台〕もない。冷蔵〔庫〕もなく何もない。それでファーザー・クレミトン〔クレミトン牧師〕が私のこと心配してついてきましたけど、「これ本当に戦争ですね」って座ったまま眺めていらっしゃいました。

（テレサ・ヒトル・マツダイラ、本名、公聴会証言）

既に五〇代や六〇代に達していた一世にとって、再建は極めて困難で、戦前事業で成功していた者も含めて、多くの一世が戦後は未熟練労働に従事することとなった。清掃夫は、一世が戦後就労した職種の中で最も一般的なものの一つであった。

父は何も仕事が見つからなくて、とうとう清掃夫の仕事を見つけてきたの。店をもう一度持とうにも現金がなかったでしょ。父はただ座ってじっとしてるより、何でもいいから仕事を持った方がましだと考えたの。両親はお金を貯めてそのうち家を買ったわ。でも私は気の毒でならなかった。どんな小さな店だって、店を構えてれば誇りが持てるもの。

（ミキ・ハヤシ）

一世の中には、再び事業を再開できた者も、また引退した者もあった。戦前小事業を経営し、投資する資産を持っていた年長の二世は再開することができた。

商売を失ってしまいましたからね……。だからフィラデルフィアから戻った時は、懐ろに三〇〇〇ドルも入ってなかったですかね。それで再び商売を始めるには最低五万ドル必要だってわかったんです。それで小売に切り替える決心をし、小売店を開きましてね。だから始めた時には本当に三〇〇〇ドルしかなかったんですよ。家賃を払って、冷蔵庫とトラックと色々な設備、失った物みんなまた手に入れました。（トシ・アキモト）

大多数の二世にとって、大学進学は収容所を出た後の次に目指すべき目標であった。S・ヤナギサコは、強制収容の後大学に進学し、両親の干渉なく結婚し、生育したコミュニティに戻り、経済的に成功を収めたグループが、二世の代表的グループであると分析している（Yanagisako 1985 : 86-87）。一九四〇年から五〇年におけるホワイト・カラー職種の劇的な増加は戦後期の職業的上層移動の始まりを示している。E・グレンによると、全国的にみて二世の女性が専門職に従事する割合は、一九四〇年の四・四％から一九五〇年には九・二％へと倍増している（Glenn 1986 : 85）。

収容所を出て高等教育を受けることは奨励されてはいたが、二世の中には生活に追われ大学に進学できなかった者もいる。一般的に、二世男子は二世女子よりGIビル（復員兵援護法）の恩恵によって機会がより開かれていた。二世の女性の中には、収容所内で、あるいは強制収容直後に結婚し、大学への進学や卒業が達せられなかった者も多い。また意欲を失ったり、経済的理由で中退した二世もいる。

強制収容はその点で大きなダメージを与えましたよ……。収容所を出た時、私達にはお金が全くなくてね……。だから大学に行けずそのまま働きに出た人がたくさんいるんですよ。一旦仕事の道に入るとね、勉強に戻るったって戻れないでしょ。私に言わせれば、それがとても残念なことだったと思いますね。（カズ・ミヤタ）

収容所体験と戦後の新たな生活での苦闘が生んだもう一つの現象は、二世の比較的高い未婚率である。(33) 二世のインタビュー対象者は、これを彼らが戦後の再建で日々の生活に追われたがために女性との交際の仕方を身に付けず、また家庭を築き養うほど金銭的余裕がなかったからであると説明する。

私の弟ぐらいの年齢〔立ち退き時大学三年生であった〕の人には多いんだけど、仕事を見つけるや否やセントルイスに行って――その頃日系人なんて殆どいなかったでしょ。どうやって日系の女性に出会えますか。弟はただ家と職場の間を行き来するだけ。弟はそういう、日系の女性に出会うことなく、つき合うこともなく、結婚もしなかった日系の男のいい例ですよ。そういう二世の男の人って多いんですよね。結婚しなかった二世の女の人達もいますよ。あの人達の社会生活は絶たれてたんです。（スミ・ハシモト）

戦争終結直後は、日系アメリカ人に対する敵意や、憎悪、差別は戦時中よりも度を増しており、二世は戦前の保護的役割を果たしていた「小島」の日本町を失い、人種差別により晒されることとなった。二世は「ジャップお断り」「ジャップと犬は立入禁止」などの貼紙や、罵倒、その他明らかな差別形態によって、アメリカ社会で戦後も存続する人種差別を再確認した。この時期における差別を苦い思い出として二世が語るのは、戦前、社会における人種差別を認識するには年少であったのに反し、この時期には既に成人に達していたことに関連があると思われる。

二世兵士はその功績の後でさえ、アメリカ社会からの拒絶を認識した。

イェスラー街にあった薬局に立ち寄ると……白人の女が経営していて手伝いに中国系の女の子がいたんですが……。アイスクリーム・ソーダか何か買おうと思って行ったら、「ジャップお断り」。僕は軍服を着て、勲章も付けてたんですよ。外に貼紙が貼ってあったらしいんですが気づかなくて。それで、――カウンターにあったもの、みんな叩き落として、次から次へと投げてやりました。それで、そこを出たんです。そしたらパトロールカーがやって来て、その女が警察に連絡したんでしょう、僕を捕まえるんです。話しかけられて、結局警察本部まで連れて行かれましてね。でも、僕がどれだけ腹を立ててたかわかったみたいでした。（ジョージ・サイトウ）

日系アメリカ人に対する差別や偏見はあらゆる場面において存在したが、失業や住居問題は日系アメリカ人が直面する大きな障害であった。中には、毎日毎日職を求めて出かける二世もいた。大学卒の者にとってでさえ就職は極めて困難であった。シアトル公立学校が教職に二世を初めて雇用したのは一九四八年頃になってのことである。賃貸契約における人種差別は不法であったが、日系アメリカ人はアパートや家を借りる場合、拒否されることもしばしばあった。シアトルの運河以北の市の北部でアパートを見つけることは極めて困難であり、日系アメリカ人や他のマイノリティ集団が多く居住していたセントラル地区においても、住まいを借りることはまだ容易ではなかった。

結婚したのは一九五六年ですが、その頃でさえ私達日系人はアパート探しには随分苦労しましたわ。電話ではわからないでしょ。だから、いいですよ、って返事するのに、いざそこに着くと「ああ、もう借り手が決まってしまって」とか、「ジャップには貸さないよ」とか言われましたの。だから、そのうち私の方も最初に、「日系アメリカ人の者ですが、貸して頂けるのかどうか今おっしゃって下さいませんか」とまず電話で確かめるようになったんですの。無駄足、運びたくありませんでしたから。（ワンダ・カワサキ）

日系アメリカ人が、帰還後定着し雇用の機会を得ると、次第に順調にキャリアを伸ばしていった。年長の二世は自らの事業を再建し、若い二世は大学に通い、後に企業に就職した。戦後、アメリカ社会から「成功物語」としての賞賛を浴びるようになったが（Peterson 1966）、日系アメリカ人の戦後の社会上昇と主流社会からの受容は、職業分布の劇的な変化に反映されている。すなわち、一九三〇年代末のシアトルにおける日系アメリカ人の所得者のうち、四六％が独自の小事業を経営しており、速記者、事務員、セールスマンを含めて二五％が小事業関係の職種に関与していたが、一九七〇年には、シアトルにおける日系アメリカ人男子のホワイト・カラーの就業率は五二％に達し、それは白人男性の四一％を凌ぐものである（Miyamoto 1984 : 16 ; Leonetti and Newell-Morris 1982 : 24）。

一九五〇年代、六〇年代のアメリカ社会は、まだ「人種のるつぼ」論を信奉しており（cf. Gordon 1964）[34]、「成功物語」の典型例と称された日系アメリカ人は、社会上昇を遂げ、主流社会に同化していった。が、そこには同時に、彼らの文化的伝統を軽視するという代償があった。一世とは異なり、二世は自らの子供に日本語を教えることもなかった。また非言語的に三世に特定の日本的行動様式は自然に継承されたものの、日本文化における価値観や、日本人を祖先とする出自を強調することもなかった。バーバラ・ヤマグチは、彼女の夫が決定した当時の子供の養育方針について語っている。

主人はアメリカにいるのだからおじいちゃん、おばあちゃんは英語を話すべきだって考えててね。そう決めたのは主人で、だからうちの子供達は一人も日本語を話さないのよ。「おじいちゃんやおばあちゃん達が話す日本語は、わかるわよ。それに、日本語を話すって子供達にとってもいいことじゃない」と言ったんだけど、ダメだって。それに人種差別がひどかったでしょ、当時。だから日本語を話さない方が楽だったの、実際のところ。

（バーバラ・ヤマグチ）

言語の他に宗教もまた、多くの二世に「アメリカ化」の指標として捉えられた文化要素の一つであった。仏教徒は、より日本的で「同化が遅れている」と見なされる傾向にあった。興味深いことに、一九五二年に悲願の帰化権獲得がついに実現した頃、キリスト教に改宗したり、キリスト教教会に通い始めた一世は少なくない。アングロ・アメリカ人の経験に基づくアメリカ社会のイデオロギーは、非ヨーロッパ文化的価値観の維持を困難にしていた。

高校で嫌だったことの一つだけど、仏教は偶像崇拝なので良くない、とよく聞かされたもんだった。僕は仏教会に通っていたからね。

（ジョン・オオキ）

後にジョン・オオキは、仏教会の開教師による日本語の説教が理解できず、あるキリスト教会の「よい」牧師に巡り合い、キリスト教会に通い始めた。一部の一世や二世の間で、アメリカ化や帰化と、日本的特性の放棄とが関連づけて考えられていたようである。

両親はシアトルに戻ってから、ブレーン〔メソジスト教会〕に通い始めて、キリスト教徒になったんです。一九五二年〔帰化権認可〕の後も父は同じでね。帰化法案が通った時、父は自分の意思で市民権取得のための講座を取ってアメリカ市民になったんですよ。私達家族が特に勧めたわけでも、そのことについて話したわけでもないのに。だからこの国に適応しようという気持ちがどこかにあったんでしょうね。（ヘレン・カゲシタ）

一九五〇年代末から、少なからぬ二世が白人が主に居住する郊外に移転し始めた。郊外転出の動機は、大きな家が必要となった、子供のために環境を考えて等様々であるが、主流社会への「同化」を志向しての場合もしばしばあった。

収容所を出る時ね、同化しなさい、自分達のエスニック集団から離れなさいって何度も言われましたの。それでそう出来ると思ったし、そのつもりでいたわ。だから、それが〔転居の〕理由でもありましたの。いい学校区に子供達を行かせたい、ってこともありましたわ。でもその〔同化の〕要素もありましたの。けれど、日系のコミュニティとのコンタクトを失いたいと思ったことはありませんわ、そうしたこともありませんし。私にとってのコミュニティとのコンタクトはいつも〔キリスト〕教会でしたから。（カナ・オチアイ）

他方、シアトル市内のセントラル地区や南端部の人種的に混淆した地域での居住を意図的に選択した別のタイプの二世も存在する。これらの二世は白人アメリカ人が主となる近隣区に住むことに抵抗を覚えるという。しかし概括的には、戦前期とは対照的にシアトルの日系アメリカ人は分散した。その結果、彼らの大半は日系アメリカ人コミュニティの組織や活動から著しく手を引くこととなった。

三世は、二世が過度にアメリカ化しようと努力してきたと形容するが、それを認める二世もいれば、また否定する二世もいる。二世の一部は、日系アメリカ人の「同化」を奨励した戦時転住局による「洗脳」がその素因であるという。彼らの同化形態は個人間で差異があるが、日本語を話すことを一切止めた二世もあり、また、「同化し自分達のエスニック集団から離れる」ために郊外の白人環境の地に転出した者もいる。また、白人の行動基準を模倣するように子供達に教えた者、キリスト教会に通い始めた者もいる。より間接的にではあるが、ヘレン・カゲシタの言葉を借りれば、一般的に二世は「超良心的に働き、遅くまで残り、全てのことを確認して」帰宅するのであり、それは彼らにとって善良で忠誠心の強いアメリカ市民たることを証明する方法であったのである。シズエ・ピーターソンは、二世は常に「コミュニティに『ハジ』をかかせないために」白人アメリカ人に日系アメリカ人について良い印象を植え付けようと努力してきたという。

私達はみんなね、自分達〔が忠誠であること〕を証明しなければならないって思って、いい市民になろうとそれはそれは努力をして、期待されていることは何でもしてきましたよ……。職場では、私達はみんな、手を抜いてなんかいないってことを示すために、人一倍働いてね。何をするにつけても最大限、精一杯やってきたんです。「ハクジン」にはよくさぼるひとが多くてね。でも二世は全体的にとても良心的ですよ。それはね、私達がすることは何であっても、信頼がおけるってことを証明するためだったからだと思いますね。（シャーリー・コバヤシ）

二〇歳頃まではとても上手に日本語を話してたのよ。母が英語が出来ないもんだから。けれどその後、意図的に忘れようとして、抑圧してきたの。今、とても後悔している。もう一度日本語が話せればとね。

（ミチ・ウォルター）

ウォルターは続ける。

長い間、日本的なものや日系人が大嫌いでね。収容体験のことがあったからよ、自分のグループの人々から私が離れて行ったのも。政府に対する怒りをあの人達〔日系人〕に向けたんでしょうね。収容所を出た時、「もうあの人達とは何の関わりも持ちたくない」と思った。そして文字どおり日系コミュニティを離れ、その後二回結婚したけど、二度とも相手は白人だったわ。

（ミチ・ウォルター）

日系アメリカ人は、高い社会上昇と主流社会への同化を成し遂げつつ、他方においては徐々に彼らのエスニック・アイデンティティや日系としての文化的特性を喪失しつつあった。年長の三世、キャロル・ナミキは、二世の同化について次のような見方を露にしている。

日本と少しでも関係があれば否定的に見られたので、こういう……二世の中には、こういう白人のコミュニティに受け入れられなくてはという気持ちを持っていた人がいたんです。白人コミュニティに受け入れられれば、戦時中の差別を消すことができ、救われた気分になったんです。だから、子供達が主流社会に受け入れられるようにと育てた家族も多かったんです。（キャロル・ナミキ）

二世が、一二〇％アメリカ人にならんと努めたとよく言われるが、中には一方で劣等感や二級市民としての感情に苛まれながらも、他方で日本文化に対してはその誇りを維持し、子供達三世を日本語学校や、剣道、日本舞踊のレッスンに通わせた者もいる。

強制立ち退き・強制収容自体は人種差別や戦時中の狂乱によって引き起こされたものであるが、それは多分にしてアメリカ政府と一般大衆による、日系アメリカ人及び日系永住者と日本の日本人との混同から派生したものであった。二世が自分達は日本人ではなくアメリカ人であることをしばしば過度と思われるほど強調してきたのは、そのような背景からである。トシ・アキモトにとって、彼のアメリカ人としての第一次的アイデンティティの背後には生活の手段という側面もあった。

当時はひどい状態でしてね。品物を入手するにもいい客を見つけるのにも苦労したもんです。客を引きつけようにもどこで見つけたらいいのかわかりませんでね……。ある時、一人の男が店にやってきて私を見て言うんです。「あんたはジャップかね、それともチンクかね」。どうやってそんなことに答えられますか。もし、日本人だと言ったら罵られたでしょうし、中国人だといったら、汚いチンクだとかなんとか言われたでしょう。しばらく考えて、いい返事を思いついたんです。「私はアメリカ人だ。あんたは一体何だね」。すると彼は、「これはどうも、すまん、すまん」と言って何か買っていきました……。私が自分はアメリカ人だと言ったからこそ商売が出来たわけです。だから私が考えていたのは、自分の生計でした。それでうまくいったんです。事実、帰ってきてすぐに白人の友人が出来始めましたよ。（トシ・アキモト）

トシ・アキモトは白人アメリカ人への同化と統合に価値をおく二世のタイプを代表する人物である。二世の同化志向を理解するために、ここで少しトシ・アキモトのプロフィールを紹介しておこう。トシ・アキモト自身は、幼少期に親に連れられ日本から渡米し、日本語しか話せなかったのであるが、ある日、日本語を止め英語を話そうと決心したという。今日彼は全く日本語を話さない。彼の子供五人全てにはアングロ的な名前を付け、ミドル・ネームにも一切日本名を入れていない。彼の子供達は、一人中国系女性と結婚した者を除き、白人アメリカ人と結婚している。彼は、子供達の配偶者には日系アメリカ人よりも白人アメリカ人を好むというが、それは彼に言わせれば、三世の殆どが日系人同士で固まって白人アメリカ人に統合しないからだという。

子供達は、私がアメリカに対してどう思ってるか、よくわかってます。私がいつも星条旗を手に振ってるってことをね。彼らにはそのことだけはたたき込もうと思って。

私の家には日系の親戚がいないもんですから、日本のことについてあまり話したがりませんね。事実、家で日本語を使うのは――日本語を話すのを避けるだけじゃなくて、日本語を一切話さないんです。事実、子供達の殆どはどっちみち日本語がわかりませんからね……。

白人アメリカ人とうまくやって行くためには、彼らに混じらなくちゃいけません。そしてそうしろって私も言うんです。実際、子供達はみんなその通りにしてて、うまくやってますよ。もっと多くの日系人がそうすればと思いますがね、自分達で固まっていずに。（トシ・アキモト）

彼自身の言葉で語られるように、トシ・アキモトは多くの日系アメリカ人の自己閉鎖的と彼の呼ぶ態度を問題とみなし、また、他のマイノリティとの統合よりも白人アメリカ人社会への同化を重要と考えている。彼の立場は極端なアメリカ愛国者の例として位置づけられるかも知れないが、アメリカ社会において人種のるつぼ論や、より正確には、アングロ・コンフォーミティ論が主流であった当時の二世の志向を反映するものである（cf. Gordon 1964）。[35]

戦後二世は、生活の再建と子育てに専心した。将来を築くことに専念するために暗い過去を忘れようと努めた。

五〇年代六〇年代は大変な時代でした……。シアトルではそうでもなかったんですけどね、ケントは特にひどくて……ケントじゃ、反日系人感情がすごく強かったんです。けれどもその頃学校に行ってたもんだから、自分は勉強しなくちゃいけない、自分の目標に向かって進むしかない、ケントの反日系人感情のことでくよくよしてる余裕なんかないんだ、と思って……。自分の勉強のことだけに集中するのは少し自分勝手なようにも感じましたけど、「他の反日系人感情に巻き込まれる前に自分にはするべきことがある」と思いました。だから五〇年代六〇年代はまだまだ大変な時期だったんです。

（イチロウ・マツダ）

強制収容は、自尊心やエスニック・アイデンティティ、また他のエスニック集団に対する感情の点で、二世に影響を及ぼした。強制収容が二世に残した傷跡の一つは、二級市民としての感情を植え付けたことである。一部の二世にとってこのような感情は戦前の差別経験に根ざすが、強制収容はそれを決定的なものとした。二世の中には、セツコ・フクダの言葉を借りれば、「私達は何も悪いことをしていない。どうしてそう感じなくてはいけないの」と強制収容に伴う羞恥心やスティグマの感情を否定する者もいるが、多くの二世は自己嫌悪や、罪の意識、恥の感情を抱いてきたという。

「ハズカシイ」（恥ずかしい）という意識がいつも心の隅にある、というのもいわば我々は処罰されたわけだから。あたかも何か悪いことをしたような気にさせられる。彼らは我々が日系であるがゆえに罪があるように感じさせる。だってそうでしょ、我々日系人だけが罰せられたわけだから。

（ジョン・オオキ）

『二世の娘』の著者，モニカ・ソネ（本名）は彼女の感情を明確に描いている。

私にとっての罪悪感は，私が両親を収容所に見捨てたという感情から来ていました。もう一つ罪悪感を感じることがあり……日本人の顔をしているという昔からの罪の意識でした。当時日本人の顔をしているということは，人間以下の卑劣な存在を意味したのです。

私の自己嫌悪はそのような過去からきていました。一般の人々や政府の役人が我々の死を願望する，その憎しみを味わってきたのです。そしてそのメッセージは私の奥深くに沈殿したのです。

（モニカ・ソネ，本名，Seriguchi and Abe eds. 1980 : 26）

バーバラ・ヤマグチは他の多くの二世同様，収容体験をレイプに喩える。

女の人はレイプされれば恥ずかしいから誰にも言わない。それと同じように，私達自体何ら悪いことはしていなくても，恥の意識というか――はあったわね。だから，〔収容所のことは〕お互い話さずにおこうとしたわけなのよ。

（バーバラ・ヤマグチ）

自尊心の低さは，ヨーロッパ戦線で輝かしい栄光を勝ち得た第四四二部隊の元兵士も例外ではなかった。

日系であることに非常にコンプレックスを感じていました。ヨーロッパで戦った後もそれをぬぐい切れず，四四二部隊の栄光も極力押えていました。こうして自尊心が低くなったのも，危険分子だとか，裏切り者だとか，信用できないとかの不名誉なレッテルを貼られ，非難されたからだと思います。

（キヨシ・ヤブキ，本名，公聴会証言）

二世の民族的背景に基づく主流社会からの憎悪や差別は強制立ち退き・収容時に極限に達したが，それは彼らのエスニシティに否定的な価値をもたらした。事実，多くの二世が彼らの人生のある時点で日系でなければ良かったのにと思ったという。

パールハーバーの後、こういう〔日系人に対する〕憎しみを感じ始めた頃、殆どの若い人達がそう思ったことは間違いないですね――「ハクジン」か何かだったら良かったのに、と。それは言い換えれば、「こんなに嫌われなければどんなにいいか。なぜかはわからない。けれどこんなに憎まれるようなことを俺が一体何をしたというんだ」ということです。若い時はなぜ人々がそこまで自分を憎むのか理解できないんですが、わからないことが多すぎるんですが、その憎まれてるってことは確かにわかるんです。私達は当時誰よりも、――そう、私達はその頃、この世の誰よりも憎まれた存在でしたからね。（ジョージ・サイトウ）

戦時中、真の「ニホンジン」（日本人）であり、そういう風に振舞うのはとても難しかったと思いますよ。「『ニホンジン』だけど、この国で『ニホンジン』として生まれるのは決していいことではない」といった心理的パタンにはまりこむんです。自分達のせいで苦しんでるとさせられたわけです。（カズ・ミヤタ）

このような感情は二世に一般的と言えるが、また日系人であることを決して悔いたことなどないと主張する二世がいることも事実である。

日系アメリカ人であることを悔やんだことなんて一度もないです。それは恐らく私達〔成績の良かった三人〕を可愛がってくれた小学校の先生のおかげでしょうね……。日系人でなければ良かったと言うのを私も良く耳にするけど、私自身は決してそんなこと、考えたことないですね……。

また、原則的に私達は自分達の民族に誇りを持ってるんです。「日本民族は特別なんだ」〔と聞かされてきたんです〕。その意味で私達はレーシスト（人種差別主義者）ですね（笑）。日本は私達の祖先の国で、完全な外国ではないんです。忠誠心、お互いに信頼しあえるとか――勿論例外もありますけどね。（ヘレン・カゲシタ）

二世は、子育てや、生活、事業の再建に専心し、過去を振り返る余裕はなかったと語る。一部の少数の二世を除き、強制収容時代の苦労は誰にも語らなかったという。収容所で会った友人の名前が話題に出る場合を除いて、彼らの立ち退きと収容に関する記憶は、余りに心の痛みを伴うものであり、多くの二世は自分達の人生のその部分は、深く顧みることができなかったという。ノー・ノー・ボーイの問題や他のデリケートな問題など、収容所内で生じた様々な思想的な相違も、感情的な軋轢を引き起こしかねない話を彼らが回避してきた理由となっている。

私に関していえばね、収容所のことについて反対とかなんとかっていう気持ちは全然ないのよ。後になって色んな人に、こういうことを調べているよその人達に色々尋ねられて、でも私はいつも無理やり避けてたの。考えたくもなかった。だからいつも、「そんなにひどくありませんでしたよ」といっては振り払おうとしてたの。決して思い出したくないことだったから。だから色々と聞かれるでしょ。でも思い出そうとするだけでも苦しくて。だから、わざと押えつけようとしてたっていうのが本当のとこだろうと思うのよ。（ミキ・ハヤシ）

収容生活について話題とする場合でも、それは通常、収容所で会った友人に関する表面的な、あるいは楽しい追憶に限られていた。

〔家内とは〕食べ物や色々な人のことは良く話しましたよ。でもなるべく忘れようと努めたんです。あまり話題にしませんでした。時々、「それじゃまるで収容所みたいじゃないか」というふうな、冗談は言ってましたがね。（ハリー・タナベ）

何も罪の意識は感じませんでしたよ。第一、考える暇なんてなかったです。そりゃ、泣いた時もあった。でも、昔のことはね、人間っていうのは昔のとても辛かったことっていうのは隠して、楽しかったことだけを覚えてるもんなんです。友達と集まったら、例えば同じブロックにいた人達とは楽しいことばっかり話すんですよ。でもこれも今だからこそ話すんで――。例えば、誰それのお母さんがモンタナにいたから収容所に行かなくてよくって、よく娘に会いにやってきたよね、それでソーセージ、持ってきてくれて、まぁそのソーセージがおいしかったわね、というような……そういうことを覚えてるんですよ。（スミ・ハシモト）

二世は、制約のある状況の中でも、収容経験に打ちのめされず精一杯努力してきたと強調する。事実少なからぬ人が、収容経験によって成長し、世界が拡がったと述べる。

収容所のせいで、私達みんな、人生が変わってしまった。良くなった人もいるし、悪くなった人も。でも、収容所に入れられたことをいつまでも怨みに思ったり憎いと思い続けてたら、そして今でもそう思ってるなら、その人達は自分達の人生を自分で壊しているんですよ。勿論強制収容の経験が良かったなんて言えない。でも強制収容によって人生の新しい道が開け、私達は成長して、自分の力でいかに自分の将来を切り開くかっていうことを学んだんです。教育をどれだけ受けたかとか、お金はどれだけ持ってたかなんて一切関係無く、みんな同じ様に収容所に入れられたんです。それでその結果、同じ様な人間になったんです。でもそこから自分の人生をどう進めるかは、強制収容のことをどのように受け止めるかによるんです。それは勿論ひどい経験でしたよ。でもそこから這い出るために自分で何かしなくちゃいけないんです。（スミ・ハシモト）

しかしながら、この戦後期、既に記したような表層的な次元以外には、大抵の二世の間では強制収容が話題として持ち出されることは稀であった。このような深い精神的損傷を受けた二世は過去における収容経験の記憶を葬ろうとした。親子の間でさえ、夫婦の間でさえ、この話題は深くは触れられなかった。

一九六〇年代、七〇年代においてでさえ「成功物語」のイメージの背後に、雇用差別、特に昇進をめぐる差別は存続していた。H・キタノは、日系アメリカ人はその同等の教育水準を持つ白人アメリカ人より支払われる賃金が少ないと報告している（Kitano 1969 : 92）。

日系アメリカ人は、X社［シアトル近辺の大企業］では多分教育レベルが一番高く、他の人達と比べると賃金が一番低かったと思いますね。ジョン・タナカという人がいて、とてもいい人で、非常に成功していた課の主任だったんですがね。その彼の部下だった人はみんな副社長になったんですが、ジョンだけなれなかったんです。

我々はそれはおかしいということでグループを作って色々と動いた結果、中国系人の男の人がなれたんですがね。その人ときたら、自分が全部やって誰の世話にもなってないみたいな態度をとって。でもまあ、少なくともアジア系はそれでなれましたからね。

（ハリー・タナベ）

一九六〇年末から一九七〇年代にかけて全米を揺さぶったいわゆるマイノリティ運動は、シアトルの日系アメリカ人コミュニティの中にも浸透し始めていた。X社に勤務する二世の男性を中心に政治的動きが始まったのはこの頃である。一九七〇年、X社は人員整理に踏み切ったが、その対象者の多くがアジア系アメリカ人であった。X社の元、及び現二世雇用者によると、彼らは、アジア系の特に二世の工学士が不当な賃金差別を受けていることを発見し、会社に対して機会均等法違反として苦情を申し立てた。会社側は日系アメリカ人コミュニティを代表する組織を通しての交渉を要求し、これらの二世は支持を求めてJACLシアトル支部に加入したのであった。ほぼ同じ頃、合衆国商務省は、マイノリティの雇用を条件に全米の数カ所で建設業の契約を認めたが、その折、シアトル市はアジア系アメリカ人が当時まだ容易には加入できなかった労働組合から雇用者をリクルートした。一部の二世やアジア系アメリカ人は、雇用を提供する組織を形成した。職場や雇用機会における差別的慣行の是正を求める政治運動を通して、これらの二世は、そこで知り合い、友好を深め、政治的意識を高めていった。やがて彼らがシアトルにおける補償運動の中心的存在となるのである。

第四節　結　　論

以上記述してきた、戦前から一九七〇年代初頭にかけての二世の経験は、二世の自己意識やアイデンティティに絶えず影を落としてきた。とりわけ戦時中の強制収容は、彼らのエスニック・アイデンティティの変遷に大きな影響をもたらした。E・グレンは、強制収容が二世に果たした役割を移住の一世への役割と同一視できると述べている。すなわち、年長の世代や親族の世話の責任がかかり、それは青年期の終わりを区切り成人期に入った人生の節目を成す点で共通すると論じるのである（Glenn 1986：58）。同様に、エスニック・アイデンティティの変遷において、日系としての側面のアイデンティティの基盤が植え付けられ養われた青年期に終止符を打ち、日系としてのエスニシティがスティグマ化された次の段階へ移行した点において、強制収容は本章で扱った人生の期間の中での分岐点を成すと思われる。強制収容は確かに日系アメリカ人のエスニシティの転換期となったが、戦前のエスニック・アイデンティティは必ずしも一元的ではない。戦前における二世のエスニック・アイデンティティ形成には三つの要因が考えられる。第一に、家庭やコミュニティ環境における人種的ないし文化的アイデンティティの教化、第二に、主にアメリカ学校においての「アメリカ化」のイデオロギーへの追従、そして第三に、大社会における日系人に対する排斥及び人種差別である。換言すれば、二世は、幼少期において日本語や日本的行動様式、価値観、慣習を親やエスニック・コミュニティから習得した。日本「民族」として生まれ、合衆国においても日本人らしさを習得し、維持することが期待された。他方、彼らのアメリカ人としてのアイデンティティは、アメリカ学校で形成され発達した。彼らの日系としての意識は主流社会からの人種差別により強化され、同時に、一部の二世に劣等感を植え付けることになった。これらの要素は相互に作用し、二世に複雑な心理状況を生み出した。つまり、家庭やコミュニティで学ぶこと、アメリカ学校で教わることに相克があり、それによって二世は移民である一世との世代的相違を意識し、世代的アイデンティティを発達させたのである。

「アメリカ化」のイデオロギーは、実質上は「アングロ・コンフォーミティ」のイデオロギーであったが、それに他のマイノリティ集団同様、日系人に対する差別や排斥が加わり、多くの二世の中で白人優越意識が形成されたのである。さらに、人種的に均質なコミュニティと、人種差別の存在する外界との対照的相違によって、彼らの

「社会的結束」と保護的役割を果たすコミュニティへの依存が高められた。

強制立ち退きと強制収容は日系アメリカ人に対する最大の人種差別であるが、戦前日系人が経験した人種差別との重要な相違は、それが日本人を祖先にもつ者のみを恣意的に標的にしたことである。自らの政府による拘留は、裏切られ、無国籍になったという感情を二世に抱かせた。さらに、戦時中日本との絆や日本の文化的特性を維持することは、日系アメリカ人を不利な立場に追い込むのみとなった。アメリカ社会における日系アメリカ人と日本人との混同により引き起こされたこの惨事は、二世に「ジャパニーズ」ではなく、「アメリカン」としてのアイデンティティを強めさせる結果となった。収容所内でのアメリカ化の授業や主流社会に同化せよという強い奨励、そして強制収容による彼らのエスニシティのスティグマ化は、相互に作用し、戦後彼らの同化志向が日本的文化マーカーを公然と示すことも躊躇させるようになる。

戦後期、二世は一部の例外を除き、収容に纏わる苦い記憶を喚起せぬため収容を話題とすることは殆どなかった。T・カシマはこの現象を「社会的記憶喪失」と呼び、それを「ある特定の時期、あるいは特定の期間に関する感情や記憶を抑圧しようとする集団現象」と定義している（1980：113）。収容所の記憶を抑圧する一方、多くの二世は罪や恥の意識に苛まれるのみならず、日系として生まれたことを悔いたのであった。二世は一般的に述べて、主流社会に受容されるために人一倍の努力をし、アメリカ化し、同化しようとした。「人種のるつぼ」論がまだ現実には強く根を張る当時のアメリカ文化において、多くの二世は顕在的・潜在的に、日本語や他の日本の文化的特性を失い、代わりに白人アメリカ人の文化的基準を吸収した。

他方、彼らの幼少期に植え付けられた民族的誇りは二世の中で維持され、それは祖先の国、日本の急激な経済成長とそれに続くアメリカの日本文化の受容と賞賛によってさらに促された。その結果、戦後波及した彼らのエスニシティへのスティグマと、他方潜在意識のレベルで存在する民族的誇りが双方混在した。従って二世は彼らのエスニシティに対して、二元的な相矛盾する感情を抱くに至ったのである。この二世の心理に宿る彼らのエスニック・アイデンティティと主流社会や他のエスニック集団に対する感情は、彼らの子供である三世の社会化にも影響を及ぼした。次に続く章では、三世の視点から三世の経験や感情を考察することとする。

第四章
三世の経験

シアトルにおけるアジア系アメリカ人運動（1971年）
写真提供：アラン・スギヤマ

シアトルのベーコンヒル地区の小学校での
多人種・多民族から成る子供達（1972年頃）
写真提供：シャロン・アブラノ

はじめに

二世の次の世代、三世は、概して、アメリカ主流社会への社会的経済的進出の道が開かれ、親の世代が著しい社会上昇を遂げた戦後期に生まれ育った世代である。一般的に、三世は二世同様、日系というエスニック・アイデンティティを形成し維持しているが、この新しい時期における彼らの経験は二世とは大きく性格を異にする。本章では、前章に引き続きシアトル地域の日系アメリカ人の経験を明らかにするが、ここでは三世に焦点を当てる。以下彼らのエスニック・アイデンティティ、人種差別体験、他のエスニック集団に対する感情を中心に取り上げる。

第一節　幼少期から青年期までの三世

三世は、二〇代半ばから五〇代初めがその年齢範囲であり、大半は三〇代から四〇代半ばに集中している。本調査でインタビューした三世の多くは、シアトル市内でも比較的多くの日系アメリカ人が居住するベーコンヒル地域及びその周辺で生まれている。これらの三世の中には、幼少期あるいは青年期に郊外の白人居住区に移転した者、また一方、就職し仕事が一段落してから郊外に移った者もいる。三世が幼少期を過ごした社会環境は多くの点において戦前と異なる特徴を持つが、最も重要な相違の一つは、如何なる三世であってもその成長した近隣区が多様なエスニック集団から成り、従って、主として白人居住区で成長した者を除き、三世は学齢期以前から白人、中国系人、フィリピン系人、黒人等の他のエスニック集団と恒常的接触を保ってきたことである。
彼らの親は、白人が主たる地域に居住していた場合は特に近隣の白人アメリカ人と交際しているが、一般に他の二世が主な親しい交友対象であった。三世は幼少期には、週末になると家族同士の集まりや、コミュニティ行事、日系人キリスト教会・仏教会に両親に連れて行かれたというが、それは他の日系アメリカ人との紐帯を維持するためであった。郊外に居住していた多くの三世にとっては、これらの教会が日系アメリカ人コミュニティとの唯一の組織だった接点であった。三世の中には、この週末は「エスニック」、そして週日は「非エスニック」という二つの対照的な世界の行き来に不思議な感情を抱いた者もいる。ミキ・ハヤシの息子ダン・ハヤシはその一人である。

週日の遊び相手にはいろんな人種がいて、殆ど黒人の子供達だった。週末になるとコミュニティ〔日系〕のことに変わり、他の三世の家に遊びに行ったり、ピクニックに行ったり、いろいろな集会に出かけたりしましてね……。いつも自分は違うなとは感じていましたよ。自分達はいつも他の人々と違った行動をする。そもそも週末に日系コミュニティに連れて行かれその中にポンと入れられ、月曜になるとまた普通の生活に戻るというのは、本当に子供ながら変だと思ったもんです。まあ、言ってみれば二つの世界に住んでいたようなものだったんです。子供ながらにどこか何か変だといつも感じていました。（ダン・ハヤシ）

日系アメリカ人の居住分散と、黒人や他のマイノリティの第二次世界大戦を境とする市への流入によって、市内のセントラル地域、南部地域出身の三世は、アジア系、黒人、白人の構成がほぼ均等な学校、あるいは黒人または白人の比率がやや多い学校に通った。彼らの小学校時代における友人のエスニック背景には一貫したパタンが見られず、少なくとも彼らの居住地とは無関係である。郊外に住んでいた三世もその遊び相手はしばしば週末に会う教会関係または家族の友人の三世の子供たちであった。自分が「異なる」存在であることに気づいていたという者もいるが、大半の三世は彼らのエスニック背景に対する意識は当時は未発達であったと言う。

三世は一般に、食物や価値観、基本的挨拶と関連する特定の文化的用語や表現以外には、日本語を知らない。しかし両親の時代とは異なり、高校や大学で語学教育の一環としてヨーロッパ言語と並行して開設される日本語の授業を受講した者もいる。上級まで進む者は少ないが、大学での授業を通して日本語の基礎の習得を試みた三世は少なくはない。

二世は、伝統的価値観等を彼らの子供に意識的に口授したわけではないが、目上への敬意、「エンリョ」、「ハジ」、勤勉等の価値観は三世にも受け継がれた。インタビューした三世の殆どが両親から伝えられた文化的価値観を認識することができたが、中にはどの価値観が日本的か非日本的かという区別のつかない者もいた。にもかかわらず、全ての三世は、「同化している」と見なされる者も含めて、両親がたとえ口にせずとも強調した教育の重要性を認識し、日系アメリカ人の数多くの成就に対して誇りを抱いている。

個人差はあるものの、様々な日本的年中行事は、その種類、内容共に次第に薄れており、三世の中には極めて簡略化した形においてでも端午の節句、雛祭り、あるいは「オショウガツ」を祝う者もいれば、家族でそれらの年中行事を殆ど祝ったことがないという三世もいる。しかし、毎年七月中旬にシアトル仏教会で行われる「ボンオドリ」（盆踊り）は彼らが自らの文化遺産に触れる最も良い機会の一つであり、あらゆるタイプの三世を惹きつけてきた。シアトルにおける盆踊りは幾分宗教色を帯びており、当地コミュニティにおいて独自のスタイルを形成し発展させているが、この盆踊りは戦前よりも遥かに成功を収めており、一般アメリカ人にまで浸透している。この行事では、三世はハッピを着、露店で売り出される「ソーメン」「テリヤキチキン」を食べ、「イケバナ」（生け花）や書道、仏教会での他の文化的展示物を鑑賞する。

三世の中で日本文化やスポーツのレッスンを受けたことのある男性は少ないが、女性の中には「オドリ」、つまり日本舞踊を習ったことのある者は稀ではなく、それは日本での同年代の女性よりも盛んに思われる。しかしジェニー・ミヤガワは、三世の間ではこの「オドリ」さえも西洋文化のバレーに比べると人気は低いという。

そういうこと、日本舞踊みたいなことをやっている三世って本当に少ないのよ。変な話だけど。大体の人はバレーを習っていたわ。（ジェニー・ミヤガワ）

三世は一般的に述べて、成長期の彼らの食生活の半分は日本食を食べていたという。大抵の場合夕食には、ポテトやパン、アメリカ風のライスよりむしろ、西洋料理と併せてライスを食べ、事実「オチャヅケ」（お茶漬）は多くの三世の好みとする食べ物であり、西洋料理の後でも食べるという。

伸び盛りの頃は殆ど毎日「オチャヅケ」を食べてました。「ツケモノ」（漬物）とか「タクワン」（沢庵）とか、殆ど毎日――そればかり食べてました。（ダン・ハヤシ）

お母さんは自分が日本食を食べて育ったから、しょっちゅう日本食を作ってくれて……。そればっかりというわけじゃなく――ご飯とハンバーガーとか、でも主な穀物は米でしたね……。そこには色んなバラエティーがあって……「ショーユ」（醬油）味のウインナーみたいに、アメリカの食べ物を日本風に味つけするっていう風に。（ポール・タケイ）

日本的食物は「同化している」三世の間でさえ、卓越して維持されている文化要素の一つである。これは他の多くのエスニック集団にも顕著に見られる現象であるが、日系アメリカ人の場合それは一般アメリカ人の間における日本食の人気に理由の一つを求めることが出来よう。過去二〇年間に、アメリカ社会における日本文化の中でもとりわけ物質文化への憧憬は劇的に高まった。しかし三世は、アリス・セガワのように、社会環境が非白人のエスニック文化に寛容性を見せる以前に生まれ幼少期を過ごした。

思い出せば子供の頃、日本と関係のあるものは何か悪いもの、何か恥ずべきものって、誰から口に出して言われるまでもなくずっと思ってました。そういうのは悪いことなんだと思って、できる限り離れようとしてました。

だから子供の頃、日本食を食べるのを嫌い、日本語を話すのも拒んでたんです。それがなぜだかってことは決して言わなかったけれど、ただ単に拒絶していたんです。少し大きくなって一〇代になると、日本語を勉強してみたいと思うようになって、そういう考え方がどんなに間違ってるかがわかり始めたんですが、でももうその時はとても劣等感のかたまりで。だから祖母が少し教えようとしてくれたんですが、私の日本語があんまりひどいもんだから、みんなが笑って、それで続ける気にならなかったんです。だから今は日本語が話せなくて後悔してるんですよ。

（アリス・セガワ）

しかしここで興味深いのは、アリス・セガワは幼少時「ボンオドリ」は好きで毎夏参加していたということである。スティーヴ・コンドウも、幼少期に日本食に否定的価値をおいていたと述べている。

学校に「オムスビ」（おむすび）を持って行くのが恥ずかしくってね。実際のところ、一回だけ持っていってその後はもう嫌になってしまったんだ。白人や中国系人の前でさえも日本食を食べるのが恥ずかしかったもんだ。

（スティーヴ・コンドウ）

三世の受けた差別や偏見は、二世のそれに比べると遥かに程度としては軽いものである。しかし、調査対象の大多数の三世が何らかの形で——罵倒を浴びせられたり、身体的特徴について侮られたりというのが典型的な例であるが——幼少期に差別や偏見を受けた記憶を鮮明に持っている。

〔中学二年のときキリスト〕教会で仲の良かった友達に何か言われて傷ついたのを覚えているわ。私のこの細くつり上がった眼でどうやって物が見えるのかわからないって言われたの。随分心を傷つけられた。余りにもショックが大きかったんで、どう答えていいのかもわからなかったくらい。すぐには何も言えなかった。その後、鏡を見るのはやめてしまったの。そして次第にひょっとして、と思い始めて——教会の白人の男の子に憧れてたんだけど、その人、全然私に興味を示してくれなくて。だから私の顔がこんなのだからそうなったのかって思い始めたのよ。

来る年も来る年も一二月七日になると、学校に行くのが嫌で嫌で。本当にひどかったわ。といっても私達日系人のほぼみんなが経験して典型的なことだけど。一年中で家から外に出るのにこれほど悪い時って他にはないわ。

（キャシー・ハシモト）

初めてそういうことに気づいたのはね、ある年小学校に行くのに歩いてると、石を投げられて、「ジャップ！　ジャップ！　ジャップ！」って追いかけられたことがあって。でもそういうことってよくある話よ……。こんなことは本当に誰にでもよくあることだった。あんまり頻繁に起こるもんだから、考えなかったくらい。

（ジェニー・ミヤガワ）

多くの三世は、中学校や高校時に達し、初めてエスニック・アイデンティティを形成し、人種的・エスニック的相違を意識し始めたという。

小学校と中学校では、どこか違いがあるとはわかっていてもまだ幼かったので本当に相違があると気づかなかったんです。中学時代ぐらいでしたね、文化的違いがあることに気づき始めたのは。家で僕が食べるものが白人の友人が彼らの家で食べるものと違うという風に。

（ゲアリー・タナカ）

しばしば日系アメリカ人としてのエスニック・アイデンティティは、他集団との相互作用で彼らの相違を際立たせるような状況に直面した場合顕在化する。事実、幼少時から日本人を祖先とすることを認識していたと記憶する三世でさえ、差別や偏見を被った体験により、彼らのエスニック・アイデンティティを触発された。イチロウ・マツダの娘、ナンシー・マツダは、幼少期白人の多い居住区に住んでいた。

私ね、自分は白人だって思いながら大きくなったの。いつも白人と一緒にいたから、小学校六年生くらいまで自分が違うってことに気づかなかった。〔六年の時〕「王子と乞食」の劇に出ようとして……。それで中心人物の一人の役に私がなれるはずだと思ったのに選ばれなくて、どうしてなんだろうと思った時、それは自分が他の人

と外見が違うからだということがわかったの。（ナンシー・マツダ）

一部の三世は、人種差別を繰り返し経験し、二世の青年期と類似した感情を抱き、日系でなければ良かったのにと考えたという。

白人みたいになりたかった時があったんだよ。〔小学校〕二年生頃の時だったなぁ。ていうのも俳優になりたかったから。そういう気持ちが一年くらい続いて。三年の時に〔アジア系の多い〕キンボール小学校に移ったんだけど。アジア系ね、アジア系が多くてそれは楽しかった。それでまた五年生か六年生の頃そうなりたいって思い始めて、高校一年位までだったかなあ……。パールハーバーの話が出ると日系人なのが嫌で嫌で。白人になりたかった。「日本人が真珠湾を爆撃したのだ」って聞くのが嫌でたまんなかったよ。（マイク・モリタ）

極めて対照的に、やや稀なケースではあるが、自らの民族的背景に大きな誇りを感じていた三世もいる。

父が毎晩夕食の時にしてたことは——唱え事のように……「日本人は一番だ。日本人は一番だ。日本人に生まれてお前達は本当に幸せだ。日本人に生まれたから他の人より優れてて頭がいいんだ」って言ってたの……。でも別にいつも日系人の友達を持ってたというわけではないんだけど……でもいつも日系人に惹かれて私達日系人はお互い他に日系人がいないかって探していたわ。（ジェニー・ミヤガワ）

個人が自らのエスニック背景をいかに捉えるかは、確かにその文化への接触度と親の態度とにかなり左右されると思われる。ダン・ハヤシの場合、彼自身は日本文化やスポーツのレッスンを受講したこともなく、週末のみ他の日系アメリカ人と接触し、「何かがおかしい」ということを子供ながらに両親から感じ取ったという。

父や母は日本のことや彼らの経歴、彼らの両親の経歴について殆ど話しませんでしたね。とても郷愁を抱いていても。戦争が——両親はとても日本が好きで日本びいきなのに、戦争と関係のあることは一切話さなくなってしまったんです。戦争がやってきて、それで何も話さなくなったんだと思いますよ。だからその結果僕は日本の

ことも祖父母のこともあんまり知らないんです。（ダン・ハヤシ）

このように三世が彼らの両親や二世という世代を一般的に特徴づける時、第二次世界大戦や強制収容に言及する場合が少なくないことは興味深い。この点に関しては後に本章で再び記すこととする。多くの三世が持ったことがあるという人種差別経験（より緩和した形ではあるが）と劣等感は、二世の経験と類似している。しかし三世の経験における重要な相違は、彼らの近隣区や学校が人種・エスニック集団の構成上多様であったが為に、成長期の二世よりもより開かれた社会関係を持っていることである。しかし同時に、限られているとはいえ一世よりは他集団との接触を持ち、従って特定のステレオタイプ的感情を抱く一部の二世は、三世の他のエスニック集団の構成員との交際やデートを好まなかった。

白人が黒人をなかなか理解できないのと同じ理由で――うちの両親は多分典型的な二世だろうけど、白人のやり方を真似しようとしてね――白人は黒人のこと、あまりよく思ってないよね。だから僕も「黒人とあまり親しくするな」って言われたものさ。中国系人の友達を持っても全然叱られなかったのに。（スティーヴ・コンドウ）

三世が二世の好まぬエスニック集団構成員の異性の友人を持ったりデートを始めると、二世の親としての介入が高まった。多くの二世のそのような介入は、相手の個人的資質より所属集団に対するステレオタイプ的な偏見にしばしば基づいていたという。

高校の時、他の高校から日系の男の子が何人か殆ど毎日のようにうちに遊びにきてたけど、母は別に何も言わないの。何の制限もなかったの。でもフィリピン系や黒人の友人が来ると、初めて父や母の偏見に気づき始めてね。「そんなのは偏見じゃない！」って叫んだのを覚えてるわ。別に誰ともつき合ってたわけでもないのよ。黒人の男の子は応援団のリーダーだったけれど、私、応援団の他のリーダー達とも親しくしてて、よく試合や色々なイベントに招いてもらった。母は私がその黒人の男の子と一緒の車に乗るのさえ嫌がるんだもの。この男の人

のこと、何も知らないくせによ。「悪い影響を受けるから」と。（キャシー・ハシモト）

二世の大多数は、彼らの子供達の配偶者としては日系アメリカ人を好み、しばしばデートのレベルでもそのような好みを表す。シンシア・ウベは、他の三世と交際していた折、彼女の両親や親戚が日系アメリカ人に対して抱くステレオタイプや明らかなえり好みに困惑したという。

昔、祖母の葬式に行かなくてはいけなかった時のことなんですけど。彼が遅れてやってきて。後のレセプションで家族の友人が彼が日系なので驚いたと言うんですよ。つまり、彼はOKなんですって。「あの人は日系だからきちんとしたいい人間に違いない」と半ば決めてかかってるんですもの。基本的にはその通りだったけれど、あの子は日系人だとかアジア系だとかって考えて、それだったら自動的にいい人間だと考える親が今でもとても多いって気がするんです。ここは本当にみんな顔見知りのコミュニティでしょ。だから、もしアジア系じゃなくて黒人か他のマイノリティだったら――日系人だと言えばそれでOKだったんです。彼がろくでなしであろうが何であろうが構わなかったんです（笑）。私に言わせればそんなの、全く馬鹿げてますよ。（シンシア・ウベ）

しかし、二世の他のマイノリティに対する偏見や感情により三世の交友範囲が限られていたわけではなかった。大半の三世は中国系の友人や異性の交友相手を持ったことがある。調査対象者の何人かは黒人やフィリピン系の異性と交際した経験を持っている。他のエスニック集団に対する見方や理解の相違から、三世は両親としばしば口論をし、また世代差の存在を再確認した。キャシー・ハシモトは、日本から帰国した後、両親の「シナ人」、「クロンボ」と呼ぶ呼び方を「中国人」、「黒人」にそれぞれ訂正するよう促した。調査対象者の三世が記憶する限り、肯定的否定的を問わず、白人、黒人、中国系人、フィリピン系を除く他のエスニック集団に関して両親との間にまとまった話題をもつことは極めて稀であった。

三世が親から吸収した白人アメリカ人に対するイメージは複雑である。人種差別主義を生み出し、戦時中日系人を拘留した社会を支配してきたのはその白人アメリカ人であり、他方「真のアメリカ人」とみなされ、従って同化に際し模倣とするモデルとなるのもやはり白人アメリカ人であるという事実は、二世に白人アメリカ人に対して幾分相反する感情を抱かせている。アリス・セガワや、カナ・オチアイの娘スーザン・オチアイの様に、白人アメリカ人に囲まれ成育した三世は、親しい白人の友人を持ち、日系アメリカ人コミュニティからは「同化している」とみなされているが、その彼女達の両親も白人アメリカ人に対する不信感を時折露呈するという。

両親は人間はみな平等であると信じ、特に父は色々な異なる背景を持つ人々を知ることは大切だと信じています……が、私に日系人の友人を持つように強く勧めていました。レドモンド市に私達親子が引越しした時……友人の殆どが白人だったんですが、すると両親に、特に父にさりげなく、自分と同じコミュニティ〔日系〕でない人は誰も決して全面的に信用してはいけないと忠告されたのを覚えてます。その時私にはわけがわからなくて――。そして憤慨したんですよ……。でも強制収容のことを知って初めて、なぜ父がその時そう言ったか理解できるようになったんです。人種差別について理解を深めて初めて、それは父が私があまりに無防備に人を信頼してはひどく失望するだけだということを私にわからせるためであったと理解できるようになったんです。だから微妙な形で水を差されたんですが、それは矛盾するメッセージでした。（アリス・セガワ）

両親には、彼らはまだ完全に辿りついてないっていう気持ちがどこかにあるんだと思うわ。だってもし本当に優れているのであれば、収容所に送り込まれるなんてことは起こってなかったもの……。あんな経験させられて、どこか恐らく無意識に傷ついているのね。母も父も、「白人でとても親しい友達ができるかも知れないけど、決してわからないわよ。あなたが他の人達と違って白人じゃない、っていう風に見ているっていうことを露わにするようなことを口にするかも知れないわよ」って言うの。（スーザン・オチアイ）

三世は概して、二世は二〇〇％アメリカ化しようと努めたと捉え、そのような二世の志向を戦争や収容体験と関連づける。ダン・ハヤシ、スティーヴ・コンドウのそれぞれの両親は、今ベーコンヒルに住み、主に他の二世と親しく接触を持つ。が、彼らの両親もまた、コミュニティとのエスニックな紐帯を維持しつつ「アメリカ化」するために白人アメリカ人の基準に追従してきた。

　成功するためには、とても強く思ったんだと思いますよ……。アメリカ化する必要が本当にあったんですね。大学に行き高等教育を受け、アメリカのビジネスの経営方法やアメリカ的方法を習得することが大事だと考えてた……。というのも戦争と関係していることが多いからです。白人に差別され、それに打ち勝たなければならなかった。彼らより優れていなければならなかった。彼らに勝つことができ、彼らよりいい教育を受けてなければならなかった。彼らより積極的でなければならなかった――彼らより何でも秀でてなければならなかった……。でも行きすぎて、例えばデートや交友関係になると、両親ははっきりと我々がコミュニティの人〔日系人〕とそうするのを望むと言ってました。（ダン・ハヤシ）

　二世ってのはね、何でも白人と比較する癖があってね。白人はこんな事はやらない、白人はこういう事はこうするんだ、とか何とかかんとか。本当にアメリカ人になりたかったんだね。けど一方で自分達の文化も忘れずにいたかった。しかしアメリカ人であるということがどんなものかを想像するためには、白人がどのように振るまい、行動し、何をするかというものを見なければならなかったということだろうね。（スティーヴ・コンドウ）

ブルース・アキモトの場合、彼の父トシ・アキモトによって白人アメリカ人社会への同化を奨励され、彼が当初抱いていたアジア系アメリカ人を伴侶の理想とする考えは、エスニシティは全く関係がないという両親の意見を聞いた後捨てたという。しかし彼の父の「混じる」とは事実上は白人アメリカ人とに限られていた。

　黒人については、両親は黒人の苦闘や彼らのおかれた状況を理解していたけれど、決して僕に彼らとつき合えとは勧めませんでしたね。白人に関して言えば、父はここはアメリカで基本的には白人の国なのだから、成功したければ彼らとつき合い、彼らに反対せず、彼らの社会や文化に同化し、別のアイデンティティを持たないようにしろと言ってました。（ブルース・アキモト）

ブルース・アキモトは、青年期日系アメリカ人女性と交際していたものの、運動部での活動を通して大学三年頃から白人アメリカ人と交際を重ね、現在、白人アメリカ人と結婚している。対照的にキャシー・ハシモトは、かつて白人と交際していたが、その相手の人種背景の故に懊悩したという。彼女は別離を選んだが、それは日系アメリカ人を好む両親の感情を尊重し、また家族やコミュニティに対する「ハジ」を強く意識したからであった。

キャシー・ハシモトのように白人ボーイフレンドへのコミュニティの反応を深刻に考慮したケースは、今日の独身の三世の間では例外的である。しかし一般に、三世は彼らの両親が結婚相手として日系アメリカ人を望むことを認識しており、これは独身の三世が、可能ならば日系アメリカ人という極めて小さな集団から配偶者を選択しようとするに際し直面する問題と関係があるように思われる。

三世の中でも、ベーコンヒル地区で育った者のようにコミュニティと強い紐帯を維持しながら成長した三世と、白人アメリカ人に囲まれ育った三世とでは、異なる経験を持っている。郊外で育った三世は、高校時代に達すると「コミュニティ内にいる」三世を強く意識し始め、中にはシアトルの日系人コミュニティの三世に対し羨望の感情を抱いた者もいる。スーザン・オチアイは高校三年時にベーコンヒルの近辺に位置するフランクリン高校へ自主的に転校し、マリアン・ノムラはアジア系アメリカ人や他のマイノリティに「近づきたい」と授業を休んではフランクリン高校に足を向けていたという。

スーザン・オチアイもマリアン・ノムラも、フランクリン高校で、他の三世やアジア系アメリカ人と出会った経験を肯定的に捉えているが、同時にそれにより日系アメリカ人コミュニティで育った他の三世との相違を自覚させられたという。彼女達は、これらの三世は交友関係がアジア系アメリカ人の域を出ず、固まりがちで視野が狭いと特徴づけている。同様の意見が、三世ないしアジア系アメリカ人のグループの外にいた他の調査対象者の中でも聞かれる。彼らによれば、この仲間集団は既に幼少期に形成され、高校時までには確固たる境界を持ち、部外者や新参者がこれらの既存のアジア系や三世の第一次集団の中に溶け込み受容されることは困難であるという。ゲアリー・タナカは、高校時代三世の第一次集団に帰属していた一人である。

高校に入り考え方も成長するにつれ、自分は黒人や白人と一緒にいるよりも三世や他のアジア系アメリカ人と一緒にいる方が気が楽だと気づき始めたんです。高校になると生徒はグループに分かれ始めますが、同じエスニック集団でない限りそのグループにはとても入りづらいものなんです。だからアジア系のグループに入る方がはるかに快適であるということが分かってきました。高校までに自分は他のアジア系とつき合うんだと決めていたんです。（ゲアリー・タナカ）

他の異なるタイプの三世との接触とそれによる自らの相違の認識によって、これらの三世はアイデンティティ・ディレンマに立たされ、アイデンティティとその依り所を探求するようになる。

育った環境が違うなと感じるから、日系コミュニティや日系人のグループに自分ははまらないだろうと思っていたわ……。かと言って自分は「他のアメリカ人とは」違うエスニック・アイデンティティを持ってるってことがわかっていたから、郊外に住む人達の中にはまるとも思ってなかった。だってみんな私を見て、彼女は違う、彼女は彼女だって言うんですもの。だから時々自分はあちらのグループにも白人文化にも、はまらないって思ったものだった……。だから一体自分は誰なのか、自分がうまく適合するところはどこなのかって悩んだりしたの……。だからどちらにも決してはまらない二つの文化の狭間にいるようなものだったわ。（スーザン・オチアイ）

しかし彼らが「他の三世」と呼ぶ集団との心理的距離を明かす三世は、おそらくシアトル地域における三世の大半を実際は占めていると思われる。二世に観察されるような世代的結束及び均質性は三世には色濃く見られず、また「他の三世」との関係とは無関係に、対象者の多くが青年期にある種のアイデンティティ・ディレンマを経験している。アイデンティティ・ディレンマに関する二世との比較は困難であるが、一世や二世及び一般社会が、三世は同化し「白人のようだ」と描写するのとは対照的に、多くの三世は、帰属を持たずアイデンティティを模索する必要を感じたことがあると言う。他方ポール・タケイやブルース・アキモトのように、なんら危機的なアイデンティティ問題に直面した経験がないタイプの三世もいる。ポール・タケイもブルース・アキモトも個人的な差別経験の記憶を持たず、より「同化した」三世として分類されるであろう。

他のエスニック集団同様、日系アメリカ人には大社会が肯定的とみなすものも含めてある種の固定的イメージやステレオタイプが付与されている（cf. 竹沢 1988）。とりわけ三世の女性は、「おとなしい」、「従順」、「素直」、「いい人」といった種のステレオタイプに極めて敏感であり、それらに反発を示している。

> 自分が太ってて良かったといつも思ってたの。だってそれで私が他の人とは違うんだわって思えるもの。もう一つは「ハクジン」に頭を撫でられて「チャイナ人形のようだね」って言われるのが嫌でたまらなかったの。そういうことをするのも自分達の方が体が大きいからよ。
>
> 日系人がおとなしいなんて私は信じないわ。私ってひどいのよ。歩いてて誰かが先にドアを開けようとして押すもんなら、特にそれが白人だったり、黒人だったりすると、押し分けて入っちゃうの。日系人だからそういうことするのよ。日系人だったら何も言わないと思って。日系人にそういうことをする人があまりにも多いんだもの。そういう風に、人をなめて弱みに付けこむようなこと、絶対に許したくないの。（ジェニー・ミヤガワ）

このようにアジア系の女性に抱かれた「従順」等のステレオタイプは、三世の女性にとっては感情を害するものである。が、本調査でインタビューした三世の男性は、主流社会に存在するアジア系に対するステレオタイプには殆ど言及しなかった。しかしこれはアジア系の男性に対するステレオタイプの存在が稀有であることも、また彼らへのステレオタイプの影響が微弱であるということをも意味しない。コミュニティにおける三世の女性は、珍しく三世の女性同士が集まればアジア系男性に対するステレオタイプに関し、またそれらが三世男性の自尊心にいかなる影響を及ぼしているかについて密かに語り合う。他方三世の男性は、三世の女性が一般的に三世の男性をどのように見なしているかを強く意識している。この男女間における相互イメージは今日の三世の間でも観察されるもの の、一九六〇年代、七〇年代においてはある種の深刻な緊張関係を生み出していた。

日系の女性は六〇年代、目立つ傾向にあったんです。彼女達は日系の男を無視する傾向にあったんです。僕自身はただそういう時代だったんだろうと思いますけど。女性ははっきりと自分達は白人男性にもてるのだと思っていましたし、その逆もそうでした。でも日系の男性はそういうわけじゃなかったんです。主流社会のアジア系の男性を見る眼とアジア系の女性を見る眼ははっきりと違ってました。アジア系の女性や日系の女性が魅力的であるとされるのに引きかえ、日系の男性は一般的に言って低くみられました……。それは日系男性であるということの心理的一側面なんです……。当時映画の中で繰り返し出てくるステレオタイプが沢山ありましたね。例外は柔道や空手などの映画ですが、決まって出てくるのは、背が低くて痩せていて馬鹿というステレオタイプだったんです。

（スコット・イイヅカ）

シンシア・ウベは、一方でアジア系アメリカ人の男性を理想的には好みながら他方で彼らを「腰抜け」で「ぶざま」と表現する。

理想的には日系人と結婚したいのだけど、一体どこに素敵なアジア系や日系の男性がいるかしら。まだ一度もそれらしき人に出会ったことがないんですよ。シアトルではいろんなステレオタイプが彼らを駄目にしてるんだと思う。恥ずかしがり屋で積極的じゃなくて。だからしばらくしてから男の人は男の人、別にアジア系じゃなくてもいい、って思い始めてね。

私の経験から言ってアジア系の男性には腰抜けタイプが多いですね。なぜだかはわからないけれど。私に言わせれば彼らは性的に強くないってカテゴリー化されてるから、自信がないんだと思う……。私がそういうことを話すと、アジア系の男の人達、日系や中国系の男の人達はよく、「おそらく自分達がこうなったのはそのせいだ」と言うんだけど、つまり私達アジア系の女性が彼らをそういう風に扱うから……。この人達は自分達が臆病なのは私達のせいだって言うんですよ（笑）……。確かにそれにも一理あるとは思うけど女の方だって困るんだから。だからお互いに助け合わなくちゃいけないんだろうとは思うんですけどね。

（シンシア・ウベ）

一方で日系アメリカ人が結婚相手の理想とされながらも、他方このように相互にステレオタイプが存在し両性間に緊張があるために、自らのエスニック集団の異性に対して二面的な感情が存在するのである。(2)

年長の三世を除き、三世はアジア系アメリカ人運動が既に根を下ろした後に青年期を迎えている。三世は、「アジア系」という語を彼らの集団の意識の中に組み込んでおり、アジア系アメリカ人アイデンティティを育み始めていた。汎アジア系アメリカ人の連帯という思想はアジア系アメリカ人運動という政治的脈絡の中で生まれたものの、アジア系アメリカ人アイデンティティの形成は政治的ニーズや意識にのみ源泉を求めることができるわけではない。

ここで育った我々には共通の基盤というものがあるんです。アジア系アメリカ人という共通のアイデンティティが。中流階級で育った人が多いですけど。二世は一口にアジア系といっても互いの相違を意識するようですが、我々はみんなアジア系です。我々はあの人は中国系だとか、あの人は日系だとかいうふうには言いませんから。

（カール・ベップ）

一五歳になるまで、他の人には自分は日系だと言ってはいたけど、自分ではアメリカ人だと思ってた。日系というのは単なる言葉にしか過ぎなかったの。その後次第にアジア系アメリカ人、日系アメリカ人として半々にアイデンティティを持つようになって。他のアジア系といる時は他の人と同じでありたかったので。というのは日系だけでなく中国系やフィリピン系の友達がいるでしょ。今はもう少し相違に気づくようになってきたけれど、当時は同じアイデンティティを持ってたの。小さな集団だったから分けることが出来なかったのね。もし誰かにどの民族かと特別に尋ねられた時だけ、日系アメリカ人だというアイデンティティを持ったもんだわ。

（キャシー・ハシモト）

三世は彼らの日常会話において「アジア系」あるいは「アジア系アメリカ人」という語を頻繁に用いる。しかしその使用に際し、その言葉が指す範囲は曖昧で個人によっても異なる。ある三世には、それは日系及び中国系アメリカ人のみを意味し、別の者はフィリピン系も含め、さらにえてしてコミュニティ活動に熱心な者は感情レベルにおいてでさえ朝鮮系、ベトナム系、モン系、サモワ系、インド系等の全ての「アジア系」集団を含める。「アジア系」や「オリエンタル」[3]という枠組が成長期にアイデンティティの一部として存在しなかった二世とは極めて対照的に、調査した三世の大多数は大抵中学時代から大学時代までの間に、一度は第一次的なエスニック・アイデンティティとしてアジア系アメリカ人意識を持ったことがあるという。このようなアイデンティティ化はほとんどの場合、他のアジア系アメリカ人、特に中国系アメリカ人、また場合によってはフィリピン系アメリカ人との交友関係や交際を通して育まれた。

第二節　アジア系アメリカ人運動——補償運動への序曲

一九六〇年代末、アジア系アメリカ人運動は、悪化するベトナム戦争と黒人運動に端を発するアメリカ社会におけるエスニック意識の高揚という社会闘争の中で生まれた。全国におけるアジア系アメリカ人運動の第一波は、一九六八年から六九年にかけてのサンフランシスコ州立大学とカリフォルニア大学バークレー校における第三世界ストライキから噴出したのであった。反戦運動、公民権運動、ブラック・パワーなどのアメリカ社会における社会革命の渦の中、アジア系アメリカ人は彼らの過去と現在、特にアメリカ社会における権力支配と世界的現象としてのアジア人の苦闘を再吟味したのであった。(4)

大学のキャンパスを拠点とした政治活動家達は、今や侮蔑的な言葉とされる「オリエンタル」や中国系、日系、フィリピン系といった個々に分離したカテゴリーに代わる言葉として、「アジア系アメリカ人」という語を用い始めた。この統合の動きの背景には、アジアでの歴史に根ざす敵対感情を相互に抱く旧世代から、アメリカ社会のマイノリティとして共通する社会的地位に目を向ける新世代への移行がある。またそれは「受身で」「おとなしく」「従順」という彼らに対するステレオタイプからの脱皮を意味していた。

　それは受身というオリエンタルのステレオタイプの拒絶であり、新しいアジア系――不正を見過ごさずそれに立ち向かう人々――の誕生を象徴している。イエロー・パワーの叫びは、我々が新しく踏み出した道の象徴であり、アジア系コミュニティという静かな回廊にこだましている。

（ラリー・クボタ、本名、Uyematsu 1971 : 11 より）

サンフランシスコ州立大学とカリフォルニア大学バークレー校を中心とするアジア系アメリカ人運動の結果、これらの大学においてアジア系アメリカ研究学科が開設され、その波は一気に西海岸の他の大学や短期大学に押し寄せた。

シアトルでは、運動はシアトル・セントラル・コミュニティ・カレッジとワシントン大学での各々のアジア系アメリカ人学生組織から始まった。ワシントン大学での学生組織であるアジア系学生連盟の前身は、一九七〇年春学期にケント（シアトル郊外の市）で起こったカンボジア反戦デモから誕生したものである。一九七一年冬学期までに、運動の焦点は大学側へのアジア系アメリカ研究学科の開設とアジア系アメリカ人教官及び管理担当者の雇用増大への要請に移った（Asian Student Coalition 1973: 7-8）。運動は時としてデモ行進や力の行使を伴う抵抗へと発展した。[5] 一九七一年初頭、シアトル・セントラル・コミュニティ・カレッジにおいて、運動家達はアジア系の管理担当者と教官の雇用増大を大学側に要求し、三カ月にわたる交渉の末、建物閉鎖に踏み切った。恣意的で差別的なアジア系アメリカ人に対する雇用慣行に抗議するデモの中、「アジア系を今すぐ!」がスローガンとなった。

〔一九六〇年代は〕アメリカがとても揺れに揺れた時で——公民権運動とか色々なことでね。僕自身も公民権運動に深く関わるようになり、ワシントン大学でアジア系連盟を創ったんですが、かなり過激な方でしたよ……。〔アジア系の〕教官の数を増やせと要求し、アジア研究学部を〔創設しろと〕要求し、アジア系の学生の数を増やせと要求し、次から次へと要求を打ち出したんです。我々はあまりにも比率的にいっても少ないから、全ての学問分野で増やしたかったんです。学部長のオフィスと寮に押し入ったんですよ。（ダン・ハヤシ）

これらの運動家や関心の高い市民らは、一九七二年、インターナショナル・ディストリクトに隣接するキングドーム・スタジアムの建設にも強い反対運動を繰り広げた。その建設によって多くのアジア系アメリカ人が居住する貧困者層の宿屋が閉鎖され取り壊されるからであった。運動の結果、インターナショナル・ディストリクトの保存と当地区における保健所の創設、また社会奉仕機関の設置が約束された。「イエロー・パワー」運動を基に数種のアジア系アメリカ人コミュニティ新聞の発行がスタートしたが、その初期における主たる新聞の一つ、『アジア系家族問題』は、アジア系諸集団から構成されるワシントン大学学生ら数名によって一九七一年に創刊された。この新聞は、特に(1)アジア系コミュニティに情報を提供する、(2)アジア系をコミュニティとして団結させる、(3)コミュニティの問題をアジア系コミュニティ以外にも投影させる、(4)コミュニティの政治的発言者としての役割を果たす、ことを目的とした（*Asian Family Affair* 1985 (14): 2-3）。

ブラック・パワー運動がアジア系アメリカ人運動と三世のアジア系アメリカ人アイデンティティの形成に及ぼし

た影響には、一般に認識される以上に多大なものがある。シアトルにおける独身三世のアイデンティティ模索を描いた映画『ベーコンヒル・ボーイズ』における登場人物の一人は、話し方や衣服の装い方において黒人男性を模倣する男性として描写されている。これは、戦闘的なタイプの三世がいかに黒人を手本とし自らの文化的伝統や人種に誇りを抱いたかを示している。リエ・アオヤマは彼女自身はまだ二〇代でありながら、三世の男性に対する共感と自己同一視について述べている。

アイデンティティを模索するのに、私達には手本となるものがなかったんです。だから黒人のすることを真似たんです。アジア系アメリカ人という全体的アイデンティティの中に黒人アイデンティティの部分があったんです。普通アジア系アメリカ人という時、黒人の経験の側面も備えているものです。（リエ・アオヤマ）

ダン・ハヤシは、学生運動やアジア系アメリカ人運動に深く関与していたが、黒人運動により彼がいかに政治的影響を受けたかを強調する。

黒人運動がなかったら我々もなかったでしょう。確かにそれを境に、自分が何者なのかわかるようになり、誇りに思い始めたんです。また政治的に戦闘的とさえ言っていいくらいとても攻撃的になり、我々が何なのか、我々は今や立ち上がり、もうこれ以上は許さないということを主張しようとしていたんです。（ダン・ハヤシ）

ブラック・パワー運動は他のエスニック運動、アメリカ社会におけるマイノリティ意識を覚醒させた。「イエロー・パワー」の爆発は、自らの文化的継承の喪失を代償にそれまで同化してきた白人アメリカ人流のアメリカ化への追従を拒絶することも意味した。

アメリカ化の過程において、アジア系は、常に——精神的にも肉体的にも——白人男性に変身しようと努めてきた。精神的には、自分達の言語、慣習、歴史、文化的価値観を捨てることにより白人男性の文化へ適応してきたのである。「アメリカ的生活様式」を受容したものの、それだけでは満たされないということを発見したので

ある。（Uyematsu 1971 : 10）

次に挙げるナンシー・マツダの経験はそのような急激なアイデンティティの転換を例示するものである。

〔高校時代に〕黒人がどんなに抑圧されてるか、そしてアジア系もどれだけ抑圧されてるか、わかったの。だから私にとっては、白人と親しくなりたがってたということから黒人やマイノリティと親しくなりたくなったっていう、一八〇度、全く逆になってしまってね。白人の友達に、私はあなた達とは違う、私には私のアイデンティティがあるのよってことをわかってもらおうとしたの……。〔大学では〕アジア系の友達とだけいつも一緒にいたわ。それはあたかも白人はもう一切結構っていうような、いわば私のある部分を完全に遮断して、アジア系とだけつきあいたいっていう、そんなのだった。当時の私はとても白人憎しっていう感じだった……。ある意味で、彼らが私を彼らみたいな人間にさせようとしたって裏切られたような気がしたの。でももちろんそれは彼らのせいじゃないのよね。それは私がアジア系として自分をたて直したくって、だから自分を白人から切り離すっていう、完全な一八〇度転換だったわけ。（ナンシー・マツダ）

三世のアイデンティティの探求は様々な形態をとっている。調査した三世の大多数は、大学でアジア系アメリカ研究の講義を取り、それによって彼らのルーツへの関心と文化的継承、エスニック集団の歴史に対する誇りが掻き立てられた。アジア系アメリカ人組織、アジア系アメリカ人コミュニティ新聞、あるいは他のボランティア活動を通し、アジア系コミュニティへの関与を選んだ者もいる。

アジア系アメリカ人運動はまた、アメリカ社会における社会的不正義や人種的抑圧を認識させ、それに立ち向かう闘争心を触発した。

これまでアジア系は、彼らを「三流市民」として抑圧し服従させてきた権力と闘うことを恐れてきた。しかしアジア系はもはやこのレイプと搾取を見過ごすわけにはいかない……。アジア系はアメリカの人種差別と抑圧という明白な傷跡を持つ被害者であり、闘争する充分な理由は常にあったのである。

（Asian Student Coalition 1973：5）

三世の間で一九六〇年代末から七〇年代初頭にかけて、彼らの文化的継承と歴史に対するエスニック意識や関心が広まり、その結果彼らは日系アメリカ人の強制収容や補償問題に意識を高めていった。「おとなしい」イメージの打破、白人アメリカ人流の「アメリカ化」の拒絶、人種差別や社会的不正義への抵抗という精神を強く掲げたアジア系アメリカ人運動の高揚の中、日系アメリカ人の強制収容問題は日系アメリカ人のみならず他のアジア系アメリカ人にとってもアジア系への人種差別と抑圧を最も象徴する歴史的事件として格好の題材を提供したのであった。

前述のシアトル・セントラル・コミュニティ・カレッジにおいては、一一〇〇人以上による署名の結果、アジア系アメリカ史の授業が開設され、日系アメリカ人の強制収容は、全てのアジア系アメリカ人の歴史の重要な側面として焦点となった。強制収容に対する認識を高めようとする努力はキャンパスを超えて広められ、アジア系アメリカ人学生組織は、強制収容問題に関し一連のコミュニティ・フォーラムを開催し始めた。一九七三年には早くも日系アメリカ人コミュニティのみならず中国系やフィリピン系コミュニティからも講演者を招き、約三〇〇人の観衆を集め、強制収容に関するフォーラムを組織している。一九七七年、三世の小さなグループがミネドカに収容所跡を訪れた。企画した三世は、あるアジア系アメリカ人コミュニティ新聞に彼の印象を次のように報告している。

……収容所跡を再び訪れた多くの人から話を聞いていた。誰もが口を揃えて古い監視塔以外には何も残っていないと言っていた……。しかしそれは全く違っていた‼　そこには物理的にも精神的にも、多くのものが、多くのことが残っていた。ただそこにいるということ、父や母が三五年前に立っていたその同じ場所に自分も立っているということ、それだけでも大変報いある経験であった。それは自分の両親や他の人がそこに強制的に住まわされたということに思いを馳せるものであった。

（アラン・スギヤマ、本名、*Asian Family Affair* 1977：(6)：2. 傍点は原文イタリックス）

エスニック意識の覚醒という社会的政治的気運の中で、未熟な形態ながら日系アメリカ人に対する補償という案がささやかれ始めた。ジャック・サカタは、若い運動家達が補償という考えを生み出した過程について次のように回想している。

それは……詳しく言うと私が取った黒人史の授業からヒントを得たもんなんです。黒人史の授業では、奴隷を解放した際、奴隷であったことへの補償として四〇エーカーの土地とラバ一頭を与えたというのです。補償案もそれに倣いました。それにアジア系アメリカ人運動の中で多くのことは黒人運動に派生しているんです。というのも、差別だとか色々なことが非常に似ていましたから。

（ジャック・サカタ）

これらの三世の運動家達は、JACLや他の組織が見せた金銭的補償の要求自体よりも、強制収容という歴史的事実と政府からそれに関して謝罪を受けていないということに対する意識を日系アメリカ人や他のアジア系アメリカ人の間で高めることに精力を注いだ。

しかしこれらの三世によるデモや他の政治活動に、日系アメリカ人の古い世代は必ずしも肯定的な反応を示さなかった。

彼らは我々のことを気でも狂ってると思ってました……。色々な団体に行って話をして……。彼らはなぜ私がこんなことをするのか――つまり日系アメリカ人に恥をかかすようなことをするのか――と全く当惑した様子でした。だから、恥というならそれは既に収容体験や差別によって日系アメリカ人にもたらされており、私はただ我々が抱える問題の解決を呼びかけているだけなのだ、と言ったんです。他のグループもとても支援してくれましたが、一般の人々は我々が気でも狂っているかのように考えたのです……。自分達は間違ってないと確信してたので続けましたけどね。そして続けることによって随分大きな影響を与えたと思いますよ……。

補償問題は、この国に差別が存在することをはっきりと指し示すことのできる問題になったんです。というのも、日系アメリカ人やアジア系アメリカ人は除いて、あまりにも多くの人がそんな人種差別が実際に生じたということを信じようとさえしなかったからです……。初めの頃私はただアイデンティティ、つまり日系アメリカ人という自分は一体何なのかということについて話してました。強制収容はいつも話題にしていた問題だったんです。そしてこのアメリカで起こったことについて、かなりの時間を割いて話しました。人々を隔離したのはこのアメリカだということ、自らの市民からの〔経済的〕競争を望まなかったのはこのアメリカだということ――だからそれはアメリカにおける人種差別の最たる例の一つとして使われたんです。それによってアジア系運動の発展が促されたし、また逆にアジア系運動によって補償運動は発展したのです。（ジャック・サカタ）

これはシアトルの三世に特有の現象ではない。カリフォルニアに拠点を置くNCRRのリリアン・ナカノ（本名）は、それまでコミュニティに無関心であった彼女が運動の過程でいかにコミュニティへの関与を深めていったかについて述べている。

運動を通して私はジャパンタウン（日本町）の観光客用の商店やレストランのきらびやかさだけではない、別の新たな側面を知りました……。このコミュニティに自分も属することに誇りを感じました……。同時に、自分の過去と、そしていかに強制収容後の日系アメリカ人の分散によって引き起こされた剝奪や隔離がずっと今日まで我々に影響を与えてきたかを回顧させられました。過去を再吟味することによって「二世の経験」の抑圧、恐怖、疎外、「同化するか否か」の問題、「ガマン」――これらのそれまで抑圧されてきたものが泥沼の中から蘇ってきたのです。次第にジグゾウパズルのようにバラバラだったものが一つ一つ形となって表れ始めたのです。（リリアン・ナカノ、本名、Cruz, Nakano *et al.* 1982 : 27–28）

三世の学生組織が煽動したアジア系アメリカ人運動に刺激され、エスニック意識と自らの文化的継承や歴史への関心の高まりは、次第に日系アメリカ人コミュニティにも浸透し、後の補償運動の社会的基盤を築くことになる。

第三節　結　論

一世、二世、三世という日系アメリカ人の三世代は、しばしば日本文化とアメリカ文化を両極に持つ直線的な連続体の中に位置づけられる。なまりのない滑らかな英語を話し、白人アメリカ人と類似した行動様式を示す三世は、同化し、日系と特徴づける文化的特性を殆ど維持していないかのように見える。先の二世代に比し、彼らの文化変容とアメリカ社会への同化が極めて進行していることに疑いの余地はない。

しかしながら、いかに三世の同化が進行しているかのように見えても、家庭やコミュニティを含む彼らが生育した環境や彼らが該当するエスニック集団の構成員として経てきた経験が、大幅に白人アメリカ人や他のマイノリティと異なるものであることは、強調すべき点である。三世もまた二世の経験ほど深刻ではないものの、何らかの形の人種差別や偏見を経験しており、それは充分に彼らにエスニック背景における他との相違を認識させるものであった。三世は彼らのアイデンティティと社会における依り所を懸命に探求しようとしてきた。三世はまた両親やコミュニティから彼らの民族的継承と白人アメリカ人に関して二重のメッセージを受けてきた。三世が日本語を話さず、両親から日本について殆ど教わらず、学校や職場での成功を奨励されてきたその背景には、強制立ち退きと強制収容で極限に達した排斥や人種差別という歴史の重みがある。彼らの文化的継承を抑圧する源となった歴史の重みが。

多くの三世におけるアジア系アメリカ人としての意識は、二世とは極めて対照的な現象である。この現象はいくつかの要因に基づくと思われる。すなわち、(1)人種・エスニック集団の上で多様な学校や近隣区における他のアジア系エスニック集団（殆どの場合中国系で、フィリピン系も多少含まれるが）との親しい交友関係、(2)全てのアジア系集団を一カテゴリーとし、ステレオタイプ的なイメージでもって主流社会によって引かれた外側からの境界、(3)黒人運動から多大な影響を受けたアジア系アメリカ人運動、である。アジア系アメリカ人アイデンティティは、政治的状況の中で最も明瞭に形をなすが、多くの三世におけるそのようなアイデンティティの形成は政治的状況に基づく用具的作用に限定されず、より原初的で非合理的な感情にも根ざすものである。三世は、両親の他のエスニック集団に対する感情を耳にしながらも、それに支配されることなく、他の集団に対して彼ら独自の交友形態や感情を築いており、それは彼らの前の世代や他のアメリカ人とは異なる、三世独自の経験である。

「イエロー・パワー」の叫びは、白人アメリカ人流の「アメリカ化」への意識的無意識的追従や、文化的継承の喪失、自集団の歴史に関する知識の欠如をアジア系アメリカ人自身が認識したところからエネルギーを得て爆発した。これらのアジア系アメリカ人の青年は、ステレオタイプとは対照的に沈黙を破り、人種的抑圧やアメリカにおけるマイノリティとしての彼らの歴史を再吟味し始めたのであった。社会的不正義、アメリカにおけるアジア系アメリカ人の経験、そしてエスニック・アイデンティティの問題を含む、強制立ち退き・強制収容に対して、補償運動が芽生え発展したのは、まさにこの土壌であったのである。

次章では再び補償運動に焦点を向け、補償運動の全過程の中でそれが如何に二世、三世のエスニック・アイデンティティに影響をもたらしたかについて明らかにしてみたい。

第五章
過去と現在の再解釈
——補償運動の影響

『アジア系家族問題』の三世スタッフ，ミネドカを訪ねる（1977年）
写真提供：アラン・スギヤマ

1978年の追憶の日における立ち退きの再現，
身分番号札をつける二世
写真提供：マーガレット・ヤナギマチ

同追憶の日の会場ステージ
写真提供：マーガレット・ヤナギマチ

はじめに

一九七〇年代初頭、公民権運動やマイノリティ運動が実を結びつつある社会的状況下、日系アメリカ人の第二次世界大戦中の強制立ち退き・強制収容に対する補償請求運動は始まった。補償運動は日系アメリカ人が彼らの過去と現在を再定義する上で重要な役割を果たしてきた。第三章、第四章は、エスニック・アイデンティティに関わる二世、三世のそれぞれの生活体験や感情を中心に記したが、本章ではこの二世代が合流し、強制収容に関する世代間の対話、補償運動及び補償関連行事への反応、二世代間における補償運動の影響の相違について探ることとする。

第一節　世代間の対話の始まり

第三章で論じたように、多くの二世は強制収容について語ることを避けていた。収容所の話題が上がるとすれば、それは通常友人との楽しい記憶やその他の肯定的側面に纏わるものであり、自らの人生のこの衝撃的な、しかし重要な部分を、子供達にすら語ろうとはしなかった。二世は、三世は一般的に強制収容に無関心であり、従って彼らに過去の体験を語る必要を感じないと言う。ジョージ・サイトウは「子供達が何の興味も示さないのに、無理に聞かせようとは思わない」と語る。これは強制収容をめぐっての子供との会話に関する二世の典型的な態度である。驚くべきことに、補償運動において指導的地位にある二世でさえ、その多くが家庭では強制収容に関して子供と殆ど会話を持ったことがないという。

それゆえ少なからぬ三世が、本や映画、親戚の話によって強制収容の事実を「発見」するまで、彼らの両親の体験や自らのエスニック集団の歴史的事実を知ることがなかった。三世が強制収容に関して問う時、その世代間の対話の始まりは、「ママもそういうキャンプにいたの？」「パパ、パパもキャンプにいたの？」「そうだよ」と極めて抑制された形であった。

下の娘が『マンザナールよ、さらば』(1)を見てた時でした。当時確か六歳か七歳だったですね。映画の中の女の子に自分を投影してたんでしょうねえ、泣いたり笑ったりして。映画が終ると聞くんです、「お父さんもお母さんもこういうキャンプにいたの」と。(リチャード・アズマ)

また三世の中には、両親の日常会話に時折登場する「キャンプ」という語に馴染みのあった者もいるが、大抵の場合それは表面的に軽く触れられるだけであった。幼少期から両親の会話で「キャンプ」を耳にしていた三世の中でも、それが「サマー・キャンプ」を指すと思った者も少なくない。「キャンプ」の真の意味を理解するに至ったのは、中学・高校や大学入学後であった。アリス・セガワは「ジャップ」という蔑称や「パールハーバー」に関しては把握していたし、彼女の父が持つ四四二部隊での勲章により強制収容の存在についても無知ではなかった。しかし彼女が高校で「キャンプ」の実態を初めて発見した時の心境は、それ以前とは全く異なるものであった。

そう、あの時、恐怖で潰されそうになったんです。ことごとく打ちのめされて、もう一行たりとも読めなくなって。一頁ほど読んだだけで本を閉じずにいられなくなったんです。というのも父や母がいうキャンプとは強制収容のキャンプのことだと知って、ただただ混乱し、煮えくり返るほど腹が立ったんです。(アリス・セガワ)

強制収容の事実を知り、三世はその歴史的事実に衝撃を受けたのみならず、真実をそれまで語らなかった両親に対しても憤りを覚える。

一五歳の頃だった。友達の家でご両親の蔵書を見ていて、『市民一三――』何とか……という本を見つけて[2]……。そんなことが実際歴史上起こったということだけでなく、両親がそれまで全く話してくれなかったことにとても腹をたてて家に帰ったのを覚えてる……。それで家に帰って母に怒りをぶつけてね。一二万人の人が収容所に行くのにただじっとしていたのか、どうしてそれまで私に教えてくれなかったのかって。母は時代が変わったし、私に〔収容所が〕どういうものか理解できないだろうと思ったからだと言ったけれど。（キャシー・ハシモト）

ハヤシの家では、収容体験の話題は忌避されていた。この問題に関する二世、三世の親子の典型として、ミキ・ハヤシと彼女の息子、ダン・ハヤシは、それぞれの筆者とのインタビューにおいて互いの会話に対する感情を語っているが、そこには微妙な視点の食い違いが見られる。

子供達は〔強制収容には〕関心がないわ。あの子達は完全な白人地域や白人の環境で大きくなったでしょ。だからエスニックなものには全然興味を示さないの。私は子育てに追われて忙しくって。うちの人とも収容所のことは決して話さなかった。ただただ生活に追われてね。（ミキ・ハヤシ）

ミキ・ハヤシによると、黒人運動台頭後、彼女の子供達は強制収容について知り憤慨したという。

子供達、学校で発表させられて、強制立ち退きのこと、もっとオープンに感情を表すようになったわね。でも私は避けてた。うちの人もそうよ。〔子供達が色々聞き始めたけれど〕でも答えたことはなかったと思う。とにかく完全に遮断してたの。決してそのことに触れなかった。決して触れられなかったのよ。（ミキ・ハヤシ）

彼女の息子、ダン・ハヤシは強制収容に対する会話の欠如について、母とは異なった見方を示す。

うちの家族では、キャンプについて決して話し合ったりはしませんでしたね。父も母も僕に、決して腰をかけて、「いいかいダン、キャンプっていうのはこういうものだったんだよ」などと言ったりはしませんでしたね。父や母は絶対そういうことはしませんでした。ある意味で、両親が自分達の体験について僕に語るのは義務だと思ったし、そうすれば僕だって両親をより理解できて自分自身のこともまたもっと理解できるのに、と思ったんです。だから腹が立ちましたね。でも、それが父や母にとって苦痛を伴うものだということもよくわかってましたから、だから何か聞いたりはしたけれど、自分にそうする権利はないと思ったんで無理に強いたりはしなかったんですが。

（ダン・ハヤシ）

興味深いことにも、二世は、三世が質問しないことは無関心の証拠であると解釈し、他方三世は、両親への配慮から強制収容について尋ねることを抑制したのだと言う。強制収容についてオープンに議論したという数少ない家族を除き、ここに世代間の認識のズレが存在する。強制収容に関する情報の不足と家族やコミュニティでの沈黙は、ダン・ハヤシに彼の成長期、強制収容について恥の意識を植え付けた。

運動の前は、実際別扱いをされたということと自分の両親が日系人だからという理由で強制収容所にいたことについて、恥ずかしいという思いが大いにあったと思いますよ……。私たち［日系人］が収容所にいたこと、そして誰もそのことについて語りたがらなかったということ自体に、何か恥ずべきものがあるのだと感じたわけなんです。

（ダン・ハヤシ）

ゲアリー・タナカもまた、強制収容によりスティグマ化されたエスニシティについて語る。

それはコミュニティにとって、恥ずかしい大きな染みなんです。三世にとっても同じことです。白人アメリカ人に「御両親は収容所にいたんですか」、それで、「どんなのだったんですか」と聞かれると、僕はプライベートなことだから話したくないと思い始めるんです。両親が刑務所に放り込まれた――それは「両親は監獄にいたんです。一人は窃盗で、もう一人は殺人でね」と言うようなもんです。なぜ両親や親戚が収容所に行かなくてはならなかったかを説明するのに、同じようなプロセスを辿らなくてはなりませんからね。同じようなスティグマですよ。けれど、この場合それをさらに拡大しているのは、それが両親だけではなくて、祖父や祖母、叔父、叔母、友人、全ての人が、みんながそこにいたということです。それも一日や二日のことではなく、何年もの間。

（ゲアリー・タナカ）

このような、捕われの身の「囚人」であった両親の過去に対して恥の意識を抱くという感情は、一部の三世に共有されている。マリアン・ノムラは、白人の友人と強制収容や補償について腹蔵なく語り合うが、彼女の父が徴兵拒否で投獄されたことは黙するという。ノムラは、戦時中の父の勇気ある行動に尊敬を示しながらも、同時に「正直言って、父が刑務所に行ったということを幾分恥ずかしく思う気持ちもあるんです」とも語っている。

対照的にキャロル・ナミキは、個人的な恥の意識やスティグマの感情を否定する。彼女はそれは彼女の母が強制立ち退きの直前、中西部に自主的に移動して収容体験を回避したことによると説明する。[3] キャロル・ナミキが三世の立場から指摘する彼女の母の優越感は、多くの二世が語る自尊心の低さや、また一部の三世が語る両親や自集団の経験に対する恥意識とは対照をなす点で極めて興味深い。

これは私が思うことなんですが、母は収容所に行かなかったんで収容所に行ったというスティグマを感じてなくて、だから私達もそういうものを譲り受けなかったんです。母は自分が収容所に行かなかったから優越感を持っているのかも知れません……。それはアフリカから来た黒人がアメリカの黒人が経験した奴隷制への服従経験を自分達は持っていないことに対する感情と同類のものだと思います。だからそういう経験をしなかったということ、そういう経験から免れたということに対して少し優越感があるんだと思います……。母がそのことを認めたことはないんですが、そういう風に私は感じるんです。

（キャロル・ナミキ）

強制収容に纏わる恥の意識を語る三世もいる一方、大半の三世は恥より政府の不正義とアメリカ社会の人種差別に対して怒りを強く感じるという。

何と言っていいのかわからないんですが、とても深い怒りだったんです。それがどこに向けられた怒りだったのかも自分ではよくわかりません。政府に対してだけというものではなく、壁のような白人の人種差別に対しての怒りなんです。一般化された怒りだったんです。というのも、それまで強制収容について言われてきた片鱗の一つ一つが全て急に理解できたからです――両親が私に、なぜある程度までしか信頼するなとか、距離を置けと言ったのか、なぜ私の白人の友人が仕事に就けて私は就けなかったのか、なぜ私達がパールハーバーのことを責められるのか――そしてなぜそもそもこういう話題がずっと埋められていたのか。祖父母は何もかも無くして一からやり直さなければならなかった――。こういう小さな断片で知ってはいたけれど、急にそれがはっきりとわかって、私は気も狂わんばかりの怒りを覚えたのです。（アリス・セガワ）

しかしアキモトの家では、ブルース・アキモトによると、父と強制収容に関する会話を交わした後、彼の怒りは収まったという。

ドイツ系や他の人達は収容されなかったのに日系人だけ収容所に入れられた、そのことに腹が立って。で両親に話すと……彼らの強制収容に対する態度は、それはもう済んだことで僕や僕の世代が何かできるというものではない。それは既に終わった、歴史となったことで、僕がそれに対して腹を立てたり、心配したりする理由は全くない、両親は僕に、彼らに起こった、もう済んでしまったことを心配するよりも自分の人生に集中しろと言いたかったんです。（ブルース・アキモト）

彼の父、トシ・アキモトは自分が事業を失ったことを息子に述べているが、ブルースはそれ以上は知らない。

子供達は、収容体験については無知といってもいいですね。そういうことについては話しませんから。それに関心があるとも思えませんしね。第一、尋ねもしませんよ。時々なぜ私が反対しなかったのかと聞くんです……。だけど私はその頃まだ敵性外国人だったから、反対できなかったんです。だから、うちの家族では「そのことは」話さないんですよ。（トシ・アキモト）

ブルースによれば、彼の父はコミュニティに留まり人種差別的迫害を受けるよりは収容所にいたほうが安全だったと言い、否定的側面よりも肯定的側面を強調するという。この父と息子の会話は、強制収容に関し特別強い感情を抱かず補償問題にも多少の興味しか持たない、少数ながらもう一つの典型的な家族を代表するものである。

特に世代間の対話が始まった初期に親子の間でしばしば持ち上がった話題の一つは、なぜ二世が立ち退き命令に抵抗しなかったかをめぐるものであった。価値観や行動様式において文化変容をきたし、マイノリティとしての経験も二世のそれとは著しく異なる三世にとって、それは不可解であった。

ここ〔この国〕に生まれたんだから、僕だったら少なくとも抗議したと思うね。暴力に訴えなくても、少なくとも「憲法にこう書いてあるじゃないか」とぐらいは……。彼らはああいう風に行動すべきではなかったと思う。でも今事情がわかって、どうしてそうしたのか今は理解できるけれど。（スティーヴ・コンドウ）

今日情報が増え、より多くの三世は二世の一九四二年当時おかれた歴史的状況に対する理解を深めている。しかし特にこの質問は二世の気に障るもので、実際大多数の二世が三世によるこの問いに不満を漏らす。「若い人達はどうして抵抗しなかったのかと聞くけれど」とリチャード・アズマは言う。「けど、銃や何もかも奪われて一体何が出来るというんですか」。三世のこの問いは、二世の収容体験や感情に対する三世の無理解を示すものと二世には受け止められている。

しかし、フランク・ナリタやハリー・タナベのように強制収容や補償問題を明るみに出した三世の努力を高く評価する二世も多くいる。事実、二世の長年の尻込みに苛立ちを覚えた経験を持つ補償運動の二世の指導者は、三世はこの問題に関し二世よりも理解を示すと主張する。

こういうの〔補償問題〕を生みだしたのは二世です……。でも二世の殆どは、まだこの「そんなのは埋めてしまおう。波風を立てるな」っていう態度だったんですね……。私が思うには、二世の一〇%が補償運動を支持し、九〇％は反対でした。……突如としてこういうことが三世に広まり、三世の五〇％がそれを支持するようになったんです。一〇％の二世と少なくとも五〇％の三世が、我々は少なくとも闘うべきだ、簡単に諦めたりするべきではない、とみんなを説得し始めたんです。けれど三世はこのことに関して大きな力を提供したと言えると思いますよ。

（フランク・ナリタ）

三世は二世よりもよく理解していると思いますね。彼らの考え方の方が少し進んでいる。二世の頭は色々なことでごちゃごちゃになっていて、ひどく洗脳されているんですよ。だからそういうことをきれいに元通りにするには一世代はかかるでしょうね。

（ハリー・タナベ）

強制収容に関する親子の対話が始まった時期は、家族によって様々である。上の例で記した通り、三世の中には家族以外から収容について教わり両親に問題を持ちかけた者もいるし、また他の三世は両親の会話を耳にし強制収容について知った。(4) しかし二世も三世も、補償運動の開始後、二世の収容経験に関する話題が質量共に増えたことに関しては意見が一致している。

第二節　補償運動における関連行事への反応

補償が実現した今、多くの二世は当初から補償案を支持したと語るが、初期の活動家たちによると必ずしもそうではないという。支持者は一握りに過ぎず、「波風をたてるな」「今ごろ昔の悪い思い出をぶり返すな」というのが典型的反応であった。これは、一九七〇年JACLの全国大会で補償案が提出され、一九七三年にシアトルのヘンリー・ミヤタケ（本名）が具体案を発表してから一九八八年に補償法案が通過するまで、一五年以上の歳月を要した事実にも反映されている。この間日系アメリカ人は、彼らのエスニック・アイデンティティ、強制収容への感情、世代間関係、補償運動と関連する規範や価値観において、大きな変化を示してきた。

第二章で論じたように、一九七八年の第一回の追憶の日は、強制立ち退きのドラマティックな再現により、二世の中に長く埋められた記憶を触発し、日系アメリカ人に強制収容を語らしめる重要な扉を開いた。追憶の日は、強制収容や補償に強い関心を寄せ、シアトルの補償運動の指導者達に接近した中国系アメリカ人劇作家と数人の三世によって企画されたものであるが、その三世の一人、ジョー・フキアイは、それを企画した当時を次のように振り返る。

彼［中国系アメリカ人劇作家］に刺激されてね。彼が言うには、「日系アメリカ人の歴史が語られないなら日系アメリカ人の芸術などあり得ない。補償を失うことは歴史を失うことなんだ。もしシアトルの人達が強制収容での不正義に対する認知を得られなければ、過ちの認知の象徴として何らかの支払いを受けることが出来なければ、そうでなければ、強制収容は正当だった、二世は喜んで協力したのだという神話が出来上がってしまう。そうなれば芸術家は真実に基づいて劇を作ったり本を書いたり出来なくなってしまうんだ。誰も信じてくれないだろうからね」と。僕は「これは自分をはるかに超えたとてつもなく大きなことだ。自分の全精力をこれにかけてみよう」と思ったんです。

（ジョー・フキアイ）

イベントの企画者や運動家達にとって、予想をはるかに上回るコミュニティの大きな反響を目の当たりにしたのは驚きでもあり、感動でもあった。

それを企画した時、一体何人やって来るだろうって話してたんだよ、実は。もし一〇〇人でも集まればいい方だろうってね。スタジアムに行って車の列を見た時、「これは——何て素晴らしいんだろう！」と思った。「こいつら、やっとその気になったんだ！」と。目の前の大きな群衆を信じることが出来なくてね。それは本当に目を見張るばかりの出来事だった。

（ジョン・オオキ、二世）

調査対象者の二世や三世の中には、現場にいた多くの白人アメリカ人や他のマイノリティの参加について触れる者もある。例えばハリー・タナベは、ピュヤラップ会場まで白人アメリカ人の友人に送られたが、それは立ち退き時、白人アメリカ人の役人が日系人を収容所へ連れていった時に見せた「敵意」に満ちた態度とは余りにも対照的な経験であった。これはある意味で一般的人種関係の変化を象徴するものであり、一九四二年時との重要な相違の一つである。

収容所の状況を実際に擬似体験した三世にとってもこの行事は感動的であった。

僕が大きな衝撃を受けたのはピュヤラップ会場でのことでしたね。そこには実際に生活用具なんかを展示してあって、模型やバラックの部屋などが取り付けられててね。一家族の住んでいた広さはまるで――僕には考えられないんですが――小さい小さい居間みたいだったんです。話には聞いていたけれど実際の展示を見ると信じられないものだった。この時から僕は強制収容のことを真剣に考えるようになったんです。（ポール・タケイ）

この儀礼的な行事は、参加者の間に一体感を生みだし、強制収容所以来未曽有の二〇〇〇人にも及ぶ日系アメリカ人が非日系と共に一ヵ所に集い、体験を共にするものとなった。会場では一世や二世は収容所時代の旧友に再会し、それによってさらに彼らの過去の記憶は蘇った。行事への参加のみならず、両親の反応を見、また人々が長く埋もれていた問題に精力的に取り組むのを目にし、三世は大きな感動を味わう。

多くの人が泣いていて、感動で胸が一杯になったんでしょうねえ。しかし、僕の経験は恐らく他の人とは随分違ったものだったと思いますよ。僕はとても力強く、僕達みんながそこにいることをとても嬉しく思ったんです……。あの行事によって、もっとあんなことが公になるように、人々に体験について語ってもらうために、もっと多くのことを知るために、人々と力を合わせてやっていきたいという動機が決定的に芽生えてね。それはある種のカタルシスのようなものだったんです。追憶の日が人々に語ることを許したんです……。だからコミュニテ

ィとして、僕達に――それはとても精神療法的な役割を果たしたんです。（ダン・ハヤシ）

参加した調査対象者の三世の大半は、この時の感動を同様に語っている。しかし、ナンシー・マツダは強制収容を知らない世代、三世としてのある種の「部外者」としての経験を述べる。

私が覚えているのは、「いいものはみんな奪われて、最小限の楽しみしか与えられなかった」って驚いたこと。そして収容所の写真、鉄条網――「まあ、本当にそんなもの必要だったのかしら」と……。長年抑圧されていた記憶を喚起されて二世が感じていたことを、三世として十分に理解することも感じることも出来ず、部外者のように感じてね。私自身日系なんだけれど、経験したことがないわけでしょ……だからそこにいたけれどそこにいなかったような、そんな感情だった。（ナンシー・マツダ）

参加した多くの二世と三世は、補償運動の全過程において最も忘れ難い日の一つとしてこの第一回追憶の日を挙げている。しかし、ピュヤラップに纏わる記憶があまりにも心の痛みを伴い、会場に足を向けることが出来なかった一世や二世もいた。

ピュヤラップへの車の行進があった時、叔父が丁度アラスカから来てたんだけど、私はこの行進をとても心待ちにしていて叔父にも一緒に行って欲しかったもんだから、「どうしてお母さんや私と一緒にピュヤラップに行かないの」と尋ねたら、そしたら叔父は私のこと、まるで気でも狂っているかのように見つめてこう言うの。「冗談言うな。ピュヤラップには一回行った。一回で十分だ。あんなとこ、もう二度と見たくもない」。（キャシー・ハシモト）

追憶の日は、補償運動の一つの方向を定め、以後運動の中心的伝統行事となった。しかし、補償運動の全過程において日系アメリカ人コミュニティ内外の幅広い層にインパクトを与えたのは、一九八一年に行われた「戦時民間人転住・収容に関する委員会」の公聴会であり、シアトルでは一五〇人以上の人々が証言した。これらのうち、約八〇人はシアトルを含むキング郡に居住する日系アメリカ人であった。公聴会は日系アメリカ人コミュニティ全体の注目を集め、収容体験者の生の体験談に触れる機会を与えた。これらの証人が長年の知己や親戚にも秘密にしていた体験談をマイクの前で溢れるごとく公に語るといった、衝撃的ドラマが連日繰り広げられたのである。カナ・オチアイは、公聴会を見て触発され、初めて親しい友人や親戚と戦時中の個人的体験や深い心理的感情をわかち合ったという。

沢山の二世が証言して個人的な体験談を話してましたでしょ。それで私達の間でもある日何人か集まって……コーヒーを飲んでたんですけど、そのうち個人的な体験談やその時どう思ったとか、色々話が始まりましてね。姉は看護学校に通っていた時の経験について語り、他の人は父親が連行され、母親がどのようにそれに対処し、みんなどういう風に感じたか、また彼女の中国系の友人が中国系だというバッジを付けた時どういうふうに感じたかとか。当時起こったこと、非常に傷つけられたこと、いろんなこと、話し始めましてね。そういうことをお互いにわかち合い始めたんですのよ。みんなお互いに色々話しました、涙で声を詰まらせながら。人によって経験は違います、でもみんな心に痛手を受けた類のものでしたわ。

（カナ・オチアイ）

立ち退き以前に軍に召集されたイチロウ・マツダは、躊躇の末証言したが、証言することによりいかに自らが「生まれ変わった」か、いかに彼の自尊心やエスニック・アイデンティティが変化したかを強調する。

〔公聴会で〕証言した時まではですね、自分の人種や文化的背景にコンプレックスを感じていたんです……。でも証言した後そのコンプレックスは心の中から掃きだされ、新しく生まれ変わったように感じましてね。再び生きるすばらしさを感じたんです。今までの重荷が肩からすーっとおりて、心の中が空っぽになるのを感じたんです。四〇年近くの精神的重圧の後、偏見、差別、収容、汚名や苦悩が体の外へと出て行ったんですよ。それで心が洗われたように気分になったんです。

（イチロウ・マツダ）

二世はそれ以前、ある一定のレベル以上は収容生活について語ろうとしなかったが、「個人的に話さなくても、〔こうやって〕公にこの問題はでてきたんです」とイチロウ・マツダは言う。

証言を通して、三世は初めて多くの一世や二世の体験談を耳にし、感情の吐露を目撃した。二世にとって公聴会の最大の意味がセラピー的、カタルシス的な心の浄化にあるならば、三世にとってのそれは二世の示した勇気を賞賛する自集団に対する誇りであった。

それは語ることによって忘れるというカタルシスだったわ。だからこのカタルシスの一部に自分も関わってい る気がして、勇敢にも立ち上がって体験を語る、その人達の体験談を聞くことが出来て、何だか誇りに思えて ……。〔そこで語られた話は〕彼らにとってはとても苦痛でプライベートなことだったでしょ。それなのに敢え てやったんですもの。そういう経験ができてすごく感激したの。（スーザン・オチアイ）

恐らくそれ〔公聴会〕によって彼らの勇気や強さに一層敬服するようになったんです。つまり何十年もの歳月 の後、公の場に進み出て、これは過ちであったと訴えるその勇気と強さに。（デーヴィッド・ハヤマ）

公聴会は全米の諸都市で開かれたが、マスメディアを通して日系アメリカ社会だけでなく一般社会にまで及んだその影響力は、補償がアメリカ社会の問題であることを認識させ社会的に啓蒙するのに大きな役割を果たした。

追憶の日や公聴会は、二世が収容体験について語る道を切り開いたが、劇や映画、シアトル公立学校による日系元職員への補償など、他の関連行事も深い印象を与えている。

ゴードン・ヒラバヤシ（本名）の裁判もまた、コミュニティの大きな関心事であった。ジェニー・ミヤガワによれば、それは当時「誰にとっても一番の話題」であったという。裁判を通して、元シアトル市民のヒラバヤシは、「おとなしく」「従順」という二世や日系アメリカ人に付与されたステレオタイプを打破し、補償運動における模範として二世や三世を鼓舞する結果となった。

〔ヒラバヤシが〕していることにとても誇りを感じてました。それによって本当に三世は、少なくとも自分は、誇りというか、自尊心というか、得ることが出来たんです。立ち上がって公然と他の人と違った意見を言っても大丈夫なのだということを。〔ヒラバヤシの訴訟の時は〕僕たちの殆どにとって、本当に重要な意味をもった時だったんです。それからですね、補償運動が形を成して、一直線に前進し始めたのは。（ダン・ハヤシ、三世）

私に言わせれば、我々日系アメリカ人は明治文化の産物ですよ。一つ否定的なことと言えば、「ハズカシイ」という概念が余りにも強すぎて決して目立つ行為をとらないということ……。ゴードン・ヒラバヤシがあした時、みんな後ずさりして彼は孤立無援になった。彼はパイオニアの一人です。私は彼に感謝していますよ。彼は正しかったんです。本当に何て素晴らしいことをやってくれたんでしょう。（フランク・ナリタ、二世）

補償請求案は日系アメリカ人コミュニティ内部でも大きな反発を引き起こしたが、さらにその上金銭的補償という考え方は、「我々の文化にはない」（ヘレン・カゲシタ）もので二世の支持獲得に難航した。運動の後半には、当初難色を示していた二世も含め二世や三世の圧倒的大多数が補償支持にまわった。しかし補償法案通過後でさえ金銭的補償の考えに納得を示さない者もいる。トシ・アキモトは、彼自身の大きな経済的損失にもかかわらず、彼が強い帰属意識を持つ国としてのアメリカに負担をかける行為には賛同できないと考えている。

ある時ふと思ったんですがね……。「もし我々がこれで何かを得ようものなら、黒人やインディアンも何らかの権利を持つだろう。そしてもし彼らが権利を持てば、この国は混乱し、何の決着もみないことになるだろう」ってね……。

私は合衆国政府には何の不満もありませんよ。不正義で差別的な法律はあるが、改正しようと努力しているし――。自分は合衆国政府を担う一員だという意識がありましてね。投票して自分の意見を表すし、満足してるんです。アメリカ政府をたたくようなマネはしたくないですね。合衆国はそれはすばらしい国ですよ。〔補償なん

て」自分に税金をかけるようなもんです。（トシ・アキモト）

日系アメリカ人の中には，特に運動初期，金銭的補償は収容体験の意味を安っぽくすると考えた者もいた。

僕は賛成できませんでしたね。済んでしまったことをお金で元どおりにすることはできないんですよ……。お金がほしい人や何もないよりはマシだとお金を受け取りたがる人を非難するつもりはないけれど，この問題は二万ドルよりもはるかに大きいんです。これはまるでアメリカが罪悪感を売ったり買ったりしているみたいだ。金を与えることで罪から免れようとしているみたいだ。それでは本当に安っぽすぎる……。こんな風に感じている人が少ないのは知っているけれど，僕はそう思っています。（スコット・イイヅカ，三世）

しかし大半の日系アメリカ人は，金銭は実質的損害から比すれば象徴的意味しかもたないが，訴訟を起こし損害に対し金銭的賠償を要求する形はアメリカ的方法であり，また同じ過失の繰り返しを防ぐためにも最も有効な方法であると主張する。

私が思うには，公聴会の時からかしら，大きな問題になったのは。色んな人の証言や色んな悲しい話を聞いていた時に，「ハクジン」が新聞社に手紙を書いて……「自業自得だ」って書いてるじゃありませんか。読めば読むほど，聞けば聞くほど，ますます腹がたってきて。それで謝罪だけでは不十分だってことがわかったんです……。ああいうことを言うんでは，〔金銭的補償を得ることは〕我々がどんなに苦しんだかを一般の人々に知らしめる唯一の方法だということを認識し始めたんです。お金の額じゃありませんよ。原則の問題です。（スミ・ハシモト，二世）

この金銭的賠償に関してはトシ・アキモトやスコット・イイヅカのような一部の例外を除き，コミュニティで意見の一致が見られるが，それ以外のレベルでは個々人の重視する課題は十人十色である。補償法案の通過後，キャロル・ナミキ（三世）は現実の予算配分を憂慮し，マリアン・ノムラ（三世）は補償金受領者による強制収容や人種差別に関する社会教育への寄付を望み、(5) デーヴィッド・ハヤマ（三世）は日系アメリカ人やアジア系アメリカ人にとって次の重要なステップである、現存の人種差別主義との闘争の必要性を強調する。

〔確かに補償は〕素晴らしい、大きな勝利ですよ……。象徴という点から言えば、そう、恐らく日系アメリカ人の歴史のその部分に終焉を告げるという意味からすればね……。父や母は、彼らは恐らく名誉が回復されて満足して、安心して墓場に行くことができるでしょう……。でも僕達は、今日今いる僕達はどうかと言えば、この国はまだ平等ではない。徐々に平等化しつつあるけれど、それは日系アメリカ人や他のアジア系アメリカ人、他のマイノリティを除いてのこと。平等な正義ということからはまだまだほど遠い。だからこれで安心するわけにはいかないんですよ。これが最後のステップじゃないんです。（デーヴィッド・ハヤマ）

しかし、全ての三世が補償の予算配分や、人種差別、不正義の問題を真剣に対処すべき問題として捉えているわけではない。コンドウは、彼の母が金銭的補償を受けることには喜びを表しているが、トシ・アキモトと同様、他のマイノリティによる要求や増税の可能性を心配する。

レーガンが法案に署名した時、別に僕がお金を受け取るわけじゃないから特に嬉しいとは思わなかった。完全にアカデミックな問題として、経済問題みたいに「この国はそれでやっていけるんだろうか……。今我々は税金が高すぎるとか、高い税金に『モンク』（文句）を言っているのに、もしこういうことになったら――みんなこれから日系人を憎むに違いない。石を投げつけられるに違いないぞ」。そういうことが頭をよぎってね……。

もう一つの自分は母にとっての補償ということを考えてた。母がいくらか使えるお金が手に入って、今まで出来なかった色んなことが出来る機会が与えられるということは、素晴らしいってね。（スティーヴ・コンドウ）

スコット・イイヅカやデーヴィッド・ハヤマは、補償の獲得のもう一つの肯定的側面は、遂に戦後に「幕を閉じる」ことであるという。余りにも長く引きずりすぎた戦争の影を絶つために。

二世はアメリカ政府の財政赤字やアメリカ政府に対する不信感から、法案の通過には悲観的観測を持っていた。従ってレーガン大統領が実際に法案に署名した時は大きな安堵と誇りと幸福感に包まれたという。ミキ・ハヤシは、シアトルで開催されていたJACL全国大会のパーティ席上で大統領によって法案が翌日署名されると発表された時の感激を次のように伝えている。

〔補償が〕実現するなんて思ってもみなかった。本当に、全然思ってもみなかった。「まぁ、本当に、本当に通ったんだわ！」と。長い旅の終わりのような、そんな気持ちだったわ……。

聞いてすぐの時は誇りを感じてね。〔ただ〕私が唯一残念に思うのは、勿論――うちの人がもはやこの世にいないってこと。それからそれがパーティの席上で発表されて……その翌日署名されるということだったでしょ……。新聞かなんかでたまたま読んだりなんかせずよかった、嬉しかった。そこにいて自分と同じ世代の人とわかち合うことができて嬉しかったのよ。（ミキ・ハヤシ）

ミキ・ハヤシが補償法案通過に関してのみならず、彼女と同世代の他の収容経験者とその感激を共有できた喜びを語っている点は、重要な側面である。

補償法案の通過とほぼ時を同じくして、補償運動は、日系アメリカ人コミュニティの中でも恐らく最も微妙な問題である「ノー・ノー・ボーイ」問題の古傷を開くに至った。シアトルにおける一九八八年のJACL全国大会において、シアトル支部はJACLがいわゆる「ノー・ノー・ボーイ」らに対し、「個人的にあるいはJACLの名の下に行動していた人々が、精神的傷害や苦痛、不正義を負わせたことに謝罪する」と提案した第七決議文案を提出した。戦時中、憲法を信じ、強制収容はその違反であると軍への徴兵を拒否した二世らは、自らのエスニック・コミュニティの人々により、不忠誠のレッテルを貼られ、しばしば嫌がらせを受けたという。戦後もこれらの徴兵拒否者達と他の理由で徴兵を拒否した「ノー・ノー・ボーイ」は、沈黙を守り、日系アメリカ人コミュニティ内でも公の場に姿を現さなかった。一九九〇年、サンディエゴで開催された全国大会においてＪＡＣＬは、戦時中の特にハートマウンテン収容所にいた二世徴兵拒否者達の忠誠と愛国心を正式に認める決議文を採択した。第三章でも論じた通り、「ノー・ノー・ボーイ」とカテゴリー化されている人々も、実際には思想的に極めて異なる集団から成っており、彼らの補償問題の捉え方も多様性を含んでいる。強制収容は憲法違反とし、徴兵を拒否した二世、ダグラス・ツジイは、補償によってもたらされた彼の歓喜と安堵を語る。

遂に、法的に私らがそんなに間違っていなかったということ、つまり私らは刑務所で過ごすはめになったけど、本来そんなことは起こるべきことじゃなくて、強制的にそうさせられたということが認められて――それは成功と言っていいでしょう。とても嬉しいですよ。子供のためにとても嬉しいんです。というのも、私らに起こったことはもう過去のことで済んだことで、今はこの国で快適に暮らしている。刑務所に行ったがために私らの権利というものを失ったかも知れない。けれど子供達は――彼らは純粋なアメリカ人だけど、日本人の顔をしている。だからいつなんどき彼らにまた再び同じことが起こらないとも限らない……。だからとてもいい決定だったと思って、だからとても嬉しいんです。（ダグラス・ツジイ）

戦時中日本に強い愛国心を抱いていた帰米のイサオ・ワダは、彼には「前科」があるようなもので、補償を受ける資格がないと思っていたという。それは補償法案の通過後も同じであった。「日本人」としてのアイデンティティを持って成長した彼は、収容経験に関してもまた補償に関しても、一般の二世とは全く異なる反応を示す。

僕らノー・ノー組だからね、もらえないと思ってました。もらえるかどうか知りませんけど……。僕はそんなもん［補償関係の会合等］全然顔出さないです、嫌だから。思い出しても嫌だから……。僕は何も全然当てにしてませんし。くれたらくれたでいいでしょう……。育つ時にはアメリカ人という自覚がないでしょ、あんまり。日本人っていう頭があるから。あ、そういや、収容所に入れられたな、っていうあれがあるでしょ。

帰米のヒサ・ゴタンダも補償は〔純〕二世の問題で、それほど帰米の関心事ではないと、補償にはあまり強い感情を抱いていない。ゴタンダ夫妻はJACLに少額ながら数度寄付しているが、彼らの個人的な補償案支持というよりむしろ、それは間接的なコミュニティ意識に基づいたものであった。

（イサオ・ワダ）

〔純〕二世が一生懸命になっている……。今後の排斥をなくするいうので一生懸命立ち上がっているのをお手伝いする意味で。子供もいないし、食べるのに困っていないんじゃから、そのお金をもらいたいいう気持ちは余りなかったですね。なんかもらっても自分で儲けたあれじゃないし、何か気恥ずかしい気がしましたよ。

（ヒサ・ゴタンダ(6)）

補償運動への反応の相違は、個人の国家へのアイデンティティと強い関連性をもつように思われる。補償問題が、一般的に日本人としての意識が優位に立つ多くの帰米より、アメリカ人としてのアイデンティティを絶対とする二世や一部の帰米に遥かに重要な意味を持つという事実は、強制収容により引き起こされた心理的苦痛が、強制収容による物理的損害や困難よりも自政府による彼ら合衆国市民の権利剝奪に根ざす精神的なものであることを示唆している。

第三節　補償運動のエスニシティへの影響

追憶の日や公聴会、他の様々な行事を含む長年にわたる補償運動は、日系アメリカ人のエスニシティに多くの面で影響を与えてきた。まず第一に、二世は収容体験について語ることにすぐれて開放的態度を示すようになった。

〔以前は〕みんな収容所での生活のこと、殆ど口にしませんでしたからね。嫌な経験としてただはねつけてたんです。最近ですよ、ようやくこの二、三年ですよね、誰もが収容所での生活のこと、話し始めるようになったのは。どんな経験をしてきたかとか、どんなことをくぐりぬけてきたかということを。

（シャーリー・コバヤシ、二世）

〔補償の〕前は僕が何か聞こうものなら、〔母は〕埃っぽかったとか、蛇に気をつけなくちゃならなかったとか、細々したことは言ってましたけどね。戦争中に起こった色んな出来事は、思い出したくないんだなということは感じ取ってました……。レーガンに手紙を送ってから〔キャンペーンで署名文を送付してから〕ですよ、より自発的により自分から進んで収容経験全体のことを話すようになったのは……。今やだれもかれも補償のことを話すでしょ。こういう言い方をするのは嫌ですが、収容所のことを話すのはもはや流行のようになってきてるんです。あたかも自分の文化を発見するようなもんです。ただこの場合、みんなを精神的に消耗させた人生のあの部分を発見しているわけですが。

（ゲアリー・タナカ、三世）

補償運動が与えた最も重要なインパクトの一つは、エスニック・プライドを植え付けたことにある。補償ですぐにそれまでの二級市民意識や心理的苦痛が雲散霧消したわけではないと語る二世が多いのも事実であるが、他方それにより二世に遂に一級市民権を与えられたと主張する二世もいる。補償の達成によりエスニック・プライドを獲得したのは、二世のみの経験ではない。既に触れたように、罪や恥の意識は一部の三世への浸透も免れ得なかったが、運動やその教育的過程の中で、三世もまた自集団に対する誇りを確認するに至っている。しかしながらこの二世代におけるエスニック・プライドは、全く同一の性格を持つというものではなく、二世が特に過去の直視とそれによる傷口の浄化にその意味を見いだすのに対し、より多くの三世は補償によって認識、ないし再認識した誇りについて語る。すなわち、一世や二世が収容経験や他の困難な障害にもかかわらず持続した強靱さと、不正義を正すためにアメリカ社会に向かって主張するその勇気を賞賛すると言うのである。ナンシー・マツダやデーヴィッド・

ハヤマは他の三世同様，日系アメリカ人の歴史的苦闘を発見することによって彼ら自らのエスニック集団に対する視点が変化したと述べている。

収容所時代に彼らが経験してきたことを知るにつれて，すごく尊敬し始めたの。だって彼らが通ってきたことは，あんな所に住むということ自体，それでそこを出て社会に戻ってよ，勤勉なエスニック集団として自分たちを確立して，アメリカ社会でいわゆる「成功」してきたこと。こういうことに対して心から尊敬せずにはいられないわ。

（ナンシー・マツダ）

顔や肌の色が違っていたから差別されて，アメリカ社会から排斥を受けた，アメリカの中に入れなかった。それが収容体験の後でさえ，資産をことごとく失い，精神的苦痛を深く味わった後でさえ，戻ってきて，勤勉に働いて，子供たちを大学に送り，事業を立て直した――。我々の両親や祖父母は，彼らのしたことは，本当に素晴らしいことだと思う。それが本当に語られるべきストーリーなんです。

（デーヴィッド・ハヤマ）

補償問題はまたコミュニティの世代間の絆を強化する働きもしている。運動によって二世と三世の間で家族やコミュニティの歴史に関する真の対話が始まった。三世は強制収容について知り，補償運動による教育的なプロセスで，彼らの両親や二世に対する理解が深められたと言う。

二世と三世の相違はより微妙で，二世は〔収容〕問題を受けとめ，それについて語ろうとします。他方三世は，収容所にはいなかったけれども両親によって影響を受けています。だから語り手と聞き手がいるようなもので，二世が語り手，三世が聞き手なんです。

（ゲアリー・タナカ）

これに関連して多くの三世は強制立ち退きや収容がなければ，家族やコミュニティ全体は経済的により裕福で，二世や一部の三世に見られるある種の行動様式や志向は異なる形をとっていただろうと考える。

二世がどんなに今と違っていただろうかって思うの。彼らの性格はもっと違ったものになってたかもしれない。

私たちの彼らとの関係も違ってたかもしれない。今彼らがああいう風なのは収容所と大きな関連があると、どうしてもそう思わざるを得ないのよ。（キャシー・ハシモト）

強制収容のために我々のエスニック集団としての継承にギャップも生まれました……。強制収容のせいで起こったことは、我々の歴史が途中で切断され再びゼロからやり直さなければならず、それによってかつてカリフォルニアで土地を持ち今や億万長者になっていたであろう日系アメリカ人が、そうではなく土地を失ったがために全く違う状況に置かれている。事業に関しても同じことです……。そういう側面も最近理解し始めたんです。我々のコミュニティに起こったことは単に収容所に強制的に行かされたということだけじゃない、このコミュニティの全体的な発展がメチャクチャにされてしまったんです。（ゲアリー・タナカ）

二世も同じく彼らや彼らの家族がより高い経済的地位を確保していたであろうと話すが、一方これに加え少なからぬ二世が強制立ち退きがなければ、日系アメリカ人は戦前のようなゲットーに居住し続けたであろうと言う。またサイトウのように、収容体験により彼らは人種差別や苦闘にさらされ、「大人」になったと語る者もいる。

恐らく長い間チャイナタウンに住んでただろうね。それに父は商売で成功していただろうね。戦後父が「キノドク」（気の毒）で。我々兄弟みんなそれぞれ自活して独自の道を歩んだ。兄は父の商売を引き継いでいただろうし、僕らはみんな何らかの形で商売を手伝っていたかもしれないね。（ジョン・オオキ）

強制立ち退きによって私らは外界の風にもっとさらされることになった。随分痛い目にあったけど、それはいい経験だったと思いますよ。人間的により成長しましたからね。（ジョージ・サイトウ）

多くの二世はサイトウが話すように、苦難でさえも有意義な経験であったと解釈しているが、三世のコンドウはそのような態度は二世に典型的なものであると言う。

ほら、そういうのが二世なんだ。日本人なんだ。否定的なことを見てもあまりくよくよと考えない。辛いこともあったのに、また例の「シカタガナイ」。だから経験から教訓として学び取り、自らが成長しようとするんだよね。

（スティーヴ・コンドウ）

少なからぬ数の二世や三世が、両世代共通して、彼らの両親への感謝の念を表している点は興味深い。強制立ち退きによる壊滅的な経済的損失にもかかわらず成し遂げた祖先の苦闘と成就について知ることにより、彼らの両親が彼らにしてくれたことに対して感謝するというのである。

なぜ補償運動に関わったかというと、一世に彼らがコミュニティのためにしてくれたことの恩返しをしたかったからなんだ。一世は、日本語学校を始め、日本人会をつくり、県人会をつくり――みんな子供達のためにしたこと。敬わずにはいられないよ。ギリギリの生活をして僕ら以上にひどい差別を受けて、それにもかかわらず時間を割いてそういういろいろな組織を二世のためにつくってくれたんだ。本当に素晴らしいことだ。どうやって「ありがとう」と言える？　礼を言うすべもないよ。

（ジョン・オオキ、二世）

オオキのように、人権侵害という憲法問題以外に、なぜ補償を支持したか二世にその動機を尋ねれば、親が存命中の場合は最も苦労した一世のためと答え、今や一握りとなった一世は、アメリカ人である子供達二世のためであると話す。三世は補償に関心の薄い者も含めて、親が生存中に補償金が手渡されることを望んでいる。キャシー・ハシモトは、両親も姉達も収容されていたが、彼女にとっての「補償」とは「苦しみ」に対してなされるべきものなのである。

この数年、補償はされないんじゃないかと考えた時、もし補償されるなら、父や母が生きている間にと――、そうでないと意味がないから。何度そう祈ったか、どれだけそう祈り続けたことか――。たとえ兄や姉がお金をもらっても何も意味がないわ。父や母が何かなされようとしているっていうことを見ずに死ぬようなことがあったら、それは全然意味がないのよ。「それなら」お金なんて要らないわ。私たちが苦しんだわけじゃないんだから。

（キャシー・ハシモト）

コミュニティの人々、特に二世は、最も苦労し、従って最も補償を受けるべき一世には「遅すぎた」と惜しむ。二世にとって補償法制定の遅延が、最も胸の痛むところであった。

私は一世のために〔補償を〕勝ち取ることに関心があったんであって、それが当初の考えだったんです。両親は既にかなり前にこの世を去りましたが……。〔一世が〕一番苦労したと思いますよ。人生の一番の盛りに砂漠の、砂埃のひどい、まずい食事の所へ追いやられたんだから。砂漠の中のインディアンの連中みたいに。最も苦しんだのは一世だと思いますよ。またキャンプに最後まで残されたのも一世だしね。そのために若い人々はキャンプから出て行って、年寄りが残ったんだと思いますよ。彼らが一番苦労してますよ。

（ハリー・タナベ）

〔父が〕経験したこと、やっと事業を始めたかと思うと丸裸になり、ここを離れてまたシアトルに戻ってきて――、こういうことに何と幻滅しただろうかを思うと――父はもはや商売はできず清掃夫しか仕事はなかった。威厳を失い、でも自分の力で私たちの誰からの奨めでもなく市民権〔取得のため〕講座に通い、アメリカ市民になった――それを想う時、つくづく思うんです。父が生きていてこれを見ることができたならと。

（ヘレン・カゲシタ）

祖父母を亡くした三世もまた、彼らの祖父母が生きていて補償を得ることができたならと残念がる。彼らの両親や祖父母、親戚、知人らが実際収容所で何年かの歳月を過ごしたという事実が、二世にとってほど感情的な問題ではないにしろ、三世に補償問題をより身近なものにしている。二世にとって彼らの心の痛みは、自らの苦い経験と共に、不正義が正されることを今や決して共に祝うことのできない両親や友人の逝去である。三世は、祖父母の死と一世二世の経済的損失や苦難に悲しみを覚えるという。事実三世の中には彼らの祖父母の早い死は、収容体験のせいであると考える者もいる。(7)

人々が昔どんなものを持っていてどんなものを失くしたかという写真を見る時、何よりも心が痛むわ。だって殆どの一世はそれに対処するすべを身につけているんですもの。彼らはそういうことを忘れ、かつて持っていたものを誇らしげに見せるの。「モンク」なんか何も言わずによ。全てを受け止めているの。今や彼らはもう何も持ってないわ。それが私にとって何より辛いこと……。例えば私の主人の父もお金をもらった時にはもう年をとりすぎていて何もできないわ。日本に行きたがっているようだけど、行くにはもう年をとりすぎていて。

（ジェニー・ミヤガワ）

個人的に言って強制収容に関して最も辛いことは、祖母や叔父が死んでしまって、補償運動で活躍した友達も、この人達みんな、もうこの世にいないということなんです。彼らはこんなお金も一銭たりとも手にはしないし、遂に過ちが正されるというのにそれを見ることもできない。あまりにも多くの人が死んでしまったんですもの。それが一番辛いことです。

（シンシア・ウベ）

補償運動はアイデンティティやコミュニティ意識、日系アメリカ人の生活の他の側面に関して彼らの感情を触発してきた。三世のエスニック・アイデンティティは、この過程において再強化されてきた。運動に熱心な三世ゲアリー・タナカは言う。

それ〔補償運動〕によって僕の日系としてのアイデンティティは強まりましたね。補償までは自分の中のエスニック・アイデンティティというものは、食物だとか友達だとか興味だとか日本のものだったけれど、補償によって自分の文化的・歴史的背景やコミュニティの歴史に対してもっと新しい、今までと違った、強いアイデンティティを見出すようになったんです。自分の両親は収容所に行き、そのことによって自分も間接的に影響を受けた。補償の前はコミュニティにそれほど関わってなかったけれど、今や日系コミュニティはとても近い存在に思えるんです。

（ゲアリー・タナカ）

ゲアリー・タナカのように明瞭なアイデンティティ変化を経験した三世は多くはないが、強制収容について知ることにより自分をより良く理解できるようになったという者もいる。

その時から、なぜ自分は今自分が行動するように行動するのかがわかってきた、なぜ自分がこういう風に振舞うのかについて前よりはよく理解できるようになったよ……。大人になる前はいつも普通の人、普通のアメリカ人のように振舞おうとするんだ……。他のみんなとの違いを強調しようと努めたことなんて決してなかった……。でも今それがなぜだったかがわかる。彼ら〔二世〕が収容所で振舞った振舞い方によってなぜ自分が今このように振舞うのかが説明されるんだよ——他の人の前で自分の文化を強調することに一種のためらいを絶えず感じるからね。

（スティーヴ・コンドウ）

補償の獲得自体は勝利であるが、人種差別など対処すべきより重要な課題が存在するという三世も少なくはない。しかしながら直接的であれ間接的であれ、補償は彼らに依然存続する人種差別に対する認識を新たにさせたと思われる。白人居住区で成育した三世のスーザン・オチアイは、彼女のこれまでの人生を通じて友人は殆ど白人アメリカ人で日系アメリカ人コミュニティとの接触も殆どない。

幼い頃はね、それ〔差別〕に気付いていたの。それが大きくなってからしばらくあまり意識しなかったんだけど、補償問題が生じた時また強く感じるようになったの。本を多く読むようになって、いろいろな人から体験談も直接聞いたしね。それでわかったの、消えてしまったんじゃない、表面に出てこなくなっただけだってね。いまだに日系人やアジア系、他のマイノリティに対して差別や偏見は強く存在すると思うわ……。そして補償や第二次世界大戦中に起こったことを知れば知るほど、それ〔差別〕がいまだに存在しているってことを認識するようになったの。

（スーザン・オチアイ）

またシンシア・ウベは、補償の実現は日系アメリカ人に人種差別と格闘する勇気を与え、日系アメリカ人のコミュニティの一体感をもたらしたと言う。

それ〔補償運動〕は全国的に日系コミュニティに一体感をもたらし、みんなを一つにしたと思うんです……。それによってみんなが一体となるから、それ〔補償運動〕を支持したんです。三世にとって補償のように私たちをまとめる問題ってなかったでしょ……。この問題って感情に訴えるというようなものじゃないけれど、闘わなくてはならないんだと思わせる、何か内側から燃えてくるようなものなんですよね。（シンシア・ウベ、三世）

これは二世や他の世代にも該当すると思われる。父親が日系で母親が白人のある四世の少女は、補償問題が学校で扱われたが故に強制収容と彼女の日系側の家族の歴史に興味を抱いたという。セツコ・フクダやシズエ・ピータ―ソンのようにそれ以前日系アメリカ人コミュニティとは遠い距離にあった二世も、補償のために近年JACLに加入している。

補償運動の指導者らが予期したとおり「金はモノを言う」。約一三億ドルの金額を伴う補償案は、大衆の関心を摑み、結果的に一般アメリカ人に戦時中の日系アメリカ人の強制収容について教育する役割を果たした。二世も三世もいかに多くのアメリカ人が強制収容について無知であるかと批判するが、自ら進んで積極的に白人アメリカ人の友人と強制収容について語る二世は殆どおらず、質問を受けたりあるいは友人が冗談に二万ドルについて触れる時のみ答えるという二世が多い。他方金銭的補償の正当性が問われた場合、多くの二世は対立を回避する彼らの文化的伝統にもかかわらず、何らかの反駁をする。

二年程前ソルトレークシティでのことなんですが……いいホテルに行き、そこの売店に男の人がいて……。友人のもう一人もそこにいて、色々と見てたんです。するとその人が彼女に「なぜあなた方が政府から二万ドルももらうべきだと思うんですかね」と尋ねるんですよ。すると彼女は「二週間で事業を売り払わなければならず、手に持てるだけの物しか運べずその他諸々の物をみんな無くして、政府がそれしか渡さないなら、二万ドルなんて不十分だと思わないんですか」と言ったんですよ。それで「いつでも入れ替わってあげます」と。するとその人、黙ってしまいました。
（シャーリー・コバヤシ）

三世は、対立を避け収容や補償について語ることを躊躇するという者もいるが、一般に、より自主的に強制収容の話題を取り上げる。ポール・タケイとキャシー・ハシモトは、白人の友人との間に話題として上がった時に強制収容について語ると言うが、それは彼らの両親が強制収容について語る感情とは異なっている。

〔白人の友人と強制収容について〕話しますよ。彼らは好奇心を持っていて「〔収容所に〕いた人誰か知っているか」なんて聞いてきますが、みんな純粋に関心があると言っていいと思いますね。僕が思うには、より多くの人がそのことを知れば知るほど彼らにとってもいいことなんですよ。両親が収容所に行ったからっていって別に恥ずかしいと思わないし、だってそれは歴史の一部でしょ、それを変えることはできないんですから。僕にとってそんなばかげたことをしたアメリカ政府の方が、よっぽど恥ずかしいですよ。
（ポール・タケイ）

ここの会社の人達、強制収容については知らないわ。何か話題にのぼったら私も〔収容所のことを〕持ち出すけど、私が話した人は全然わかってないみたい。理解できない人もいるから、慎重にしなくてはと思うの。一つにはそれについてやはり恥ずかしいと思うということ。今一つには上手な言い方がわからないからなの……。私達の多くは、どうして何も話さないのか、もし彼らが話さなくても自分から話すべきじゃないかとか、そういう罪の意識を抱えているのよ。私達、何かを恐れているのね、きっと。何か恥ずかしいと思うことをね。
（キャシー・ハシモト）

両世代にとって補償の意味は二つのレベルで存在する。心理的苦痛や経済的損失に関する感情的側面以外に、憲法に違反した不正義を正すという使命感ともいうべき側面がある。事実後者は日系アメリカ人の運動家達により全てのアメリカ人に伝えられた主たるメッセージであった。

二世も三世も、日系アメリカ人ではないにせよ再び他のマイノリティに同様の過ちが繰り返されることを懸念している。多くの者が一九七九年のイラン危機の際、アメリカ国内に居住していたイラン人に対する大衆の敵意について言及している。

中東と対立した時、世間では「イラン人を全員拘留しよう」と盛んに言ってたもんだ。「やれやれ、同じことがまた起こってるじゃないか」と思ったね。再び起こる可能性は十分にあると思うよ。それも簡単に起こり得ることだと思うよ。

（ビル・フクダ、二世）

僕の意見では、二度と誰にも、日系アメリカ人だけではなく、二度と誰にも同じことが起こらないようにと祈る以外にあまりすべはないですね。というのも、イラン人に対しても危うく同じようなことをしようとしてたじゃないですか。僕が生きている間にもう一度起こらなかったら驚くと言ってもいいくらいですよ。皮肉に聞こえるかもしれないけれど、四〇年代と今とそれほど変っていませんよ。

（ポール・タケイ、三世）

これに関連して、補償のもたらした重要な影響の一つは、補償運動の過程で他のエスニック集団に対する共感や感情的連帯が深まったことである。日系アメリカ人は法案制定の過程で、白人の政治家及び他のマイノリティ集団から政治的支持を受けた。補償運動の進展に伴い、日系アメリカ人組織と他のマイノリティや公民権組織との絆が強まっただけでなく、補償関係の様々な行事にこれらの組織のリーダーを招き彼らによるスピーチを組み込んできたことは、アメリカ社会における人種差別にハイライトをおき、その共通の経験を認識させる役割を果たしてきた。アメリカ社会における人種差別とエスニック集団としての歴史を強調した補償運動は、日系アメリカ人に他のマイノリティと同様の歴史を共有することを認識させた。またその逆も真である。特にその身体的、文化的類似性から他のアジア系アメリカ人、特にシアトルで三世代以上にまたがり東アジアに根を持つもう一つの主たるエスニック集団である中国系アメリカ人に対する彼らの感情に、最も顕著に現れている。

僕達は確かに歴史、すなわち排斥法とか差別とか移住の経緯とか、この国で如何に扱われてきたかという点において歴史を共有してるんです。また僕らは共にアジア系だから広い意味でのコミュニティの基盤を共有してるんです。またある意味で文化的にも、二つの文化がそのルーツという点でとても類似しているということもある。芸術の形態や、文字……勿論相違もあって中国系の方が多くの側面において一世代遅れていると思いますけど、僕は彼らの経験してきたことに精神的にとても近い、共感を覚えるんです。

（ダン・ハヤシ、三世）

二世の中には、文化において中国系アメリカ人との類似性より相違性を指摘する者もいるが、三世にとっての中国系アメリカ人との心理的距離は一層短縮され、事実その多くが彼らと同世代の中国系アメリカ人とがいかに社会的・文化的側面において類似しているかを強調する。日系アメリカ人にとって、他のアジア系アメリカ人との関係は一般に中国系アメリカ人とのそれほど確立されておらず、二世の圧倒的大多数が東南アジアからの難民や移民に対しその関係は希薄であると感じている。しかしオオキは全てのアジア系アメリカ人集団の間での統合と協調の必要性を説く。

アジア系はみんな、我々はみんな一緒のグループみたいなもんだ。我々は黒人やチカーノのような政治的発言力を持ってない、だけど問題は色々ある、特に今はベトナム系がね。その前は香港からの中国移民だった。だから我々は団結して互いに協力し合わなくちゃいけないんだよ。それで中国系かベトナム系かまあどこかのアジア系集団が何かすれば……アジア系コミュニティ全体に関わってくる。白人は、中国系や朝鮮系やベトナム系やらの違いが区別できないからね。みんな一固まりにされる。そういう意味でアジア系アメリカ人は肩を寄せあわなくちゃいけないんだ。

（ジョン・オオキ、二世）

三世の一部には、近年の移民の経験に一世との類似を見出し、それを強調する者もいる。スーザン・オチアイは、キリスト教会で東南アジアからの難民援助のボランティア活動に加わったが、その動機について次のように語っている。

つながりを持てたらと、興味はあったの――あの人達に何か共感を覚えたの。「この人達はこの国にやってきた時の祖母や祖父のように違いないわ」とすごく興味を持ってね。この人達がここに第一世代として似たような状況でいる。つまり自分達の選択で来たわけではないから、より困難な状況の下でやってきたわけだけれども……。文化の全く違う所からやって来てここの文化、西洋の文化を学びそれに順応しなくちゃならないということ、そういうことに未だに魅了されるの。それから子供達、一〇代の人達ともつきあうようになったんだけど、この子達は私の両親みたいだと思ったの。第二世代でしょ。英語を話すこともできるし、またラオス語かカンボジア語か話すことができる。二つの文化の狭間にいるのよね……。アジア系の人を見ると「全然文化が違う所から来ていたとしても、何か自分が同一視できるものがある」と思うの。彼らには今も関心があるわ。

（スーザン・オチアイ、三世）

オオキのような例はむしろ稀であり、一般に二世の間では三世ほど「アジア系」あるいは「アジア系アメリカ人」という語の日常的使用は見受けられず、また多くの三世ほどアジア系アメリカ人たるアイデンティティを受け入れてもいない。一部の三世は自らを単に日系アメリカ人やアジア系アメリカ人として見なすのみではなく、マイノリティとしてのアイデンティティを持ちアメリカ社会のマイノリティに対する人種差別や抑圧に深刻な憂いを示している。調査対象のうち二世よりも多くの三世が他のマイノリティへの懸念を表現している。

私の両親が、祖父母が、叔母が、叔父が、場合によっては友人が、みんな三年以上にわたり強制収容所に不法にも投獄されたことは私にも深く関係するんです。その損失は計り知れず、今日の日まで続いていて、核の部分にまで浸透しているんです。それでその扱いが過酷で不正義であったと思いますが、決して偶然の倒錯じゃないんです。それは歴史を通して形を変えて、先住アメリカ人が経験してきたことなんです。また黒人が何百年も耐えた奴隷制と同レベルではないにしろ、同様に恐ろしいことなんです。たとえ記録に残されていなくてもこの国に来た多くの移民に起こったことと大して差はないんです……。これは決して私達のコミュニティが経験した苦しみを減ずるというものではなく、この国で有色人種が苦しんできたある一部分だと思うのです。だから両親や身近な人達がこういう経験をしたということに対し心深く思うものがあるんですが、同じように深く、他の人達が今も経験し続けあるいは同様の経験を受け継いでいるということに、やはり思うものがあるんです。

（アリス・セガワ）

しかしながら、アメリカ社会における人種差別の共有意識と他のマイノリティとの深まる連帯は、白人アメリカ人との人種的距離を拡げる方向には向けられていない。事実補償運動がその肌の色に関係なく全てのアメリカ人の問題であると訴えたまさにその点は、それがアメリカの憲法や主義と深く関わるからであった。とりわけ補償運動が、日系アメリカ人がアメリカ政府やアメリカ社会の主義を如何に見なしてきて、また今現在如何に見なしているかという問題と切り離せぬことは強調すべき点である。自らの政府による投獄から始まり、収容所内での二世志願兵募集、アメリカ憲法に基づく補償運動、政府による謝罪と個人補償を要求した法案の制定、政府による名目上のみの予算配分への失望、そして遂に補償獲得——これら全てはアメリカの原理の問題を深くはらんでいる。しかしながら、二世に強く見られる特性は彼らの国に対する堅い忠誠心である。強制立ち退きで裏切られ、自政府により収容所に葬られ、いわゆる忠誠質問で侮辱を受け、アメリカ政府の予算配分に失望し、その後でさえ、二世は常に国に対する忠誠と忠義を保ってきたという。

私達はこの国を自分達の国として否認しているわけではないんです。この国に対する感情はまだ少しも変っていないんですよ。私達の国は私達を裏切った。けれど、それによって私達の忠誠心が弱まったというものではないんです。ここは私達の国ですからね。

（ヘレン・カゲシタ、二世）

〔強制収容について〕学び、色々質問し始めてからやっと〔二世らは〕困難だった時のことをいくらか話してくれる。けれどそれは決して「アメリカ人ての［ママ］は悪い奴らだ。我々は何もしていないのに、収容所に送り、こんなに苦しい目に遭わせた。そしておまえのところのお祖父さんが事業を失ったのもアメリカ人のせいだ」などと決して言わない――決して決してそんな言い方、しないんだよね。（スティーヴ・コンドウ、三世）

アリス・セガワの父は、戦時中自らの年齢を偽ってまで四四二戦闘部隊に志願した。セガワによれば、彼女の父は病に倒れた時に治療を受けたこの国に恩義と感謝の念を抱いていると言う。

一度父に、キャンプが何だか、アメリカの人種差別が何なのか、理解し始めた時に聞いたことがあるんです。なぜ父がこの戦争で戦うために強制収容所から自ら志願したのかと。父がそういう行動にでたことが私には全く理解できなかったんです。で、父が説明してくれたんですが、それは多くの二世が説明してくれたものと同じでした。父はこの国に命の恩を感じると言うんです。かつて父の家族が大変貧乏をした時があり、父が結核に侵され家族の殆どが死に、父も重病になったそうです。そして「世界中の他の国にいたならどの国でも自分は命を落としていたに違いない。この国の医療制度のおかげで生きながらえることができた。確かに不正義と思われることは多くあるし、確かに人種差別もあり、また確かに色々な問題があるけれど、ここはお父さんの国で、おまえの国でもあるのだよ」と。（アリス・セガワ）

タナカの場合、補償運動に深く関与したのは家族やコミュニティに対する個人的な感情のみでなく、アメリカ市民としての強い愛国心にも基づくと言う。

一人のアメリカ人として、何かするのは自分の義務だと思ったんです……。合衆国憲法は人間の創造した最も偉大な文書の一つだと思うと僕は常々言ってきた。けれどそれを遵守しようとする者がいてこそそれは初めて活きるんです。その大切な憲法にこのような汚点があるのは見ていられない。だからこそ、このような憲法に直接違反するようなことが再び起こり得ないように何かをするのは愛国的な義務だと感じたんですよ。

また特別な関心があったことも事実です。もしこれが他の憲法の問題だったら恐らく関わっていなかったでしょうね。この問題は、両親や自分のエスニック・コミュニティを通して自分により直接身近に影響を与えたから、だから運動に参加する価値があると思ったんです。だから二つの条件があるわけです。（ゲアリー・タナカ、三世）

特に二世は典型的な日本的態度と見なされうる強制収容に対する初期の「シカタガナイ」的態度、あるいは補償に対する当初の消極性と対照的に、アメリカのイデオロギーや価値観、規範への信奉を深めている。

日系人は、補償運動が最初に始まった折、多くの家族が「ああ、そんなこと忘れるべきだ。そんなこと考えるのもよせ」と言ってた。僕、思ったんですが、自分達を問題の中心に持ってきたり、面倒なことを起こすのを嫌がるのはとても日本的なことですね。（ブルース・アキモト、三世）

この国では「ニッケイ」（日系）は概してとてもおとなしかったでしょ。それは日本からの継承の一部ね……。補償運動、それが今なしていることはアメリカ的価値観をもたらしているということなの。すごく重要なことよ。私達には憲法がある、法律がある、アメリカの民主的な理想がある、理想だけれどね。まだ達しているわけではないけれど……。でもそれが我々みんなが努力して向かうべき理想なのよ。だって、そのうちエスニック・アイデンティティというものによって我々は壊されてしまうわ……。我々が人種として生き残るならエスニシティを超える必要があるのよ。（ミチ・ウォールター、二世）

イチロウ・マツダは、彼のアメリカ市民としての意識が公聴会で彼を証言台に立たせたのだと言う。多くの二世元在郷軍人が証言することを回避したのは、日本的価値観である「エンリョ」からであるとマツダは指摘する。

証言した二世軍人は何人かいたけれど大半の人は証言しなかった。これは日系シンドロームと関係があると思いますよ。「エンリョ」（遠慮）、政府への「エンリョ」なんです。彼らがみんなアメリカ市民だとか政府に反対するようなことは言いたくないということじゃないんですよ。それは一部には、いやかなりのところ〔文化的〕継承のせいなんですよ。ニセのプライド、そうニセのプライドって言ってもいいでしょう……。だから彼らは証言に遠慮がちだったんですよ……。でももし過ちがなされたのなら、それが自分の家族であれ、白や黒や黄色といった肌の色に関係なく、不正義がそばにいるアメリカ人になされたのなら、本当のアメリカ人だったら、それに立ち上がるべきでしょう。

（イチロウ・マツダ、二世）

次のコバヤシが挙げるケースは、興味深くもコバヤシの友人の心理におけるアメリカ社会やアメリカ政府と白人アメリカ人との混同による「エンリョ」を示す例である。

日系人コミュニティの内部でも「お金をもらうつもりはない」という人を一人知ってますけど、彼の娘は白人と結婚してるって言うんです。けれど娘が白人と結婚していようがいまいが、何らかの賠償はもらうべきであり政府は過ちを犯したということを認知すべきでしょう。もし現実に何かに支払わなければならなかったら、自分達が過ちを犯したということの意味をさらに深く知らしめるでしょ。

（シャーリー・コバヤシ、二世）

アメリカ市民の拘留という、アメリカ憲法により保障された人権の侵害が補償問題を同時に憲法問題にし、それによって二世のアメリカ市民及びアメリカ人としての意識は強化されてきている。悲劇の発端は、アメリカ社会による日本の日本人と日系アメリカ市民及び日系人居住者との混同にあったが、この混同は、補償問題の報道を通しての一般社会への浸透後、再び表面化する。日系アメリカ人は繰り返し彼らはアメリカ人であり日本人ではないと主張してきたが、この過程において彼らのアメリカ市民としての国民アイデンティティはさらに強められた。

「息子がパールハーバーで死んだ時に収容されてた日本人に、なんで金を払わなくちゃいけないんだ」といった意見を聞くと腹が立つよ。全く関係がないのに。白人は三代、四代とこの国にいる日系アメリカ人と日本人との区別がつかない人が多いんだよ……。ある時事務所に電話がかかってきて「お前ら、自分達がしていることがわかっているのか！　戦争中の敵が補償を手に入れようなどと」と言うんだ。だから「失礼ですが、日系アメリカ人はアメリカ人です……。ここにいる日系アメリカ人は真珠湾攻撃とは何の関係もなくて、それは日本の帝国主義政府によってなされたことです」。けれどその男の人は僕が言ったことを全然聞いていなかった。

（マイク・モリタ、三世）

補償運動の勝利は、前にも触れた通り彼らのアメリカ政府に対する信頼を深め、今や「一級市民」になった気がすると語る二世もいる。ミン・タシロ（本名）は、マスメディアでのインタビューで、レーガンが署名した時、初めて彼は一人前のアメリカ市民になった気がしたと述べている。

〔補償法案が通過した後〕苦労の全ては――嫌なこと全ては、自分の中から消えて行ったような気がしたんです。

（シャーリー・コバヤシ、二世）

補償〔案〕は通った。大半の二世は、常にアメリカを信じていたけれど、さらにその信奉が強まったと思うんです。しばらくの間多くの人は、政府が本当に自分達のことを大切に考えているんだと考えたと思いますよ。

（シンシア・ウベ、三世）

しかし一度は遂に実現したかのように思われた夢は、法案通過後も夢のままであった。レーガン大統領による「間違いを正す」という約束とは裏腹に、その後二年余一銭たりとも収容経験者に支払われなかったのである。日系アメリカ人の苛立ちと失望は募るばかりであったが、一九八九年一一月二一日ブッシュ大統領による「資格制度計画」の制定に基づき、一九九一年度予算からの支給開始が可能となった。しかしその間、実現はしなかったが、一九九〇年度には五〇〇〇万ドルのみ一時予算配分された。それは八六歳以上の元収容者にしか補償が手渡されないことを意味していた。ハリー・タナベとエド・ムラカミは政府に対する怒りを吐露する。(8)

今でも見てごらんなさい。支払いが始まるまで一九九〇年まで待たなくちゃならない。アメリカは世界で最も偉大な国のはずだ。一体どうなっているんだ、ばかげたことだと思いませんか。これはアメリカにとって本当に恥ですよ。支払いをこんなに延ばして、よく考えてみれば二万ドルでアクラ・レジェンド〔車〕さえ買えない。

（ハリー・タナベ、二世）

〔レーガンの署名は〕単なるジェスチャーだと思ったよ。お金なんて、そんなの手に入らないよ。「シンヨウ」（信用）なんて全然ない。信用できないね。ブッシュは予算を減額した。彼はその時だけいい格好をしてそうするんだ、それでいて後になってひっくり返して変えるんだ。私ら、永久にお金なんてもらえないよ。最後に残った二〇〇人くらいがもらえるかもしれないけどね。僕らこういうことを話しては笑うんだ。誰も本気でもえらるなんて思ってもいないよ。誰一人として当てにしちゃいない。

（エド・ムラカミ、二世）

補償運動の推進者達は「正義の遅れは正義の否定」というフレーズを掲げて運動の焦点を変えた。日系アメリカ人、特に二世は、補償案通過後も日毎に一世、二世が世を去ることに言いようのない悔しさと悲しみを覚えている(9)。生存する収容体験者に対する政府による謝罪文と二万ドルの個人補償の支給は、遂に一九九〇年一〇月始まった(10)。

スミ・ハシモトと彼女の夫は、その経験を共有してもらうために孫達にその補償金の一部を分け与えた。

とても好運なことにクリスマスの時、孫達とわかち合うことができたんです。自分の子供達ではなく——孫が一四人いるんですが、だからクリスマスの時、かなりあげることができたんです。一人一人にこの補償金の一部を分けることができ、とても嬉しいと書いたカードを添えてね……。そしてこう書いたんですよ。「これはおじいちゃんやおばあちゃんが収容所で何年か過ごしたために政府がくれた補償金の一部だよ。いつか時間のある時に歴史を勉強して収容所に入れられたおじいちゃん、おばあちゃんのこと、もっと知って頂戴ね」と。

（スミ・ハシモト）

この補償金の分配によって彼女の孫達の強制収容の歴史に対する興味は高められたという。

その時から孫達が手紙を書いてきてくれて、あるいはやってきては今や収容所で起こったことについて前よりずっと興味があると言ってくれて、それは嬉しいんです。それまで私達の方からそんなこと、決して話さなかったでしょ。首を横に振ってばかりいたでしょ、自分の子供達には勿論。彼らも決して尋ねたりしなかったしね。それに……私達もあまり話したくなかったから。でも今やっと補償金が入って、もっと自由に話すことができるようになったんです。やっと重荷が体からとれたようなものなんです。（スミ・ハシモト）

エノモトは補償の金銭的な恩恵について語る。

一世や二世のコミュニティは変りましたよ。少し裕福になりましたね。二万ドルちゅうのは大きなお金ですよ。それに予期していなかったものですからね。それにわしらの世代はそれによって恩恵を被りましたよ。僕らより年とっている人らはそれで何かをするには年をとりすぎてしまった。私自身は今年このお金で日本に行こうと思っとるんです。ほんの気持ちばかりの寄付を「敬老」［ホーム］に送ったんですけど。（サブロウ・エノモト）

初期の補償運動指導者の一人マツゾウ・ワタナベは補償実現についての彼の複雑な心境を語る。ワタナベは一九九〇年一〇月、シアトルでの最高齢者に謝罪文と補償金の手渡される祝賀会に出席していた。彼は一方でこれらの高齢の一世が遂に補償を手にするのを見ることができた感激を表すが、他方その長い遅延を苦々しく思っている。彼は、それを彼や彼のグループが強く提唱していた、公聴会を経ず直接議会に法案をかける方法をとらなかったせいだという。

私はね、一世が年老いて次々に死んでいくことをとても気にかけていたんですよ。だからこそ議会の調査委員会には反対したんです。それによって三年は無駄にしましたね……。しかしその三年の遅れのために殆どの一世が死に、逝ってしまった……二世の中でも若い世代は立ち退きでそれほど苦労してないんですよ、子供でしたから……。私はあそこに出てきて長生きをしてお金を得ることができたあの一世らに対し——少なくとも何人かの人が生き残ってくれて――一世が……。私はとてもありがたかったです。それ〔補償〕を受け取るまで長生きしてくれて嬉しく、ありがたかったんです。
（マツゾウ・ワタナベ）

二世の多くは補償金の一部を日系アメリカ人コミュニティ組織に寄付している。ムラカミは彼の両親こそ補償を受けるべきであったと考え、彼の両親の教会に補償金の一部を寄付した。

しかしネオ・ナチズムの台頭、反アジア系感情、いわゆるジャパン・バッシング等、日系アメリカ人や他のアジア系アメリカ人に影響を及ぼす現存の人種差別や人種・エスニック集団関係の緊張を憂慮する者は、補償の次の課題に取り組む必要性を強調する。

頑張り続ければ正義は必ずあるのだというのは気持ちのいいものです。同時にそれは遥か昔に起こった問題だけど、今日、取り組むべき問題は次々と起こっている。だから過去の成功に安堵したり喜んだりしてはいられない、前進し続けなければいけないんです。そしてそうやって世の中は動いていくものなんです。
（ジャック・サカタ、三世）

第四節 結 論

本章では、二世、三世間の強制収容に関する対話の始まり、二世代の様々な補償運動と関連行事への反応、補償運動全体の二世、三世のエスニック・アイデンティティへの影響、の三側面をめぐって、これらの二世代が強制収容や補償に関して示す見解や感情を論じた。補償問題の浮上まで強制収容の話題は一切ベールに覆われていたか表面的言及のみであった。両世代間の会話の欠如について、二世はそれを三世の無関心によるとし、三世は問題の微妙性から両親に尋ねることを控えたのだという。この二世代における強制収容に関する真剣な対話の欠如は、ナガタの調査によっても裏付けられる。ナガタ（1990）によると、対象とした三世の三〇％のみが強制収容を主たる話題として両親と話した経験があり、残りの三世は偶然の話題として、「彼女とはキャンプで知り合った」あるいは時間の指示点として「それはキャンプの前だった」等としてのみ話題にのぼったことがあるという。両親の一人、ないし二人が収容体験を持つ三世は、調査以前に生涯を通して会話に上ったことがあるのは約一〇回であると言う。

しかしながら何十年もの後、追憶の日、公聴会、他の強制立ち退きや収容体験を文化的に再現する行事における、過去の儀式化・ドラマ化により「沈黙」は破られた。この過程で、行事におけるシンボルの選択と使用方法には注目すべきものがある。すなわち、これらのシンボルは効果的に人々の記憶を喚起し、感情を高揚させ、収容体験について語ろうとする空気を醸し出し、結果的に日系アメリカ人の間に一体感と歴史の共有感を生み出す重要な役割を果たしている。アイゼンスタットは、近代社会における伝統を議論し、伝統の再構築の一形態として社会の構成員は「人々の個人的なアイデンティティを新しい政治的、社会的、文化的秩序のシンボルに肯定的に関係づけ」、また「構成員はそのようにしてその新しいシンボルを彼らの個人的アイデンティティの主たる集合的指示物として受容するのである」（1973：23）と指摘している。アイゼンスタットの理論で論じられるシンボルの社会的、政治的脈絡は、我々が吟味する事象とは極めて異なるが、彼の、個人的アイデンティティと集合的アイデンティティとの連結的役割を果たすシンボルに関する論点は、日系アメリカ人、特に二世のアイデンティティ変遷の理解を容易にしてくれる。強制収容の最も凝縮されたシンボルである鉄条網は、他の強制収容と関連するシンボルと共に個人の間に長く埋もれていた感情や記憶を喚起する役割を果したが、強制収容のシンボルの公の場での儀礼的提示は、収容体験の記憶自体に肯定的な価値を与えた。それ以前は個人のアイデンティティにおける無意識の核の部分を構成していた苦しみの共有感は、この過程を経て日系アメリカ人の集合体としてのアイデンティティ・マーカーの核へと変容した。

この過程において日系アメリカ人のエスニシティは活性化を見せている。二世にとって補償運動は、彼らの抑圧された収容の記憶が公に論じられるにつれ、カタルシスあるいは心の浄化作用として機能してきた。三世にとっては、表層面以上に強制収容について学ぶことにより、彼ら自身の背景について理解を深めた。またアメリカ社会における人種差別を認識・再認識し、他のアジア系アメリカ人との協調が進み、また他のマイノリティに対する共感が深められた。補償運動におけるこの文化的再構築を通して、両世代は日系アメリカ人であることの意味、アメリカ社会においてマイノリティであることとの意味を咀嚼し、過去と現在を再定義し始めているのである。

しかしながら補償運動や補償の実現自体は、単に彼らの日系としてのエスニック・アイデンティティやマイノリティ意識を強化したのみならず、日系アメリカ人を多くの側面においてアメリカ化する働きをしている。補償運動は究極的にはアメリカの問題であり、であるからこそ連邦議会議員や他の多くのアメリカ人からの幅広い支持を受けることに成功した。事実、補償はアメリカの問題であるという強調こそが、日系アメリカ人にも大きくアピールし、まさにこの点が当初補償にも反対を示していた多くの二世を結果的に説得したのである。補償を通して、日系アメリカ人の価値観、規範、思想は疑いもなく、かつてないほどアメリカ化しており、彼らのアメリカ人としての意識は強化された。この点についてより深く次の第六章において議論することとする。

第六章
日系アメリカ人のエスニシティの変遷

シアトルの日系人の第1号として謝罪文と補償を
受けとる最高齢の一世
写真提供：アキオ・ヤナギハラ

1920年代の日本町のある八百屋
写真提供：シャロン・アブラノ

1970年代初めのある三世の誕生日パーティ
写真提供：シャロン・アブラノ

はじめに

日系アメリカ人のエスニシティは本書で考察したように、日米戦争前、戦時中、戦後、補償運動期、そして補償の実現した現在と、様々な歴史的段階を経てきている。この最終章ではこれまでの議論を総括しながら、次の三つの視点から日系アメリカ人のエスニシティの変遷に迫りたい。すなわち、(1)集合体としての日系アメリカ人のエスニシティの変遷を歴史的視点から、(2)二世代における経験とその経験の再解釈の表現方法における相違を比較的観点から、(3)日系アメリカ人におけるエスニシティ高揚とアメリカ化との関連性を本研究のアメリカのエスニシティ論の中における位置付けを示しながら、考察するものである。以下では、このケース・スタディが持つ理論的意味あいを、第一章で明らかにした本研究の理論的枠組につなげて提示しながら、議論を展開することとする。

第一節　エスニシティの歴史的変遷

日系アメリカ人は、強制収容と補償運動を二つの転換期としながら、一エスニック集団として独自の変遷を遂げてきている。私は、そのエスニシティの変遷には次の四段階が観察されると考える。すなわち、第一に原初的愛着感、第二に恥の意識に基づくエスニック・スティグマ、第三に苦しみの共有感、第四に苦闘と成就に対する誇りと勝利感、である。以下、エスニシティがこの四期を経るその変遷の過程と背景について考察を試みたい。

一九世紀末から二〇世紀初頭にかけて合衆国に移住した日本移民一世は、元来、方言、食物、慣習等において、極めて地域色に富む多様性を示していた。しかし、白人（ヨーロッパ系）アメリカ人や他のエスニック集団との社会接触、また人種差別やしばしば日本移民を標的とした制度的排斥などにより、彼らは強い「日本人」意識を抱くようになる。民族的に均質度の高い日本社会から多様なアメリカ社会への移住によって、彼らの「日本人」としての意識は鮮明となった。エスニック集団の形成は多文化的状況の下での相互作用への社会的反応であり、まさにこの点において、日本移民は彼らを受け入れるホスト社会において一エスニック集団を成すに至ったのである。すなわち一世は、新天地において彼らの文化的背景による「与件」が彼らが遭遇した新社会のそれとは極めて異なることを認識し、それによって一エスニック集団となったのである。一世にとって「日本人」と定義するものは、日本人の両親を持ち、「日本民族」に生まれることによって生得的に持つと彼らが信じる、共有の人種的、文化的特性であった。すなわちこの日系アメリカ人史の初期における彼らのエスニシティは原初的愛着感（cf. Geertz 1963; Isaacs 1975）によって特徴づけられるのである。このような移民初期において原初的愛着感がエスニシティの基盤の中心を占めるのは日系人に限らず、他の移民集団においても同様であり、自集団とは異質の存在に接触した際にその反応として生じる自然な現象と捉えることができよう。「民族」の「血」の重視という強い文化的イデオロギーを持つ社会から来た日本移民にとって、恐らくこの原初的紐帯を築く最大の要因は出自の共有意識であり（cf. Keyes 1981）、それが彼らにこの原初性を二世にも期待させることになる。

日系人としてのエスニック・アイデンティティの形成と発展は、一世が生まれ育った明治時代に既に発達しつつあった国家意識によって更に強められた。しかしここで注意をすべきことは、そのような一世の意識もエスニックな日系となる過程を経ることによって生まれたのであり、あくまでも国民アイデンティティではなくエスニック・アイデンティティとして捉えられるべきであるということである。確かにこの時期、一世の間での意識は明らかに

「日本人」であり、また彼らが日本に対して極めて強い愛国心を持っていたことも事実であるが、そのような現象もあくまでも相互作用をキー・コンセプトとするエスニシティの枠のなかで説明され得るものだからである。それは結果的に、彼ら一世が育てた次世代、二世のエスニック・アイデンティティ形成に大きな影響を与えた。出自が文化的に重要視される日系社会の中で、二世は彼らの両親やコミュニティから日系であることの基盤を成す文化的特性を習得していったのであった。

原初的愛着感がこの時期の一世、二世の間でのエスニック・アイデンティティの核を占める一方で、日系としてのエスニック・アイデンティティは、「ジャップ」に対する人種的憎悪という外的要因によっても強化されることになった。一部の二世は戦争勃発まで、地理的、社会的に隔離されたエスニック・コミュニティの中で人種差別から保護され、個人的差別体験から免れ、「日本人」としての誇りを維持したというが、他方、意識的、無意識的に二級市民としての感情を植え付けられたという者もいた。他方、二世のアメリカという国への忠誠心やアメリカ人としてのアイデンティティは、主にアメリカの公立学校で育成され、また一部の二世は白人（ヨーロッパ系）アメリカ人との交際によって更に強化された。彼らのアメリカ人としてのアイデンティティは、強い日本人意識を持ち日本人としての特性を示す一世との世代的相違や対立が意識されるような状況の中で、より固められていった。

日系アメリカ人のエスニシティは、第二次世界大戦中の強制立ち退き・強制収容において重要な転換期に達する。何よりもまず彼らは日系という出自ゆえに立ち退き・収容を強いられたのであった。日系人に対する人種差別の究極とも言えるこの強制収容に加え、一貫して日本や日本人に関連のあるものは否定的価値を与えられ、物理的にも不利な状況に導くよう設定された。開戦直後、日本人会や日本語学校、仏教会等の日系人コミュニティ組織で指導的地位にあった一世が検挙されて拘置所に送られた。日本とのつながりを示す所持品は焼却され、収容所内の学校で日本語が禁止された。また文化的、教育的意味においても日本とある一定以上の絆を持っていれば、収容所からの出所が許可されず、さらに収容所を出る前には、同化せよ、他の日系人と集まるな、日系人同士固まるな等と再三にわたる忠告を受けた。従ってある二世が語るように、日系アメリカ人はその日系という出自ゆえに罪の意識を感じさせられたのである。その結果多くの二世が、戦中、戦後を通し日系であるということにコンプレックスを抱き、彼らの心の中に罪や恥の意識が刻み込まれたのであった。アイドハイム（1969）の言葉を借りれば、彼らのエスニシティは、強制収容という出来事によりスティグマ化されたのである。(1) 戦後強制立ち退きと収容の記憶は抑圧され、それはある二世が語るように、「二度と埃が出てこないようにカーペットの下に埋めた」のであった。カシマが「社会的記憶喪失」（1980）と呼ぶこの現象は、あるレベルにおいて戦後何十年間も二世の深層心理を抑圧し続けた。日系二世のエスニック・アイデンティティに染み込んだスティグマは、潜在的に、また微妙な形で、彼らの子供、三世にも受け継がれた。日系であることがアメリカ社会において不利に働きこそすれ有利ではないという二世からの無言の、しかし強いメッセージは三世自身の差別体験により再確認されたのであった。二世の大半は今日彼ら自身が認めるか否かは別として、しばしば日本的文化の継承を失うことを代償に、アメリカ社会への同化を求めた。これを如実に表している例として、日本語を話すことを止めたり、あるいは日系アメリカ人コミュニティから転出したり、他に卓越して良心的に勤勉に働いたり、三世の子供達に日本語の修得を奨励しなかったりすることと等が挙げられる。人種のるつぼ思想（cf. Gordon 1964）は当時まだアメリカ社会に支配的であったが、それはこの二世の志向と一致し、それが更に彼らの社会的・文化的同化を促進させた。

戦前から戦中にかけて変化を見せた日系アメリカ人のエスニシティは、補償運動においてもう一つの大きな転換期を迎える。政治運動としての補償運動自体はシアトルにおいて一九七〇年代前半に始まり、一九七〇年代半ばかからコミュニティに次第に浸透し始めた。しかし、日系アメリカ人の埋もれた過去は、一九七八年の追憶の日によって初めてコミュニティ・レベルで集合的に再現されたのであった。運動の進展に伴い、日系アメリカ人はその後の追憶の日や公聴会、市や州の補償等、強制収容に関連する活動やイベント、またそれらを報じるマスメディアにより頻繁に補償問題に接触するようになる。それにより、三世が二世に強制収容について尋ね、それへの応答として二世が体験を語り始める機会が増えた。まさにこの過程の中で過去は蘇生しエスニシティの変換が生じたのである。

しかし、過去は、容易に、あるいは自動的に蘇生するものではない。それは、運動初期において政治運動としての補償運動が日系アメリカ社会内部にさえ受け入れられ難かった事実にも示される通りである。強制立ち退き・強制収容を記念する一九七八年の追憶の日がなぜ多大な成功を収めたのか、とりわけなぜ日系アメリカ人が長年の沈黙を破ったのかは、過去の文化的再構築に帰することができるであろう。このイベントでは様々なシンボルが用いられた。特に鉄条網は、最も凝縮した最も強力な強制収容のシンボルとして使われたが、こうしたシンボルは視覚的に人々の意識を刺激し、記憶を呼び覚まし、そして収容体験について語らせるのに効果的な働きを持っていた。第一章で述べたように、特定の社会の個々の構成員と新しく形成された社会とを関連付けるというアイゼンスタット（1973）の論じているシンボルの役割は、日系アメリカ人のこの儀礼的行事にも当てはまるものである。つまりこのシンボルの働きによって初めて、収容体験者個々人としての日系アメリカ人が、新しく定義され直した、強制収容という集合的経験を持つ日系アメリカ人社会と結び付けられたのである。

先に日系アメリカ人の強制収容の記憶は個々人の心理の奥深くに隠され埋もれていたと指摘した。日系アメリカ人に苦しみの意識を与えたのは収容体験であるが、彼らの抑圧された記憶は、意識レベルでのエスニック・アイデンティティに組み込まれることはなかった。彼らの体験の記憶が表面に浮かび上がり、そして集合体としてのアイデンティティの基盤を形成したのは、これらの影響の強いシンボルを伴う儀礼化された文化的再構築を通してのことである。日系アメリカ人が彼ら全てが同じ苦しみを共有するということを確認したのも、この過程の中においてであった。このように、苦しみの共有感はそれまで個々のアイデンティティの無意識的な核を占めてはいたが、儀礼的行事を機に初めて日系アメリカ人の集合的アイデンティティ・マーカーの核を成すに至ったのである。

補償運動はまた三世にも影響を及ぼしている。直接体験のない三世は、強制収容に対して意識レベルで二世のような強い苦痛や苦々しさを感じるわけではない。が、補償運動を通して蘇生した過去を直視し、それを先に述べたスティグマ化されたエスニシティの彼らへの影響や過去および現在の人種差別経験と関連づけ、自集団が歴史的に味わってきた苦しみを他の構成員と共に確認し始めたのである。しかし三世は一方、彼らの両親やその世代の苦闘を取り巻く過去を肯定的に再解釈し、自らのエスニック集団に対する賛辞と誇りとして彼らの受けたインパクトをも位置づけている。

しかし、日系というエスニシティに肯定的価値を付与するのは、必ずしも三世に限った現象ではない。苦しみの共有感は補償運動の中で現れたが、そのような意識の維持は、それが否定されたり、肯定的目標に向かって方向転換されなければ、強制収容によってエスニシティに既に根付いているスティグマを一層増幅する結果になる。するとスティグマは、日系アメリカ人の意識上のエスニック・アイデンティティを希薄にし、彼らの日系としての文化的特性や日系アメリカ人としてのアイデンティティの誇示を妨げる方向に作用するのみであろう。

デゥヴォスとロマヌッィ＝ロス（1975）は、祖先の苦しみや勝利をドラマ化する儀礼がエスニック・アイデンティティを肯定化する役割について指摘しているが、我々の検討する日系アメリカ人の儀礼において興味深い現象は、星条旗のシンボルとしての使用が補償運動の進展に伴い増え、逆に運動の初期においてよく用いられた鉄条網が次第に影を潜めていったことである。鉄条網は現在における「過去」の再認識という意味を持ったが、星条旗は憲法に依拠した現在の補償運動と強い関連性を持つ。鉄条網を過去と不正義と過ちの象徴とするならば、星条旗は現在と正義と過ちの是正を象徴するものなのである。

このように補償運動に示されたテーゼは、単に苦しみのドラマ化に留まらず、政府による過ちに向けられ、それにより罪や恥の意識から日系アメリカ人を解放し、説得力ある形でアメリカ社会で信奉される最も強い社会的イデオロギーの一つと関わる、不正義の是正を提唱したのであった。すなわちアメリカ的イデオロギー追求の模範的行為であり、「良き行為」として解釈される補償運動を通してはじめて、二世の苦しみの共有感はかつてのスティグマを超越し、次第にエスニック集団としての勝利を求める方向へと向けられたのであった。

大半の二世は、罪や恥の意識からの解放と共に補償運動によって得られたエスニック集団に対する誇りの重要性を強調するが、他方でその精神的傷跡があまりに深く、二級市民意識は決して簡単に消えるものではないと考える二世もいる。しかしながら、二世代の日系アメリカ人にまたがるエスニシティの変遷は、戦中、戦後からの大きな歴史的流れの中で、否定から肯定へ、恥から誇りへと転換していると思われる。

否定的エスニック・アイデンティティから肯定的なそれへ、あるいはその逆の変化については、エリクソンが論じている。エリクソンは、それ以前の否定的アイデンティティの要素が肯定的要素に転換され、一方肯定的と見なされていた要素が完全に除去される過程を「否定的転換」と呼んでいる（1968：313）。我々がここに吟味するケースでは、かつて、否定的なアイデンティティの核を形成していた収容体験が、形を変えて、忍耐や、努力、成就、補償問題に立ち上がった勇気に対する賞賛や感謝の、最も象徴的で最も重要な指標へと再構築されたのである。同様に、収容体験や補償について語るというかつてのタブーが、今日では肯定的行為と見なされ、収容所を忘れ補償運動を批判することが少なくとも公の場合では反社会的行為であると見なされるように変化している。

エスニシティが一度再構築され賛美されると、日系アメリカ人のエスニック・アイデンティティは肯定的に意識され強化されるようになる。補償は世代間関係とコミュニティの結束を強め、その結果コミュニティ意識は戦後かつて無いほど高揚を見せている。さらに、補償が実現し、アメリカ政府によって収容体験者個々人に謝罪文と小切手が送られたことによって、集合体として追求されてきた補償問題が、集合的成就として讃えられ、コミュニティに還元される一方、他方でこれらのシンボルにより、個々人に再び内在化されつつある。個々人が謝罪文と補償金を手中にしながら、改めて、強制収容の意味と補償の意味を咀嚼しているのである。

このように補償運動全体におけるシンボルの役割に目を向けると、そこには注目すべきものがある。運動の初期、タブーであった鉄条網というシンボルを公的な場で儀礼的に提示することにより、個人の深層部のアイデンティティ・マーカーを集合的アイデンティティ・マーカーへと変換し、その後、鉄条網から星条旗への移行によって否定的価値から肯定的価値へと転換し、さらに、補償の実現によって集合体レベルでの祝福と個人レベルでの内在化をいっそう進めているのである。

以上、日系アメリカ人の戦前から現在にかけての経験を吟味することによって、日系アメリカ人のエスニシティの主たる基盤が、日米戦争前における根本的な原初的愛着感から、戦中、戦後の恥意識に基づくスティグマ、補償運動における過去の蘇生による集合的な苦しみの共有感、そして補償運動の進展と補償実現における過去の肯定的再解釈に派生するエスニック集団に対する誇りへと変遷を遂げていることを論じた。

この四区分は、各時期において日系アメリカ人のエスニシティの表層部分で最も明瞭に現れている基盤を指すのであり、この四段階は互いに排他的ではなく、日系アメリカ人の歴史において同時期に二つ以上重複し得るものである。さらにまた、同じ段階が一時期以上にわたり存続することもある。既に論じた通り、エスニシティが人工的な外的圧力によってではなくエスニック集団自身の内発的な力により変化を遂げる時、その変化は急激には生じない。例えば戦後期、エスニシティはスティグマ化されていたが、常に日系アメリカ人が彼らの社会的、文化的特性を「取り除いたり」「隠したり」（Eidheim 1969：45）しようとしたわけではない。ある三世は、幼少期、日本食を食べることを嫌い、日本語を学ぶことを拒否し、日本と関連のあるものを劣性で好ましくないものと結び付けていたが、それと同時に、盆踊りというエスニック行事は毎年楽しみにしていたという。(2) エスニシティのこの両義性は、特に幼少期、一方において一世の両親やコミュニティから人種的、文化的誇りを植え付けられ、他方においてアメリカ人でありながら人種差別や強制収容を経験し彼らの自尊心に長く深い傷跡を残した二世に最も顕著に見られる。

第一章において、エスニシティが社会的にスティグマ化された場合、デヴェローの言うエスニック・パーソナリティ、あるいはスタインとヒルが呼ぶところのイデオロギー的エスニシティが、表層面に表れるエスニック・アイデンティティや行動様式、規範を方向付けると指摘した。白人との人種的区別が明瞭で、特に幼少期接触の少なかった二世にとって、白人としてのアイデンティティの保持やパッシングは非現実的である。そのため彼らは、白人（ヨーロッパ系）アメリカ人により規定された主流社会の文化や規範を吸収しながら一二〇％アメリカ化することを切望し、代わりに彼らの日系としての文化的マーカーを表現することを極力抑えてきた。こうした状況の下では、エスニシティのイデオロギー的側面は表層的レベルに表れる行動的エスニシティの側面を方向付けるのである。

しかし、上で述べていることは表層レベルにおいてである。他の側面、すなわち深層レベルに横たわるものは、必ずしもスティグマ化されたと認識されるものと同種ではない、日系としてのエスニック・アイデンティティである。このレベルにおいては、日系アメリカ人が社会化の過程で習得した共有の慣行（cf. Bentley 1987）や慣習や行動が彼らのエスニック・アイデンティティの基盤を築いている。[3] また、戦後のアメリカにおける日本文化に対する憧憬の深まりも、ある一面において彼らの文化的マーカーの表現に影響を与えている。従って時折、盆踊りのように特に主流社会の評価と関連して肯定的価値がおかれている場合、特定の日本的文化マーカーが公然と誇らしげに顕示されるのである。

エスニシティの再構築の議論に戻ろう。日系アメリカ人の間で彼らの過去が蘇生して再構築されたことを考察したが、では過去はどのように再浮上したのであろうか。なぜ蘇生したのであろうか。過去は単に感傷的な懐古を提供するために蘇生するのではなく、現在の状況の下で意味をなすからこそ蘇生したのである。過去は蘇生する必要から蘇生したのであり（cf. Hobsbawm 1983a）、エスニシティの新しい局面を切り開くために蘇生したのである。

日系アメリカ人の過去の再構築をもたらしたものは、台頭する二つの現象への無意識的な反応と関連があるように思う。一つは社会的、文化的、地理的、婚姻的同化と一世の死去さらには二世の老齢化によって引き起こされているある種のコミュニティの衰退、いま一つは日米貿易摩擦(4)や近年のアジア系人口の爆発的増加等(5)に基づく反アジア系感情である。過去は彼らのエスニシティを活性化する必要から蘇生したのであるが、蘇生した過去は、現在の状況下において意味を成し、日系アメリカ人に、なぜコミュニティは今日ある姿なのか、なぜ彼らの両親や彼ら自身は今日あるように行動し思考するのか、あるいはなぜ彼らや他のアジア系アメリカ人に対し暴力や差別的慣行が見られるのかなど、現在をよりよく説明する鍵を提供しているのである。

以上は、集合的日系アメリカ人のエスニシティの変遷をマクロレベルにおいて分析することにより、エスニシティの再構築とその現在の社会状況への意味を論じてきた。次節では、日系アメリカ人コミュニティ内部での世代間の相違というミクロレベルに焦点を移したい。二世、三世とも、補償運動を通して彼らのエスニック集団の歴史を再解釈し、エスニック・アイデンティティを再構築してきた。しかしこの二つの世代間で強制収容の歴史や補償運動に対して反応は異なるのだろうか。歴史的体験の再解釈をいかに表現するかにおいて相違はあるのだろうか。もしあるとすればどのような形であろうか。このような問題意識を念頭に次節に進みたい。

第二節　世代的相違とエスニシティの表現

日系アメリカ人の間では、「一世」「二世」「三世」などの各世代を示す用語がアメリカ英語の中でそのまま用いられていることからも分かるように、世代は彼らのアメリカ社会への統合過程を理解する上で極めて重要な要素である。各世代が補償運動に触発され、いかにエスニック・アイデンティティを形成した経験の相違に光を当て、世代の比較分析を試みてみたい。というのもそのような経験の相違が、強制収容や補償に対する相異なる反応を導いたからである。そして二世と三世は共に補償運動により歴史的経験を再解釈し、エスニック・アイデンティティを再構築するのであるが、その再解釈の表現方法やその過去をいかに現在に照らすかは、二世代間で明らかな相違が認められる。

エスニック・アイデンティティは基本的には、家庭、コミュニティ環境、また他のエスニック集団との相互作用によって形成されるものである。しかしこの三領域における経験は、日系アメリカ人の二世代においては大きく異なっている。まず家庭の中で、二世代間の重要な相違の一つは、両親と話す言語であった。二世は、アメリカの公立学校への入学後は英語が第一言語になったものの、一世の外社会との言語的障壁と「日本人」なら日本語を話すのは当然という発想から、初めに第一言語として習得したのは日本語であった。他方三世は、一般的に述べて家庭でも英語のみの単一言語生活であった。日系アメリカ人は日本語を「日本人」と定義する最も重要な文化的マーカーの一つとして位置付けているので、これは彼らの日系としてのエスニック・アイデンティティ形成に重要な要素を占める。

日本的価値観や、規範、人種的誇りが一世により二世に植え付けられたのも、主に家庭環境においてであった。これは更にコミュニティにおける日本語学校や、日本文化、スポーツなどの稽古事教室や道場、また日本的規範に従うことを要求するコミュニティの圧力により、助長された。このような文化的遺産は三世にも継承されるものの、その程度は二世に比するとはるかに低いものであった。

コミュニティや外社会の領域に目を向けると、アメリカ公立学校が二世のアメリカ化とアメリカ人としてのアイデンティティ形成に果たした役割は大きい。しかし、大半の二世はその成長期において他のエスニック集団と極めて限られた社会接触しか持たなかった。彼らはこのエスニック境界の中で、県人会のピクニック、一世の八百屋、銀行、「オフロ」屋などへ一世の親に連れて行かれたり、「ケンドウ」や「オドリ」を習ったり、また日本語学校に通っては日本語のみならず日本の思想や慣習を教わったりしたのであった。天皇崇拝という一例をとっても、二世がそれを内在化させなかったとしても、それに全く無縁な三世の経験とは対照的であることは否定できない。一方、三世にとってのエスニック・コミュニティは、自給自足的であった日本町とは余りに異なる象徴的機能としてのインターナショナル・ディストリクトであり、シアトルの日系アメリカ人の居住が集中し他のマイノリティも多いベーコンヒルであった。白人(ヨーロッパ系)居住区で育った三世の他の三世との接触は、日系コミュニティのキリスト教会・仏教会、家族同士の集いなどに限られていた。他方ベーコンヒルや他のセントラル地域で生育した三世は、通常何軒かの日系アメリカ人の家族を含む近隣区や、他の地域より高い比率の日系アメリカ人生徒が通学する学校で、より多く自集団構成員との接触を持った。

戦前のような日本町で成育しなかった三世の間には、二世に観察されたようなエスニック背景を基盤とする結束はそれほど強く発達はしなかった。が、代わりに三世は日系アメリカ人の居住拡散と第二次世界大戦後のシアトルの人口構成の変化の結果、諸エスニック集団が混合した学校や近隣区において、白人(ヨーロッパ系)、黒人(アフリカ系)、中国系、フィリピン系アメリカ人等の他のエスニック集団と幅広い社会関係を持つに至った。このような彼らの幅広い他集団との交友と多感な年齢で経験した黒人運動、マイノリティ運動は、特定の他集団との交友に対する両親の世代からの時折の干渉にも拘わらず、彼らに他集団に対しより開かれた感情を育ませることになる。

人種差別の程度や種類には、二世代間のもう一つの著しい相違が見られる。二世の中には三世が幼少期に差別を受けたと聞くと驚きを示し、「差別とは一体どんな差別のことを彼らは言っているのか」と問う者もいる。多くの三世は、彼らの幼少期や青年期において受けた人種差別的罵声や蔑称を鮮明に記憶しており、またより微妙な形での差別、偏見も恒常的に経験している。しかしながら三世は、二世が経験した特定の場所への立ち入り制限、特定の居住地域や住居からの排斥・差別、労働組合からの排斥、主流社会における労働市場からの締め出しなど、より深刻な形での排斥や差別と殆ど無縁であることは明らかである。

戦時中の強制収容は、二世と三世を分ける決定的な要素であった[6]。三世にとってごく一部を除けば、日系アメリカ人の収容体験は間接的に得た知識であり直接的経験ではない。強制収容が日系を出自とする人のみを標的としたため、多くの二世は当時日系でなければよいのにと思ったという。三世の一部には同様の感情を表す者もいるが、二世に日系という出自に対する自意識や劣等意識を築かせた要因は、このようにより深刻で、彼らの日系としてのアイデンティティを根本的に脅かすものであった。

本書では、個別インタビューやコミュニティ新聞その他を基に、シアトルの多くの三世の間で少なくとも歴史的にアジア系アメリカ人としてのアイデンティティも強く認められることを指摘したが、そのようなアイデンティティは一般的に二世には共有されていない。第一に、戦前における日系アメリカ人のエスニシティは、比較的閉鎖的であった。すなわち二世の日系としてのエスニック・アイデンティティは独自のものであり、アジア系アメリカ人（当時の用語で「オリエンタル」）のようなより大きなカテゴリーでのアイデンティティとは相容れぬものであった。これは日系人に限らず、他のアジア系のエスニック集団にも当てはまることである。それは日系人と中国系人との敵対関係、フィリピン系人との極めて限られた社会接触、全体人口において今日よりはるかに低いアジア系人口比率などの理由に起因する。一九六〇年代末から一九七〇年代初頭にかけて台頭したアジア系アメリカ人運動は日系アメリカ人コミュニティ全体に大きな影響を及ぼしたが、最も大きなインパクトを受けたのは三世である。主流社会への社会的・経済的統合と文化変容を示していた三世に、「ルーツ」である日本への関心や民族的継承に対する意識、またアメリカ社会でマイノリティとして受ける人種差別的抑圧に覚醒させたのは、「イエロー・パワー」運動であった。この運動の中で自集団の歴史を再吟味する過程において、戦時中の強制収容問題が必然的に浮上したのである。アジア系アメリカ人運動ばかりではない。他のアジア系集団との頻繁な交友や相互作用、主流社会による全てのアジア系諸集団の一カテゴリー化等も、三世の間にアジア系アメリカ人アイデンティティの発達を促したが、それは二世とは対照的な経験であった。

上で述べた三領域における世代間の経験の相違は、強制収容の意味付けと補償運動に対する反応にどのような違いをもたらしたのであろうか。日系としてのエスニック・アイデンティティが家庭内やコミュニティ環境の中で形成され育成された二世は、主に学校教育を通してアメリカ人としてのアイデンティティを発達させた。学校での日々の忠誠の誓いも彼らの国への信奉を固める役割をした。しかし戦時中の強制収容はその信奉に対する政府による裏切りであり、二世に深い心理的打撃を与え、以後多くの二世が罪や恥の意識に苦しむことになる。スティグマ化されたエスニシティの反動としてメイコヴィッチが指摘するように（1972：59）彼らは一二〇%、アメリカ化し白人（ヨーロッパ系）アメリカ人に受け入れられるように努めたのであった。そのようなアメリカ化志向は日系アメリカ人だけに特有ではなく、ハンセンが論じるように（1938）、他の移民集団の二世にも見られる現象である。しかし、その志向は日系アメリカ人の場合、強制収容や他の差別経験により一層助長されたと思われる。すなわちアメリカ社会の「人種のるつぼ」志向に加え、日系という出自に対して劣等感と二級市民意識を抱き、さらに強制収容によって経済的損失を被り、地理的コミュニティを喪失したために、彼らは一層善良な市民であることを証明し、成功に向け勤勉に働き、アメリカ化することを志向したのであった。

このアメリカ化志向を持ち、勤勉による成功を切望し実現しつつあった二世は、当初補償という概念に困惑した。多くの二世は収容体験を忘れることが人生を前進させる最善の方法であると考え、また他の二世は政府に対する補償請求は反政府的、反国家的行為であると捉えた。しかしこの政治運動の進展に伴い、コミュニティで強制収容に対してよりオープンに会話がもたれることによって、二世にカタルシスが生じ、彼らの心の治癒が始まったのであった。補償の実現によりアメリカ政府が日系アメリカ人に対する過ちを認知したことによって、二世の苦々しさは和らぎ、ある種の誇りや「一級市民」意識が芽生え始めたのである。

では強制収容の直接的体験を持たない三世にとって、強制収容や補償運動が意味するところは何であろうか。三世は日系アメリカ人が「成功物語」(7)として社会的注目を浴び始めた時代に生まれ、成長した（eg. Peterson 1966）。彼らの幼少期と青年期は、二世の勤勉と同化努力によって既にある程度の経済的余裕や教育機会に恵まれていた時期でもあった。このような背景で成長した三世にとって、強制収容によりアメリカ市民としての権利を真っ向から否定された二世とは異なり、アメリカ人としての自己存在は当然の前提条件であった。

このようにまさに、彼らが思春期に達するまでに既にアメリカ社会への経済的、制度的、文化的統合が進行していたからこそ、三世は両親や祖父母の体験を聞き、怒りや衝撃を覚えた。少なからぬ三世が政府に対してのみならず、立ち退き命令に服従したこと、またそのような重大な家族や自集団の歴史について沈黙を守っていたことに対し、両親にも怒りを向けた。他の一部の三世は、政府に対する怒りや収容という事実への衝撃を抱きながらも、さほど激しい感情は見せていない。アジア系アメリカ人運動は、日系アメリカ人社会における強制収容の歴史を再浮上させたが、その影響により強制収容に目を向けたのは当時は政治・社会意識の強い一部の活動家に限られていた。しかし補償運動の発展を通してこそ、コミュニティ・レベル、エスニック・レベル、さらには社会レベルのより幅広い層で、強制収容の歴史は蘇生し、その意味や影響が再吟味されたのである。三世にとって強制収容という歴史を発見したことと折からのアジア系アメリカ人運動の高揚とは、直接的間接的に相互に刺激し、彼らにアジア系アメリカ人としてあるいはマイノリティとしての意識を覚醒させる結果となった。

強制立ち退きや強制収容を経験していない若い世代、三世にとって補償運動が意味するものは二つあると考えられる。一つは彼らの家族やエスニック集団の歴史に対する評価であり、もう一つはアメリカ社会における人種差別の再認識である。個人的体験を持たない個々の三世は、個々の二世が持つほど強制収容に対して深い感情的反応を示さない。しかしもし補償運動が起こらず、三世が今日の社会的経済的地位を享受しながら収容について無知なままであれば、どれ程彼らが家族やエスニック集団の歴史を評価しマイノリティとしての今日のアイデンティティを発達させていたかは疑問である。主流社会に受容され過去を忘却しようという二世の願望と、三世の育った背景や彼らの文化変容、社会的統合のために、三世は家族やエスニック集団の歴史について最小限のことしか知らなかった。強制収容について知り、補償運動や様々な関連行事を観察し参加するという長いプロセスを経て、彼らは祖先が耐えた苦闘と困難、また強制立ち退きによる経済的損失にも拘わらず成就した成功を賞賛しつつ、エスニック集団への誇りを強化したのである。

この全プロセスのもう一つの意味は、日系アメリカ人という一マイノリティ集団としての三世が味わう人種差別に対する再認識である。それまで散在しさほど深く意識もしなかった幼少期や青年期の差別体験の記憶の片鱗が、補償運動を機に一つにつながり、強制収容という歴史を理解することにより、まるでジグゾウパズルが集められ一つの絵を浮かび上がらせるかのごとくに、その謎が解けたのである。そして人種差別の再認識と再解釈は、例えばアメリカ社会で抑圧されてきた代表的マイノリティであるアフリカ系への共感や同一視、イラン危機における国内イラン人への同情や共感、湾岸戦争時に民族的理由でアラビア系アメリカ人を個別調査し始めたＦＢＩへの抗議、日常会話において絶えず浴びる人種差別的発言など、今日の彼らの生活を取り巻く問題に反映されているのである。

これに関連して、三世は、他のアジア系アメリカ人、特に同様に古い移民の歴史を持つ中国系やフィリピン系アメリカ人が経てきた人種差別との類似性を認識することにより、ある種の歴史的経験の共有感を強く抱くようになる。しかしこのような三世に観察されるアジア系アメリカ人アイデンティティの発達は、補償運動にのみその派生を求められるものではなく、他の要因も関係している。最も明瞭な要因は、日系アメリカ人に彼らに対する社会的抑圧や人種差別に開眼させ、他のアジア系アメリカ人と協調して政治的発言力を高め、アメリカ社会におけるアジア系の歴史を再定義し始めることに導いたアジア系アメリカ人運動である（Amerasia Staff 1971 : 70)。本調査での対象者である三世の人生の過去や現在に認められた汎アジア系アメリカ人アイデンティティは、このようにアジア系アメリカ人運動におけるアジア系集団の連帯の必要性という政治的側面から切り離すことは出来ず、その意味において、この汎エスニシティは多分に用具的性質を帯びている。しかし、以後、トロッティアがそれは「政治的策略以上のものではない」（1981 : 300）と断言する以上に、この汎アジア系エスニシティ自体が熟し、はるかに政治的要素以外の実質を伴ってきていると思われる。三世の多くにとって、大学のキャンパスはアジア系アメリカ人アイデンティティを最も強く意識する場の一つであったが、彼らのアジア系アメリカ人アイデンティティは、そのような政治的脈絡に還元されるものではない。既に中学や高校の時点で、アジア系アメリカ人の仲間集団や他のアジア系アメリカ人との交友関係を通してそのようなアイデンティティが形成された場合も極めて多いからである。そしてそのような場合は、原初的愛着感に基づくところも大きいと思われる。

ここでこの日系三世の間での汎アジア系エスニシティの存在について説明を加える必要があるであろう。彼らのアジア系アメリカ人アイデンティティの境界は曖昧であり、同じ三世の間でもアジア系アメリカ人をどのエスニック集団まで意識に含めるのかについては個人差がある。大抵の場合彼らがより強く共感を抱くのは中国系アメリカ人であるが、同じく移民史の長いフィリピン系に対しても同様の共感を抱く者もいれば、一部ながら、移民史の浅いベトナム系や朝鮮系等までアジア系として類似の差別を受ける同集団として含める者もいる。また我々が観察したように男女間の互いのステレオタイプに関して「アジア系」という語がより頻繁に表出するのも、外社会のカテゴリーが彼らのアジア系としてのアイデンティティ内在化に影響を及ぼしていると認めるべき一現象である。しかし、彼らのアジア系アメリカ人アイデンティティに国勢調査で示されるアジア系集団全てが包含されなければならない必要性はなく、たとえその実態が漠然とし境界が曖昧で、「想像の共同体」（Anderson 1983）としてであれ、彼らの認識上において意味を持ち存在するのであれば、この種のアイデンティティの存在を認めなければならない。(8)

三世にとってアジア系アメリカ人アイデンティティと日系アメリカ人アイデンティティは排他的関係になく共存するのであり、状況に応じ一方がより強く表れたり、あるいは一人の人生においてある時期一方がより主たるアイデンティティの形をとり別の時期に交替することもあり得る。「ほかの三世」と自分との相違を訴え精神的拠り所がないと感じる一部の三世は、他のアジア系アメリカ人やマイノリティと自分を同一視することでその拠り所を見いだしている。このように彼らのアイデンティティの形態は、日系アメリカ人、アジア系アメリカ人、アメリカ社会におけるマイノリティという、ライトが指摘するように（1981）異なる層を持つ「分節された階層」に位置づけられ、最小単位として三世という世代的アイデンティティが、最大単位としてアメリカ人としての国民アイデンティティが存在するのである。第一章において、私は社会組織としてのエスニック集団を他との対照において認識する状況がアイデンティティのレベルを選択する条件の一つであると提唱した。この階層のより高いレベル（より大きなカテゴリー）でのアイデンティティが二世よりも三世に広く見られるのはなぜかという問題があるが、それはすなわち、彼らのアジア系アメリカ人あるいはマイノリティとしてのアイデンティティ化は、様々な形態の人種差別を認識した後直面するアイデンティティの危機を解消する方法であり、彼らに心理的拠り所を提供し、かつ厳密な日系アメリカ人としてのアイデンティティほどその構成員に期待される特定の属性に基づく定義を要求しない方法なのである。

最後に、二世と三世においてそれぞれ、日系としてのエスニック・アイデンティティが他の形態のアイデンティティとどのような関連性を持っているのかについて比較検討してみることにしたい。これまで、二世のアメリカ化への志向と日系アメリカ人としてのエスニック・アイデンティティの強化、また三世の文化変容、アジア系アメリカ人としてのアイデンティティの発達、日系アメリカ人としてのエスニック・アイデンティティの強化について指摘した。つまり、二世の場合、戦前のコミュニティの背景や社会的・人口的状況のため他のマイノリティ集団との接触は極めて少なく、また戦時中アメリカか日本かという忠誠意識やアイデンティティの選択を強制的に強いられた歴史的背景も加担し、彼らのアイデンティティの選択は、アメリカ人と日系人という二極を持ち、アジア系アメリカ人あるいはマイノリティとしてのアイデンティティを含まない、一つの連続体の中に限定されていた。それと対照的に三世のアイデンティティは、一般により多面的で、日系人とアメリカ人という二極に挟まれた一元的な連続体ではなく、アジア系アメリカ人あるいはマイノリティとしてのアイデンティティまで包含するものである。(9)

このような議論を展開した場合、三世が日系アメリカ人としてのアイデンティティを強化し、同時にアジア系アメリカ人やマイノリティとしてのアイデンティティを持つことは相矛盾するものではないのかという疑問が生じてくる。この疑問は更に、なぜ補償運動は全人口の〇・三%に過ぎないこのごく少数の集団に対し、深刻な財政赤字のさ中、一三億ドルの支出を政府に踏み切らせることに成功したのだろうかという問題にも関係してくる。これらの問題を、日系アメリカ人のエスニシティをアメリカ社会の中で位置付けることによって、次の節で説明することを試みたい。

第三節　エスニシティの活性化とアメリカ化

日系アメリカ人のエスニシティ再構築とアメリカ社会におけるエスニシティとの関係を最後に考えてみたい。多くの社会学的アプローチでは、エスニシティの存続とアメリカ社会への同化とは相反する関係にあると捉えられてきた。すなわち、アメリカにおけるエスニシティの論点は、同化の進展に伴いエスニシティは衰退化しているのか、あるいは現実には同化は程遠くエスニシティは存続しているのかという二極論をめぐってであった。この二極論の後、数々の学者がこの文化的特性を著しく重視した古典的な見地を修正する議論を提出していることは既に第一章で紹介した（eg. Yancey, Ericksen, and Juliani 1976 ; Gans 1979 ; Reitz 1980 ; Waters 1990 ; Fugita and O'Brien 1991）。しかし日系アメリカ人のエスニシティを恐らく初めて体系的に研究したフジタとオブライエンを除いて、それらの研究はヨーロッパ系アメリカ人のエスニシティやヨーロッパ系とアフリカ系間の人種間距離を対象としており、またそれらが社会学的視点からの構造的側面に分析が偏りがちであることも否めない。これに対し本研究は、非ヨーロッパ系の一エスニック集団の経験に目を向け、またいわゆる人種間の構造的距離や同化の構造的側面以外の、私がエスニシティを考察する上で最も重要な要素であると考える、エスニック・アイデンティティを研究の対象としているのである。

ところで、これらの最近の研究で注目すべきところは、ライツ（1980）やフジタとオブライエン（1991）が、エスニック集団はアメリカ社会への構造的同化が進行してもその結束は維持されることを実証研究を基に論じている点である。私は、この構造的同化とエスニシティの維持がゼロサム関係にないとする見方と基本的に同じ立場である。ただし、これらの学者がエスニシティの維持の根拠をエスニック集団の社会的関係や制度に置いているのに対し、本書での焦点はアメリカ社会における一エスニック集団の歴史的経験に基づいたアイデンティティに向けられている。

我々が光を当てるべき側面は、エスニシティの活性化とアメリカ化の関係である。アメリカ化とは単に構造的同化を意味するのではなく、文化的価値や規範、そして最も重要なアイデンティティのレベルをも含み得るものである。本書ではエスニシティの活性化を議論してきたが、補償運動が日系アメリカ人をかつてないほど真の意味でアメリカ化する役割を果たしてきたことは否めない。それは、運動における様々な形態において「アメリカ的なやり方」をとることを奨励し、「アメリカ人」であることを重ねて強調し、他のアメリカ人と連帯し、そして一連の行事において彼らのアメリカ人としての意識を再確認させてきたことなどに表れている。そこにおける「アメリカ化」とはこれらの例にも示される通り、行動様式から価値観、国民アイデンティティ等、多義的な側面を持っている。しかし、中でもとりわけ中心となっているのは、言い換えればこれらの多義的な「アメリカ化」の芯を支えているのは、正義、平等、自由といったまさにアメリカが建国以来掲げてきた社会的イデオロギーであろう。しかし、これらのイデオロギーをマイノリティである彼らが真に内在化させたのは、公民権運動やマイノリティ運動を通してである。その点に関しては後に譲るとして、ここでは補償運動がいかにこの「アメリカ化」と関連があるのか、具体的に検討していこう。

まず第一に挙げられるのは、補償問題自体が、アメリカ市民としての権利の剝奪と否定である強制収容に端を発するものであったことである。二世が、少なくとも当時日本人としてのアイデンティティをより強く抱いていた帰米の多くと比して、強制収容自体に対してはるかに深い精神的傷痕を示すのも、まさに強制収容の問題とアメリカ市民権の問題が表裏一体を成すからである。従って補償運動はその進展のために真のアメリカニズムを強調する必要があった。ここでJACLシアトル支部の強制立ち退き補償委員会が補償運動を推進するために作成、配布した声明文に再び注目してみよう。

政府の抑圧や不当な行為にただ服従したり黙認したりすることは建国者達の信条に反するものである。もし彼らがイギリスの専制政治を前に、二世がアメリカ政府の暴政に対して示すように振舞っていたなら、建国二〇〇周年の祝福などありえないであろう。……もし日系アメリカ人がJACLの主張するごとくアメリカ人であるならば、彼らはアメリカ人として行動すべきである。（Evacuation Redress Committee, Seattle JACL Chapter 1975 : 2）

不正義を正し補償を獲得するために、日系アメリカ人は「アメリカ的手段」を採ったのであった。議会を通して金銭的補償を請求した法案の制定・通過の運動、NCJARによるクラス・アクション、コラ・ノビと呼ばれる審理再開による法廷での闘争、これら全ては補償運動以前は「おとなしいアメリカ人」（Hosokawa 1969）と特徴づけられた二世に広く見受けられた「波風を立てるな」的態度とは対照的であり、すぐれてアメリカ的行為である。更に過去が蘇生し強制収容の歴史がもはや覆われた史実ではなくなった後、運動の中で、星条旗がシンボルとして使用される機会が次第に著しく増した。(10) 二世は戦前・戦中・戦後を通し星条旗に対する忠誠の誓いを絶えず立ててきたが、ここで注目すべき点は、この国家の象徴の使用が、日系アメリカ人コミュニティの補償請求と収容体験の強調は反政府的行為ではなく、国としてのアメリカが持つイデオロギーに一致しまたそれを補強するものであることを認識させ確認させる働きをしていることである。すなわちそのシンボルは、日系アメリカ人はアメリカ市民であるからこそアメリカ憲法によって保護される権利を持ち、同時に憲法を擁護する義務を負っているのだというテーゼを再確認させる作用をしたのである。更に補償は、NCJARのニューズレターの第一面に印刷されているように、「全てのアメリカ人のための問題」（傍点は原文太字）であることを繰り返し強調してきた。

日系アメリカ人社会を超えて運動が拡大したのは、補償が憲法の問題であり、アメリカの正義の問題であることを前面に押し出して提示したことによるところが大きい。補償がアメリカ憲法の問題であるというメッセージは、下院四四二〔補償〕法案がアメリカ合衆国憲法制定二〇〇周年にあたる一九八七年九月一七日に日を選定して審議され通過したことにも反映されている。戦時中の二世戦闘部隊であった四四二部隊の名を法案に用いたことも、歴史における日系アメリカ人のアメリカ市民としての国への貢献を喚起させるものであった。更に他のマイノリティ集団との連帯の過程を通して、日系アメリカ人とマイノリティ組織や公民権組織の指導者らは揃ってアメリカのマイノリティとしての共有経験とアメリカ社会における公民権問題を強調してきた。そして最も重要なことは、補償の実現により多くの日系アメリカ人がついに自分達にも一級市民権が与えられたと確信し、それにより彼らのアメリカへの信奉が一層深まったことである。

以上の例からでも明らかなように、補償運動は、彼らのアメリカ人としてのアイデンティティを強化し、その行動様式、規範、価値、思想の側面において日系アメリカ人のアメリカ化を進行させ、それと同時に彼らの日系アメリカ人としてのエスニック・アイデンティティを再覚醒させる役割を果たしてきた。

しかし、歴史的にはアメリカ化とエスニシティの維持は必ずしも共存関係にはなかったのであり、戦後、日系アメリカ人の場合、民族的継承やエスニック・アイデンティティの保持を犠牲にし同化志向を持つ傾向にあった。共存をもたらしたものに、内的及び外的の二つの要素がある。文化的多元主義がアメリカの主たる人種・エスニック集団関係のイデオロギーとしてアングロ・コンフォーミティやるつぼ論にとって代わるまで、「アメリカ化」は多くの意味において、「アングロ・アメリカ化」と同義語であった。日系アメリカ人のエスニシティに付与されたスティグマは、アングロ・アメリカ人の文化と経験によって定義されたアメリカ化を更に促進するものであった。公民権運動、それに続くマイノリティ運動及び文化的多元主義は、それまで著しくアングロ中心的な「アメリカ的」規範や価値観に拘束されていた日系アメリカ人や他のマイノリティ集団をそれらから解放するものであった。このようなエスニック意識の台頭は、アメリカ化とアングロ・アメリカ化との間に明瞭な違いが存在することを認識させ始めた。

もう一つの要因は、日系アメリカ人自身の社会上昇と関連する。強制立ち退きによる壊滅的な経済損失、一般アメリカ社会からの不信、戦前期の彼ら自身の低い社会的・経済的地位等のため、多くの日系アメリカ人は、アメリカ社会に受け入れられるために、また善良なアメリカ人であることを証明するために、人一倍努力をする必要を感じた。戦後、日系アメリカ人は著しい社会上昇を遂げ、アメリカ社会からも制限つきながら受容されると、かつてのような同化を切望する必要性が薄れたのである。

これらの二つの要因の組み合わせ、すなわちアメリカ社会の主たる社会的イデオロギーの変化と日系アメリカ人自身の社会的進出により、日系アメリカ人は彼らの過去の経験を再吟味する余裕を得たのであった。そのような背景の下に芽生え発展した補償運動の中で、彼らは自らのエスニシティに付与されたスティグマを覆し、戦時中アメリカ政府によってなされた非アメリカ的行為に対しアメリカ的行為でもって応えることに成功したのである。

フジタとオブライエンの議論と路線を同じくしながらも、更に構造的同化の領域から踏み出して、このようにエスニシティの活性化と文化面及びアイデンティティ面におけるアメリカ化はゼロサム関係になく、これら二つのプロセスは同時に起こり得ると考えられる(11)。しかしこの日系アメリカ人に見られる現象は、彼らに特有の現象ではなく、大きなアメリカ社会でのエスニシティの変化の縮図として見ることができるかも知れない。一九六〇年代のアメリカ社会でのマイノリティ運動は、不正義や人種差別主義などの鍵となる概念を含んでいたが、それらによってマイノリティ構成員のエスニック・アイデンティティは高揚された。しかし彼らがその運動で訴えた差別経験の強調と正義と平等の要求は、まさにアメリカ社会の社会的・文化的産物である公民権という思想に基盤をおいている。すなわちアメリカ社会におけるエスニシティの本質は、祖先の国に根付くとされる特定の文化的・人種的属性の共有意識から、アメリカ社会の思想を吸収しながらアメリカの社会的脈絡における彼らの地位と経験を強調したものへと変化していると考えられるのである。

本書において、日系アメリカ人のエスニシティが、アメリカ社会において日本的文化的特性と結び付いたものから、アメリカ社会における彼らのエスニック集団経験の再解釈を基盤としたものへと移行し、変遷を遂げたことを論じてきた。アメリカ社会における歴史的経験の解釈がエスニック・アイデンティティの基盤形成に占める重要性は、日系アメリカ人のエスニシティのみならず、奴隷制を苦しみの核とするアフリカ系アメリカ人や、土地を奪われ生業形態と生活様式の変化を強いられた先住アメリカ人などの他のマイノリティにもあてはまるものと思われる。伝統的な文化的特性の維持よりも、アメリカ社会における経験の解釈が持つ重要性、そのようなエスニシティの再構築に果たす文化的儀礼の役割、さらにエスニシティの維持とアメリカ社会との関連性は、今後アメリカのエスニシティ研究において更に注目を集める側面であろう。

本研究はシアトルにおける日系アメリカ人コミュニティを対象とし、コミュニティ内外での多数の日系アメリカ人にこのテーマに関して意見を聞く機会に恵まれたが、体系だったインタビューとしては二世代における比較的少数の対象者への調査に基づいている。強制立ち退きにより直接影響を受けなかった日系アメリカ人、あるいは補償運動がシアトルほどコミュニティの関心事とならなかった他地域の日系アメリカ人に関して、本書で議論したエスニシティの変遷が一般化されるのか否かという疑問が生じるかも知れない。また、日系アメリカ人の次世代の間でのエスニシティをどう予測すべきかという問題もあるであろう。

これらの疑問に対し、私は、エスニシティの構築に関して重要なのはエスニック集団の構成員らが、個人としてのみではなく、集合体として彼らの経験を解釈することであると考える。この個人及び集合という二つのレベルは、日系アメリカ人の場合「疑似的親族」としての社会的関係を備えており（Fugita and O'Brien 1991 : 5）、また収容も補償も集合的経験として生じたために、少なくとも現在までは密接に関連してきた。しかしながら、四世、五世、それ以降の世代に関してはこの「疑似的親族」の社会関係が世代が進むごとに弱まるのは回避できないであろう。三世の外婚率の増加につれて、コミュニティ内外で彼らのエスニシティの存続を危ぶむ声が高い。確かに外婚が二世代以上にわたり繰り返されれば、彼らのエスニック・アイデンティティはウォーターズ（1990）等が指摘するように、より個人の選択の問題となるであろうと予測できる。身体的特徴、名字などのエスニック・マーカーを保持する度合が薄れ、従って人種差別体験により自らのエスニック集団の背景を意識することを強いられる状況が減るだろうからである。しかし一方で日本からの新しい流入は途絶えず、その二世、三世は、彼らの祖先が強制収容を経験していなくても、自らが直面する人種差別により日系アメリカ人としてのエスニシティを内在化していくと思われる。そして旧世代から日系としての精神的・文化的遺産を継承し、日系アメリカ人のアイデンティティを維持する人々も多く存続するであろう。個人としてどれだけ多くの日系アメリカ人が今後、身体的特徴、文化的特性、またアイデンティティの側面において同化が進んでも、集合的現象としてのエスニシティは、日系アメリカ人としての確固たるアイデンティティを持った核集団が存続し続ける限り維持されるであろうと思われる。

強制収容命令の五〇周年にあたる一九九二年を中心に、全国の日系アメリカ人コミュニティで、彼らの苦闘と成就を讃える様々な行事が催された。スミソニアン博物館における「より完全なアメリカ──日系アメリカ人とアメリカ憲法」の展示や[12]、二世男性と結婚したヨーロッパ系女性、エステリ・イシゴの収容生活を描いたスティーヴ・オカザキ監督のアカデミー賞受賞作品『待ちわびる日々』をはじめ、三世の制作する多くの第二次世界大戦中の日系人を扱ったドキュメンタリー・フィルム、シアトルの「大統領行政命令九〇六六号──それ以前五〇年とそれ以後五〇年」と題する展示、またロサンジェルスでの全米日系人博物館の開館を含め[13]、様々な日系アメリカ人コミュニティの行事や数々の日系アメリカ人の劇、文学、芸術などに、日系アメリカ人の新しいエスニック・マーカーが見いだされる。集合体レベルでの強制収容や他の差別経験の再解釈、そのような苦闘にも関わらず成し遂げた戦後の社会的・経済的上昇、アメリカ政府に過ちを認知させ謝罪と金銭的補償を勝ち得た成功──これら全ては、彼ら日系アメリカ人の間の伝説となりつつある。

日系アメリカ人は今様々な意味で過渡期に立っている。補償問題の解決により新たな時代に入ったばかりでなく、アメリカ社会の動きや日本との関係という外的変化もある。現在の私の観察では、一九九〇年代に入りアメリカは新たな人種・エスニック集団関係を示し始めたように思われる。「人種のるつぼ」に代わり七〇年代、八〇年代と「多様性のなかの統一」を前提に文化的多元主義が謳われたが、九〇年代に入り、アフリカ系アメリカ人コミュニティの一部において分離主義にも似た傾向が台頭し始めている。(14) 政治的発言力の高い彼らがそのような制度的状況を要求するにつれ、ラティノ系などの他のマイノリティもそれにならうことも予測される。この動きがどれだけ日系アメリカ人や彼らを含めるアジア系アメリカ人に影響を与えるかは、彼ら自身がどれだけ諸側面で人種差別を経験するかによるであろう。

そして日本との国際関係・トランスナショナルな関係ももはや無視できない。日米関係の緊張が、暴力や嫌がらせとなり彼らのみならず他のアジア系アメリカ人の日常生活にも影響を及ぼしていることが強く認識されている。トランスナショナルな移動の活発化につれて、日系企業、日本人留学生などの滞在者が増加しているが、それに纏わる人種差別的問題に対しても日系アメリカ人コミュニティの指導者らは積極的に挑んでいる。それは人種差別の側面に限らない。第二次世界大戦を契機にその後半世紀の間、主流社会による彼らと日本人との同一視を避けて、日系アメリカ人はしばしば必要以上の距離を日本との間に保ってきた。しかし補償問題を終えた今、距離を保とうとする緊張感は薄れ始めており、それにより日本人や日本文化との接触も増せば、若い世代のエスニック・アイデンティティは間接的にであれ影響を受ける可能性も大きいであろう。

今日の日本において、国内的にも国際的にもマイノリティ問題に直面する場が増え、エスニシティ問題の重要性が認識され始めている。マイノリティをめぐる昨今の日米の諸問題において、日系アメリカ人の指導者らが極めて重要な架け橋的役割を果たしてきたことは、日本では殆ど知られていない。(15) かつて日本を離れた人々の子孫である日系アメリカ人の経験は、これまで多数派の側に立ってきた大半の日本人にとって、マイノリティとしての視点や感情を共感をもって学び知らせてくれるものでもある。

注

第一章　課題と方法

（1）シアトル在住の二世女性、ニッキー・ルイスによるこの劇は、一九八六年シアトルで初演された。この部分の詩は劇の脚本から抜粋して筆者が邦訳した。尚、本書の英語版の主題 *Breaking the Silence* はこの劇の題を用いたものである。

（2）本書では、原則として移民一世とその子孫を日系人として記すこととする。戦前の一世は、「日本人」あるいは「邦人」という語を用いており国籍上も日本人ではあったが、ここでは一世をも含めて、「日本人」と区別して「日系人」を用いるものである。一世に関しては国籍は一基準であるが、当時「敵性外国人」の立場を余儀なくされていた彼らを、その制限された法的立場を理由にエスニック集団から除外するわけにはいかない。むしろ重要なのは、そのような相互作用の多い状況の下で「日本人」意識を強化したことであり、それは単なる民族や国民の問題でなく、エスニシティの問題であるからである。但し、文脈から、明らかに日本の日本人と同一視して用いている場合は「日本人」と表記している。

（3）ワシントン州では男女比率の差は一層大きく、外国（アメリカ国外）生まれの日本人では男性三二九四対女性一〇〇であった。

（4）イチオカは、これらの売春宿は日本町の中心のキング通り付近に集中していたと記している（1988 : 35）。

（5）自営業と定住志向とが密接な関係にあることが数字の上でも裏付けられている。日本移民の都市労働者の一三％、農業賃金労働者の八％しかアメリカに定住する意志がないのに対し、自営業経営者の三八％、農業経営者の四〇％が定住計画をもっていたという（村山 1989 : 141）。

（6）一九一〇年、日本移民の既婚女性は五五八一名であったが、一九二〇年にはその数は、二万二一九三に上っている。この間の既婚者の急激な増加は、そのまま二世の増加に反映されている。二世は、一九一〇年の四五〇二から一〇年間で六倍以上の、二万九六七七に膨れあがっている（Ichioka 1988 : 164, 172［1992 : 182, 192］）。

（7）同様の外国人〔排日〕土地法がまず一九一三年にカリフォルニアで制定され、まもなく他の西部諸州がそれにならったのであった。

（8）戦前のシアトルにおける二世の人口数及び日系人人口内での比率は表のとおりである。

年	1910	1920	1930	1940
数	378	1863	4,000	4,268
%	6	24	47	61

（出典：Miyamoto 1984: xii）

（9）タカハシは、JACLの二世指導者を、アメリカの民主主義的理想を追求し他の二世に忠実なアメリカ人になることを促した、より社会的に恵まれた中流階級志向の「古い番兵」であり、それは、例えば年齢集団的にも若く労働者階級でそれほど恵まれていない二世進歩派とは対照的であると特徴づけている（1980: 152-156）。二世政治指導者の中のこの多様性は、私のシアトルでのインタビューには現れなかった。戦前JACLその他で中心的役割を担った二世はすでに死去しており、その他大半の二世は戦前はそれほど強い政治意識を持っていなかったと思われる。

（10）このパタンは半数以上の就労日系女性が家事奉公等に従事していたサンフランシスコとは著しく異なる。

（11）キタノ他は、一九七七年のロサンジェルス郡における日系人の外婚率は六三・一%に上ると報告している（1984: 180）。リーとヤマナカは、一九八〇年の国勢調査を基に、それより極めて低い外婚率を打ち出している（三四・二%）（1990: 291）。

（12）ここでは、朝鮮半島出身者及びその子孫の意味で、朝鮮系という用語を用いる。彼らの大半は一九六五年の移民法改正後に渡米してきた韓国系であるが、極めて少数ながら第二次世界大戦前からの居住者も含まれている。

（13）シアトルのインターナショナル・ディストリクトに関して日本では、阿部隆他（1991）により紹介されている。

（14）かつてチャイナタウンは現在のインターナショナル・ディストリクトの西に、日本町は現在のインターナショナル・ディストリクトとほぼ同地域に位置していた。フィリピン系は一九〇〇年代頃からディストリクトの南部に居住し始めた。

（15）イサジフは、エスニシティを「同じ文化を共有する人々の非任意集団あるいは同じ非任意集団に属すると自らが見なしあるいは他から見なされる人々の子孫」を指すと述べ、グリーリィは「一つの共通な文化を意識的にわかち合い、何よりもまずその出自によって定義される社会集団」と定義している。

(16) 『社会学事典』（1988）では、「生物学的概念で、特色のある身体的な遺伝形質を共有する人間集団をいう」と定義している。ただし、「現在の人種は、歴史的・環境的・社会的な条件によって規定されるアイデンティティに基づいて形成される集団とも言うべき」であると記している。

(17) ここでは「多元主義者」とは文化人類学的、社会学的用法であり、例えば政治学的意味ではない。尚「同化論者」対「多元主義者」と名付けたのはヤンシー他である（1976）。

(18) 例えば、ヤンシー他（1976）は現代におけるアメリカのエスニシティはより構造的要因、特に職業、居住区、所属組織を軸に存在しているとの論を打ち出している。スタインバーグ（1981）は、肯定的に受け入れられている多元主義のイデオロギーの陰に人種・エスニック集団間の隔離の存続が正当化されているとして、エスニシティ再生論に疑問を投げかけた。

(19) 「二世」「三世」という世代的アイデンティティを持つ者の中には、世代の異なる両親の子供である場合がある。調査項目で対象者の世代について尋ねる時、これらの人々は「私は実は二世半（Nisei-han）です」あるいは「三半（San-han）です」などと答える。各世代の経験が時代的に極めて異なるので、世代的アイデンティティは実際の世代的系譜より年齢集団に基づいているようである。日系アメリカ人の世代的性格については、Lyman 1972; Miyamoto 1986-87 を、三世のエスニック・アイデンティティについてはMaykovich 1972; Kendis 1979; Hosokawa 1978; Gehrie 1973; Israely 1976 等を参照。尚、日本の研究者による主なものには、岩野 1968; 前田 1973; 江淵 1982; 山本 1987 等がある。

(20) 世代的用語を用いるもう一つのエスニック集団に朝鮮系がある。しかしその大半が韓国からの近年の移民であり、日系アメリカ人に観察されるような顕著な世代的性格はまだそれほど発達していない。

(21) 帰米は厳密には世代的に二世であるが、彼らが「二世」や「純二世」と呼ぶ集団と自らを区別し彼ら独自の集団を形成している。日系アメリカ人自身がしばしば言うように、帰米は、文化的にも国家へのアイデンティティの側面においても一世により類似すると思われる。

(22) トマスは一九四二年の三世の人口を五九六五人と推定している（1952: 581）。しかし本研究では、それが三世の中で占める比率が極めて低いこと、及び本調査の対象者数の少なさから、彼らをインタビュー対象者から除外した。従って本書の三世の対象者は全員直接の補償受理資格を持っていない。

(23) 二世の経験を探る上で二世への質問条項は、(1)幼少期、青年期の生活と経験、(2)強制立ち退き・強制収容、(3)戦後の生活と経験、⑷補償運動への反応、⑸現在の人種・エスニック的経験と他のエスニック集団に対する感情を中心に、三世に対しては、⑴幼少期、青年期の生活と経験、⑵強制立ち退き・強制収容の発見、⑶補償運動への反応、⑷現在の人種・エスニック的経験と他のエスニック集団に対する感情、を中心にした。両者において、特にそれらとエスニック・アイデンティティとの関わりに焦点を当てている。

第二章　シアトルにおける補償運動

（1）二世、三世を主対象とする本書では、司法省管轄の拘置所については扱わないが、それに関しては、畐田 1957 ; Kashima 1986 等を参照。

（2）「戦時民間人転住・収容に関する委員会」は第二次世界大戦中の強制立ち退き・強制収容により推定額にして約一億八〇〇万ドルから一億六四〇〇万ドルの収入、及び一九四八年立ち退き賠償補償法により補償されなかった約一一〇〇万ドルから二億六〇〇万ドル相当の所有物が失われたと報告している（CWRIC 1983 : 27）。

（3）戦時転住局管轄の「転住所」は全米で一〇カ所に設置されたが、それらは以下の通りである。ヒラ（アリゾナ州）、グラナダ（コロラド州）、ジェローム（アーカンソー州）、トゥールレーク（カリフォルニア州）、トパズ（ユタ州）、ハートマウンテン（ワイオミング州）、ポストン（アリゾナ州）、マンザナー（カリフォルニア州）、ミネドカ（アイダホ州）、ローワー（アーカンソー州）。

（4）ローズヴェルト大統領の秘密情報収集の依頼を受けてカーチス・マンソンがこの報告書を提出したのであった。しかし上層部で何度も再確認された結論は、ついに戦時中極秘情報として一般に公開されることはなかった。

（5）行政命令九〇六六号自体は日系人を名指しで指定したわけではなかったが、この命令により影響を受けたドイツ系及びイタリア系は個別に調査を受け、実際拘留されたのはごく少数に過ぎなかった（Weglyn 1976 : 69）。

（6）第四四二部隊はこのときフランスのブリュエールの市民をも戦線から解放したことで名高いが、そのブリュエールから補償運動の過程において日系アメリカ人に対する補償を支持する約一〇〇〇名の署名を連ねた請願書が大統領に届けられた。

（7）第二次世界大戦中の日系アメリカ人の強制立ち退き・強制収容に関しては、膨大な研究の蓄積が存在する。歴史的記述については、Michi Weglyn 1976 ; Dillon S. Myer 1971 ; Roger Daniels 1972 ; Audrie Girdner and Anne Loftis 1969 ; Edward

H. Spicer, Asael T. Hansen, Katherine Luomala, and Marvin K. Opler 1969 ; Allan R. Bosworth 1967. 日系アメリカ人立ち退き・再定住研究（JERS）の成果としては、Dorothy S. Thomas and Richard Nishimoto 1946 ; Dorothy S. Thomas 1952 ; Jacobus tenBroek, Edward N. Barnhart, and Floyd W. Matson 1954. 近年の Yuji Ichioka ed. 1989 は JERS による研究プロジェクトを再批評している。戦時転住局により依頼調査を受けた人類学者の研究に関しては、Orin Starn 1986, 二世戦闘部隊第一〇〇隊、四四二部隊に関しては、ドウス昌代 1986, 自伝では、Yoshiko Uchida 1982 ; John Modell ed. 1973 ; Daisuke Kitagawa 1967, 収容生活をスケッチと文で描いたものに Mine Okubo 1966 [1946], 収容時代の二世が直面した苦悩をよく表した小説 John Okada 1976 等がある。

（8）コラ・ノビとは、重要な証拠が湮滅されていた時、有罪判決を受けた者に再度審理を申し立てることを許可する令状をいう。三人の日系アメリカ人が第二次世界大戦中、夜間外出禁止令及び立ち退き命令に違反したとして有罪判決を受けた。この点に関しては本章で後に議論する。この三人全員は一九八三年コラ・ノビ令状により審理再開を申請し認められた。

（9）アメリカ合衆国における補償運動に関しては、Hosokawa 1982 : Ch. XXIII ; Tateishi 1986, 邦語では、森田 1989 ; 岡部 1991 ; 増田 1992 等を参照。

（10）前述の三人の日系アメリカ人の一人であるコレマツは、立ち退き命令違反で有罪の判決を受けた。一九四四年一二月コレマツ対合衆国において、最高裁は立ち退き命令は合憲であるとの見解を示した。他の二人の訴訟事件においても、同様の判決が下されている。

（11）この立ち退き賠償請求法のもう一つの深刻な欠陥は、司法長官室に配分される基金から直接請求者に支払われる額には二五〇〇ドルという制定法上の限度があったことである。二五〇〇ドル以上の請求は議会の支出承認を待たねばならず、その結果、実際の財産喪失が二五〇〇ドルの限度をはるかに超える者もその大多数が当面の資金を必要としたため、二五〇〇ドルで妥協したのである。加えて、二五〇〇ドル以下の請求は支払い手続きを迅速に進めるために当初の請求の七五％に減額するよう法により要求された。

（12）もう一つの特筆すべき運動は、通称「東京ローズ」として知られるアイヴァ・トグリに対する大統領恩赦獲得のキャンペーンである。アイヴァ・トグリは一九一六年ロサンジェルスで生まれ、一九四一年初頭日本を訪れたが、そこで彼女は開戦のため、身動きの取れない状態になった。彼女は他の一七人と共にラジオ東京の英語アナウンサーの一人として雇用され、書かれた通りの原稿を読むという作業に携わったが、それは連合軍の兵士達をホームシックにかからせ、彼らの闘志を失わせることを目的としたものであった。戦後アイヴァ・トグリは、賄賂を受けた証人の偽証によってアメリカの占領下の日本で数年間投獄されることとなった。三〇年間アイヴァ・トグリは合衆国の裏切り者として扱われ陰の人生を歩んでいた。多くの二世はその問題に近付こうとせず、またそのような不正義を正そうという試みは何らなされなかった。一九七五年、サンフランシスコ地域の数人のJACLの二世リーダーらが彼女のケースを知り、JACLに委員会を設置することを働きかけた。一般の人々からの幅広い支持を受け、キャンペーンは一九七六年アイヴァ・トグリの大統領恩赦を受けることに成功した。詳細はUyeda 1978；Chuman 1976 参照。

（13）第二次世界大戦中、日系アメリカ人の一〇の強制収容所の一つであったカリフォルニアのトゥールレークは、司法省により「拘置所計画」として指定された六カ所の一つであった。

（14）例えば、連邦議会非米活動委員会の委員長はコミュニストやブラック・ナショナリスト的要素に関わる者は本質的にアメリカ合衆国に対して宣戦布告をしているのであり、よって一九五〇年の国内治安維持法第二項目に指定されている拘置所に投獄されるべきであると述べ、彼のこの種の活動に対する非寛容性を表している。

（15）JACLらの依頼を受けて、一九六九年、イノウエ上院議員、マツナガ下院議員が上院、下院それぞれの議会に法案を提出した。

（16）例えば、ヒラバヤシ事件（一九四三）、ヤスイ事件（一九四三）、コレマツ事件（一九四四）、エンドウ事件（一九四四）。Chuman 1976；Weglyn 1976 を参照。

（17）ラテンアメリカ諸国、特にペルーから合計二二六四名の敵性外国人である日本人がアメリカ合衆国に拘留のため強制転送され、約三〇〇名のアラスカのアリュート人が第二次世界大戦中強制立ち退きを命じられた。ラテンアメリカの日系人の強制転送は、文化的偏見と経済競争に根ざす敵対心に基づくものであった。ラテンアメリカの日系人の強制転送と拘留は、戦時転住局による日系アメリカ人の強制収容とは一切関係がない。合衆国は、これらのラテンアメリカの日系人を日本領に滞在するアメリカ市民とのトレードとして日本と交渉することを狙ったのであった。アリュート人に関しては、日本による当地域への侵略を恐れて強制的にアリュート及びプリビロフ諸島からアラスカ南東部及びシアトル地域に立ち退かせたのであった。詳細は、Commission on Wartime Relocation and Internment of Civilians 1981 : 305, 323-359 ; Gardiner 1981.

(18)　同プランは一九七五年修正され、収容体験者各個人には強制収容によって引き起こされた精神的障害に一律五〇〇〇ドル、個人的自由、通常の賃金及び給与、事業や農場を所有していた者に対してその事業の収入の損失に対し、拘留一日につき一〇ドルを支払うことを提案した。JACLシアトル支部の立ち退き補償委員会の推定によると、強制収容の間に失われた日系アメリカ人の賃金や給与は、四億ドルを超えるという（Evacuation Redress Committee 1975：4）。この補償額は後にシアトル・プランにおいて一律一万ドルと拘留一日につき一五ドルに増額された。ワシントン州選出マイク・ロウリィ下院議員によって提出された最初の補償案は、これらの数字を使用している（National Council for Japanese American Redress 1979：4）。

(19)　しかしながらその過程において草案の語調を巡って、シアトル・グループと語調を弱めようとしたホワイトハウスとの間に意見の不一致が見られた。シアトルの元指導者によると、二、三度のやりとりの後、書類はいかなるわけかワシントンDCのJACL事務所に回されたという。Quan 1988：7をも参照。JACLのワシントン代表者らは、その後キャンペーンを繰り広げ、フォード大統領に対して行政命令九〇六六号の破棄を請願するためホワイトハウスに手紙を書くように人々に奨励した（Hosokawa 1982：339）。

(20)　エディソン・ウノは、一九七五年一月の『パシフィック・シティズン』の紙上において個人補償よりむしろコミュニティ組織のための信託基金の案を支持すると彼の立場を明らかにしている。

(21)　S・I・ハヤカワはカナダ生まれの二世で、学生運動のピーク時にはサンフランシスコ州立大学の学長代理を務め、学生運動を抑圧したことでも知られている。また、彼は後にカリフォルニア州選出の共和党上院議員となった。ハヤカワは強制収容体験はなく、戦時中はシカゴにおいて教鞭をとっていた。彼はこの大会において、日系アメリカ人の強制立ち退きは国家の危機時「完全に理解できる」ものであったと述べている。彼はさらに、「転住所」と呼ぶことを主張し続けたが、それは彼に言わせれば「刑務所に似通うものは何もなかった」からであった（*The Sunday Star*, 1979. 5. 13；*San Jose Mercury*, 1979. 5. 10）。

(22)　ミネタ、マツイ両下院議員は、第二次世界大戦中強制立ち退き・強制収容を強いられた時は、まだ幼少であった。また、イノウエ、マツナガ両上院議員はそれぞれ二世の第四四二部隊、第一〇〇部隊において軍役に服していた。

(23)　この法案は、前述の内国税収入庁に基金を設置するというシアトル・プランに記された方法ではなく、議会の支出によって支払うことを提案していた。

（24）NCJARは、前述の通り、クラス・アクションを起こしていたが、一九八八年一〇月、最高裁は第二次世界大戦中の決定を再考慮する請願を却下した。

（25）この調査の対象者は八五一人であった。調査は特定の世代を対象とはせず、回答者は一世（一〇・五六％）、二世（七一・二九％）、帰米二世（八・九％）及び三世（九・二五％）で構成されている。従って表中の％の数字は立ち退き者によって報告された影響を示すものではなく、戦時中生まれていなかった三世による回答も含まれている。しかし、これらの数字から強制立ち退きや収容に関する否定的側面の主な問題を探り取ることができる。

（26）公開された文書によると、西部防衛司令部のデュウィット司令官の最初の報告書は一九四三年四月戦時局の手に渡ったのであるが、それは修正を加えられていた。当初の案には軍事上の必要性は記されておらず、次のように報告されていた。「安全度に関して忠誠、不忠誠の範疇を設けることは不可能である。そのような決定をするのに十分な時間が無いというわけではない。それは単に決定を下すことができない、すなわち、『山羊から羊』を厳密に分離することが困難であるという現実を反映したものなのである」。しかしながら、最終案ではこの部分は次のような叙述に修正された。「状況を複雑化することには、安全度に関して忠誠、不忠誠を決定する手段を現在持ち合わせていない。現実を直視することが必要である。すなわち、肯定的な決定はなしえなかったということである」（傍点筆者）。一九四三年一月、この修正案が用意された時、戦時局は当初の報告書の全てのコピーを処分しようとした。新しく発見されたこの文書は、戦時局がヒラバヤシが法廷に立った折に司法省及びヒラバヤシからこの証拠を湮滅していたことを示すものである（Irons 1989：393-396）。

（27）弁護団の半分は三世であり、残りは二人のヨーロッパ系アメリカ人、三人の中国系アメリカ人、及び他のマイノリティを含んでいる。

（28）『ミス・ミネドカ』はミス・ミネドカ美人コンテストをめぐって収容生活の「楽しい」側面を強調したコメディである。『二世――ラブ・ストーリー』は二世女性トモ・ショウジによるワン・ウーマンショーで、彼女の個人的体験をドラマ化したものである。

（29）JACL政治教育委員会は一九八五年から八八年の間に一五〇万ドルの資金を募る目標を設定した。

（30）例えば、一九八七年七月NCRRはワシントンDCにおいてロビー活動を組織し、約一二〇名を動員した。

（31）第二次世界大戦中及び大戦後一万七〇〇〇人のカナダ市民を含む二万一七〇〇人の日系人がカナダ政府の転住、拘留、資産凍結、国外追放の行為によって影響を被った。一九四一年以後の日系カナダ・コミュニティにおける経済的損失は、合計にして一九八六年のカナダドルで四億四三〇〇万ドルを超えると推定されている（The National Association of Japanese Canadians 1985）。カナダにおいては、開戦時の一九四一年一二月七日から、日系人の西海岸帰還を禁止していた差別的法が破棄された一九四九年三月までの間に、イギリス国民、カナダ市民、あるいはカナダへの移民であった、全ての日系人が補償資格を持つ。

（32）補償法は最終的に、日系の配偶者と共に収容所に行った非日系人、戦時中軍役に服し、収容されなかったものの立ち退きにより財産を損失した者、及び一九四二年三月自発的に指定軍事地域から立ち退いた者も対象に含めている。

（33）個人補償の資格をめぐり一九九四年三月の時点で調査中または考慮中である主なケースは、日米戦争中に両親に連れられ日本に帰還した当時子供であった者、ペルーをはじめ南米から転送され合衆国で強制収容された日系人で当時永住外国人の地位を持っていなかった者、立ち退き区域の境界が市を区切ったアリゾナ州グレンデール市に居住しており、通学不可能となるなど自由を剝奪されたと主張している人々、等である。

第三章　二世の経験

（1）ミヤモトによれば、一九一〇年までに、これらの通りに日本人人口のかなりの集中が見られた。一九三〇年代半ば頃は、五番街、六番街と、メイン通り、ジャクソン通りが交叉するあたりが、日本町の商業の中心街であった（1984：xii, 9）。

（2）日本人会の社会福祉部は、飢餓の危機にあるものに米と醬油を配給し彼らの電気代を支払ったという。一世は連邦政府や州政府から社会福祉の補助を受けることを好まなかった。

（3）日本における盆は元来祖先崇拝と密接に関係しており、従って盆踊りも仏教と必ずしも連結しているわけではないが、シアトルにおける日系アメリカ人コミュニティでは他の多くのアメリカの日系コミュニティと同様、仏教会がスポンサーとなっている。シアトルでは、当地の主要仏教会はシアトル別院であるがその宗派、浄土真宗の創始者である親鸞を讃える親鸞踊りの歌と開教師によってなされる短い祈りが含まれており幾分宗教的色彩を帯びている。が、盆踊りはシアトルの夏期フェスティバルである、シーフェア行事の一環として公式に指定されている。

（4）ミヤモトは、日系人青年の間の「極めて低い」犯罪率が統計によっても裏付けられていると論じている（1984：4）。彼はその理由を日系アメリカ人における集団的結束の強さに求めている。全国レベルでも一九四〇年から一九六〇年にかけての日系アメリカ人の逮捕率は、ヨーロッパ系、アフリカ系、中国系、先住アメリカ人の間でも最低であった。一九七〇年、中国系の比率は日系を下回っている（Kitano 1969 : 145）。

（5）一九三〇年から一九三七年の間にシアトル市内の九つの高校において八人の卒業生総代と六人の最優秀次席卒業生が日系人学生によって占められたと報告されている（Miyamoto 1984 : 54）。

（6）シアトル学校における一九二七年の生徒数は表のとおりである。表中の第四学年の合計の数字は五七であるが、誤植と思われるので、七五に修正した。

学年	1	2	3	4	5	6	7	8	補修科	合計
男	67	60	48	46	22	22	16	14	8	303
女	68	41	35	29	21	15	20	8	9	246
合計	135	101	83	75	43	37	36	22	17	549

（竹内 1929 : 443）

（7）ハリー・キタノは、一世の両親は仕事に追われ、国語学校によって子供達が街路で非行に走るのを防いだため、国語学校の機能の一つはベビーシッターであったと指摘している（1969 : 27）。

（8）しかしながら、日本で教育を受けた帰米は大半が自らを日本人と見なし、天皇に対し純二世とは対照的な態度を見せ、極めて深い敬意を払っていた。

（9）毎日彼らは忠誠の誓いを立て国歌を斉唱し、ジョージ・ワシントンやアブラハム・リンカーンについて学んだ（Miyamoto 1984 : xv）。

（10）例えば「イサム」は「サム」に、「タダシ」は「テッド」に、「ショウイチ」（正一）は正直を意味する「フランク」に変えられた。女性の名前はしばしば「ミヨコ」が「ミヨ」、「フミコ」が「フミ」等のように略された。

（11）本書では、日系アメリカ人の人種・エスニック集団観に基づいて記す場合、彼らの用いる用語である「白人」「黒人」「中国系」等を用いる。

（12）ヤナギサコは、この高い内婚率を、子供の配偶者としての他のエスニック集団に対する一世の非寛容性、二世の地理的移動性の低さ、一世の両親が二世の結婚を承認するという文化的限定条件として説明している。興味深いことにも、戦後外婚率は一〇%以上にも上った（1985：70，76）。

（13）歴史において、この排日土地法に対して日系人が抗議を示しその差別的法と闘ったことが記録されている。シアトル北西部日本人会は、テラスとナカツカの訴訟で一九二一年ワシントン州外国人土地法の借地禁止条項に異議を申し立てた。彼らは連邦最高裁判所へ上告したが、訴訟は敗北に終った（Ichioka 1988：232）。

（14）日系コミュニティ内での就職にしばしば限定されていたことは、一九二四年に行われた調査における二世の日本語に関する意見にも反映されている。すなわち、五二人中五〇人の二世が、日本語能力の不足から就職において不便を感じると述べている（竹内 1929：444）。

（15）一九四〇年当時、アメリカ本土に滞在していた日系人の総人口は一二万六九四八人であった。

（16）しかし、この任意立ち退き令は功を奏さず、結局、強制立ち退き命令が発令されるまでの一カ月半の間に、自主的に移動した者は、五三九六人に過ぎなかった。

（17）戦後のある調査によると、個人的に貯蔵された物資の八〇%が所有者の強制収容あるいはそれに付随する事態の間に盗難、あるいは売却されていた（Weglyn 1976：77）。

（18）ダニエルズは日系コミュニティの当時の混沌期におけるもう一つの論争の的となる事実を指摘している。ダニエルズによれば、当時JACL全国本部の書記官を務めていたマイク・マサオカは、政府への協力を誓約した後一九四二年四月初旬、JACLの全国の支部に会報を送付し故意に夜間外出禁止令に違反したオレゴン州ポートランドのミン・ヤスイを支持しないように呼びかけていた（詳細は Daniels 1988：222-224）。

（19）タカハシは、JACLは仏教会やキリスト教会からの連盟支持を受け、また日系コミュニティの他の組織からも緊急時におけるコミュニティのリーダーとして承認されていたと記している（1980：183-184）。

（20）ゴードン・ヒラバヤシとの一九八九年一一月八日の個別インタビューより。実名での引用は許可を得ている。

（21）馬小屋での収容生活に関しては、小平 1980：106-111 においても触れている。

（22）The Office of War Information, Bureau of Motion Pictures, *Japanese Relocation*. 日付不明。

（23）マツダイラによるこの部分の証言は、日本語で行われ、公聴会で通訳により英語に翻訳された時削除され、従って公聴会証言の記録には残されていない。この部分の証言はシアトルにおける公聴会のビデオテープから得たものである。
（24）シアトル地域の日系人の約九〇％がミネドカ・キャンプに収容された（Leonetti 1976：22）。
（25）一九八七年に制作されたこのドキュメンタリー・フィルム（*The Color Honor*）は、第二次世界大戦中太平洋戦線において軍情報部で活躍した二世を描いたものである。
（26）質問の内容は以下の通りであった。〔第二七問〕もしそのような機会が訪れ、あなたが有資格者であると見なされた場合、あなたは軍の看護部に志願する意志がありますか。〔第二八問〕あなたはアメリカ合衆国に対し、無条件の忠誠を誓い、日本国天皇、あるいは他の国の政府や権力組織に対し、あらゆる形の忠誠や服従を拒否しますか。
（27）この文書のコピーは、アイコ・ヨシナガ＝ハーズィックの個人的コレクションから入手した。この文書は、一九四三年七月二二日付である。
（28）ミネドカ収容所は全強制収容所の中から最大数の志願兵を送り出した。
（29）イサオ・ワダとのインタビューは、彼の第一言語である日本語で行われた。
（30）これに関する正確な統計は不明ながら、シアトルの二世の結婚の二七％が一九四一年から一九四五年のわずか五年以内に起こっている（Yanagisako 1985：66）。
（31）ドキュメンタリー・フィルム *Invisible Citizens：Japanese Americans* より。一九八三年ケイコ・ツノ制作。
（32）一九四二年秋、マンザナーでなされた調査によると、収容者のわずか二－三％のみが収容所を出ることに意欲的であったという（Weglyn 1976：100）。
（33）シアトルにおける未婚二世の比率は無作為抽出の調査によって、男性八・二％、女性九・七％と報告されている（Leonetti 1983：6）。
（34）「人種のるつぼ」論とは、全ての相異なるエスニック集団の文化が完全に融合することにより新しい「アメリカ」文化が形成されるとした思想を指す。
（35）ゴードンは「アングロ・コンフォーミティ」をアングロサクソンの中核集団の行動様式や価値観を優先し、他の移民集団の文化背景を完全に捨て去ることを要求した理論であると定義している。理論的には、「人種のるつぼ」論が今世紀初頭アメリカ社会における同化モデルの一つとして「アングロ・コンフォーミティ」に取って代わったのであるが、現実には一九六〇年代の「文化的多元主義」のモデルの台頭まで、アメリカ社会は非ヨーロッパ系移民集団の文化を殆ど吸収することはなかった。

第四章　三世の経験

（1）今日ではアフリカ系アメリカ人という呼び方が一般的になりつつあるが、第三章同様、三世自身の用いる用語で記すこととする。

（2）三世の間で互いの異性に関するイメージが話題となる時はいつも、「三世の女性」「日系男性」「日系や中国系女性」等の用語ではなく、「アジア系男性」「アジア系女性」等の表現が用いられることは特筆すべきことである。実際三世の中には、マスメディア、特に主流社会における映画において描かれているアジア系男性に関する否定的ステレオタイプについて指摘する者もいる。この問題はしばしば冗談として語られるが、三〇歳以上の独身三世の間ではそれは一見するより遥かに根深い問題である。

（3）今日アジア系アメリカ人コミュニティの間で蔑称と見なされている用語「オリエンタル」は三世の間では一般的に使用されない。しかしながら戦前、「オリエンタル」は東アジアからの移民やその子孫を指示する言葉として使用されていた。

（4）ワンは、「平和にチャンスを」あるいは「ＧＩ達の帰還を」等のスローガンを用いた白人アメリカ人の反戦運動とは対照的に、アジア系アメリカ人の反戦運動は「我々のアジアの兄弟を殺すのはやめろ」や「お前達の人種差別主義的な戦争などいらない」といったスローガンを用い、「戦争の人種差別主義的性質」を強調したと指摘している（1972：35-36．原文の強調はイタリックス）。

（5）例えば、一九七一年三月二日、シアトル・セントラル・コミュニティ・カレッジにおいてなされたデモにおける被害と清掃費は、一七五〇ドルを上回った（Executive Committee, Seattle Community College, 1971：1）。

第五章　過去と現在の再解釈——補償運動の影響——

（1）一九七六年に制作されたこの映画は、ジーン・ワカツキ・ヒューストンとジェームズ・Ｄ・ヒューストンによって書かれた小説『マンザナールよさらば』（1975［1973］）に基づいている。

（2）ハシモトは、ミネ・オークボによる『市民一三六六〇』（1966［1946］）を意味している。この本は、強制立ち退きや収容所での生活を描いたスケッチと文から成るものである。

（3）ナミキの父は、第二次世界大戦中第四四二部隊で軍務を果たしたが、彼は二世兵士として高い誇りを持っているとナミキは言う。

（4）ナガタは、両親とも収容された三世の一三％、また片親が収容された三世の二三％が最初に強制収容について知ったのは本やフィルム等を通してであったと報告している。また、両親共に収容された三世の三九％、片親が収容された者の三〇％、及び両親とも収容されなかった三世の二八％が最初に収容所について知ったのは、両親や親戚の間での会話を耳にしたことによってであるという（**Nagata 1990 : 55**）。

（5）通過した補償法案は、「将来類似した出来事が再発するのを防ぐために強制収容について大衆を啓蒙するための労力を財政的にカバーする」ための、一般大衆教育基金の設置を含めている（102 *U. S. Statutes at Large*, 903）。

（6）ゴタンダとのインタビューも、彼女の第一言語である日本語で行われた。

（7）一世の寿命の短さを示すような統計は何ら見つけることができなかった。日系アメリカ人の寿命は八〇歳以上であると思われる（ドンナ・レオネッティとの対話より）。

（8）タナベとのインタビューは、補償案制定の一ヵ月後の一九八八年九月に行われた。ムラカミとのインタビューは、一九九〇年度の予算が五〇〇〇万ドルと配分された一九八九年七月に行われた。

（9）毎月約二〇〇名の収容体験者が死去すると推定されている。

（10）収容体験者のうち、出生日が一九二〇年六月三〇日以前の者は一九九一年度予算によって補償を受け、一九二〇年七月一日以降一九二七年一二月三一日の間に生まれた者は一九九二年度の予算で支払われ、一九二八年一月一日以降に生まれた者は一九九三年度、九四年度予算によって支払われ、ほぼ全ての個人補償が完了している。

第六章　日系アメリカ人のエスニシティの変遷

（1）日系アメリカ人におけるアメリカ化志向は、いくつかの側面において、アイドハイムが報告しているエスニック・アイデンティティが社会的スティグマとなっているノルウェーのラップ人のケースに類似している。彼は、「一般的に述べて、彼ら〔ラップ人〕のディレンマの基盤は、彼らが高い価値をおく物質的財や社会的利益を獲得し、社会における機会を手に入れるためには、ノルウェー人がラップ人らしさの徴候であると捉える社会的特性を取り除いたり隠したりしなければならないことにある」（1969：45）と述べている。アイドハイムは更に、言語を中心としたラップ人の文化的コードをいつ使用するかは状況により異なるが、それは公的領域、ラップ人の閉鎖的領域、およびノルウェー人の閉鎖的領域の三領域に分類されると論じている。日系アメリカ人にとってアメリカ化の志向は一貫したものであり、文化的コードをある種から他の種へと変換するのではなく日系という閉鎖的領域にまで浸透したものであった。言い換えれば、家庭やコミュニティ環境の中でさえ、言語や行動様式、慣習を含む日系の文化的マーカーは抑制され、代わりにアメリカ的マーカーが現れたのであった。

（2）同様に、一部の三世は幼少時学校に日本的食べ物を持って行くことに対して恥の意識を抱いたと吐露している。しかし、エスニック料理と並び日本食がアメリカ社会で人気の高い今日、四世の間では状況は極めて異なるであろう。このように、日系アメリカ人の自集団に対する誇りが表れる状況や対象物は、互いに主流社会の価値付けにより影響され、日系アメリカ人の場合、その主流社会の価値付け自体がアメリカ社会における彼らの祖先の国、日本に対するイメージにより影響を受けていると思われる。

（3）ベントレーは（1987）、慣習の理論（cf. Bourdieu 1977）を個人におけるエスニック・アイデンティティの形成を説明するのに用い、エスニック・アイデンティティの無意識の側面について論じている。彼は、個人のエスニック・アイデンティティはエスニック集団の個々の構成員の間では無意識となっている共通の経験や共有された習慣に基盤をおくものであると捉えている。

（4）反アジア系感情や暴力は日系アメリカ人コミュニティにおいても、補償問題の後の第一優先事項として位置づけられている。日米貿易摩擦によって引き起こされた最も象徴的な悲劇は、一九八二年デトロイトで生じたヴィンセント・チン殺害事件であった。中国系アメリカ人青年ヴィンセント・チンは日本人に間違われ、自動車工業に関与していた二人の白人（ヨーロッパ系）アメリカ人によりバットで殴り殺された。この事件は、日米関係がいかにアメリカ国内の日系アメリカ人のみならず、アジア系アメリカ人全体に直接的な影響をもたらすかを指し示す象徴的事件としてアジア系アメリカ人コミュニティでは受けとめられている。

（5）一九九〇年の国勢調査によると、アジア系・太平洋諸島系は一九八〇年以降一〇七・八%の増加率を見せており、今や合衆国全体の人口の二・九%を占める。その増加率は、同一〇年間に五三・〇%の第二の成長率を示すヒスパニック系の二倍の速さである。

（6）一九四二年初頭に西海岸以外に居住していた二世は強制立ち退きにより、影響を受けることはなかった。また、それ以前に生まれた三世は全三世人口の中で占める割合は極めて低いものの、影響を受けている。しかしここにおける論点は、立ち退きの影響の有無が二世と三世の世代的経験の一般的な相違であると日系アメリカ人自身によって解釈されていることである。

（7）しかしながら、日系アメリカ人の「成功物語」の神話や「モデル・マイノリティ」としてのレッテルに対して、多くのアジア系アメリカ人学者らから批判が寄せられている。その主な理由は、(1)そのようなレッテルは他のマイノリティの社会的経済的困難に対してマイノリティ自身に責任を負わせるために用いられ、アメリカ社会のマイノリティが直面する人種差別や不正義、あるいは他の現実状況を覆い隠すものである、(2)「成功物語」は多様なアジア系アメリカ人コミュニティが直面するチャイナタウンやジャパンタウン、あるいは近年の難民のコミュニティにおける貧困、病気、貧しい住宅事情、失業等の問題や、大学入学や昇進においてなされる差別、「ガラスの天井」を無視している、というものである（e.g. Suzuki 1980; Kim 1973; Iino 1989）。

（8）この日系三世におけるアジア系アメリカ人アイデンティティの発展については、シアトルの地域性も関係していると思われる。前述の通り、個別アジア系集団のコミュニティではないインターナショナル・ディストリクトという汎アジア系地理的コミュニティの存在、特に三大アジア系集団における人口上の均衡などから、よりアジア系アメリカ人アイデンティティが発達しやすい環境となっているのかも知れない。なお一般的な汎アジア系エスニシティについては、Espiritu 1992を参照。近年、「アジア系アメリカ人」という単一ラベルへの抵抗やこの集団の多様性の強調が少なからぬアジア系アメリカ人自身の間で強く認められるようになってきている。当初マイノリティ運動の中で日系、中国系、フィリピン系が主体となって定義し使用し始めた「アジア系アメリカ人」という語が指す集団に、一九六五年移民法改正やサイゴン陥落後他集団が多く流入したわけであるが、それにより極めて多様化しているのが現状である。この多様性の強調には、えてして「成功」集団としてのイメージを伴う「アジア系アメリカ人」という一つのラベルで扱われることにより、貧困や適応問題など現実に存在する諸問題が覆い隠されがちであること、また移民史の浅い集団のアメリカ化とともに、彼らが従来汎アジア系組織の指導的地位を日系や中国系がしばしば独占してきたことに不満を抱き、自らの存在を主張し始めたことなどが背景にある。確かにこれまでアジア系アメリカ人の多様性が軽視されていたが、このような多様性の強い主張も長期的には一時的現象として捉えられるかも知れない。エスピリツも指摘するように、政治的脈絡でのアジア系アメリカ人アイデンティティとは異なり、外社会によるアジア系への差別は個人に選択の余地を許さないし、また汎アジア系組織、メディア、大学のアジア系アメリカ研究などの存在は汎アジア系アメリカ人アイデンティティを発展させるものである。アジア系集団内が多様であることは言うまでもない。それは程度の差こそあれ、「インディアン」や「ユダヤ系」等が歴史的に多様であったのと同様である。第一章で論じたように文化的特性の共有に拘束されすぎてはエスニシティの現象は解明できないのであり、むしろ元来そのような多様性や互いの敵対感情を含みながらも、外社会との相互作用によりこの汎エスニシティが台頭してきたことに注目すべきであると思われる。

（9）再確認しておきたいのは、ここでは、世代は日系アメリカ人のアメリカ社会への統合を理解するための指標であり、二世と三世の相違を一般的な世代的相違として議論を進めていることである。従って、ここでアジア系アメリカ人アイデンティティやマイノリティとしてのアイデンティティを抱く一部の二世や、日系アメリカ人あるいはアメリカ人としてのアイデンティティ以外の形態のアイデンティティを持たないという一部の三世の存在を否定するものではない。

（10）星条旗の象徴的使用は、例えば一九八六年の「追憶の日」のパンフレットのカバー全面に星条旗が描かれた例や、また一九八八年一〇月に開かれた補償法案通過の祝賀会において、会場の風船や装飾が全て星条旗を象徴して赤、青、白で彩られた例にも表されている。また同祝賀会で、法案が大統領により署名された日にホワイトハウスに翻った星条旗が、JACLシアトル支部に贈られ、今日そのオフィスに飾られている。

（11）アルバは、彼の『エスニック・アイデンティティ――白人アメリカの変遷』の結論において、アメリカ人であることとエスニック・アイデンティティを肯定することは矛盾しないと示唆している（1990：319）。本書におけるこの部分の議論は私が独自に発展させたものであるが、それのみならず結語での言及に留まったアルバの議論より実証的に示したつもりである。

（12）一九八七年九月、同博物館の展示は、アメリカ憲法制定の二〇〇周年を記念してオープンした。スミソニアンのロジャー・ケネディは、「日系アメリカ人は、我々全てを、二世紀前の建国の父祖により想定されたより完全な国家へと大きく躍進させ近付けてくれた」と述べ、アメリカ一般社会に対して日系アメリカ人の補償問題に表れるアメリカニズムの重要性を訴えている（*Pacific Citizen* 1990. 8. 17-24）。

(13) 同館は一九九二年五月、ロサンジェルスの日系アメリカ人コミュニティにおいて、大統領行政命令九〇六六号発令五〇周年記念の一環としてオープンした。

(14) 一九七〇年代、八〇年代を制した文化的多元主義は構造的には人種統合を前提としたものであったが、それによりアフリカ系アメリカ人は、それまでとは異なる側面で人種差別の根深さを経験し、多くの事態が悪化こそすれ改善されないと認識して、彼ら独自の組織や経済力を築く動きに向かっている。アフリカ系アメリカ人は、伝統的な黒人大学での教育のように、彼ら独自による分離した制度の状況の下での方が、偏見や差別から解放され優秀な能力を発揮するという。また経済力においても、アフリカ系アメリカ人の集団を境界を持ち独立した一つの存在として捉え、その支出と収入の差を縮めようと、アフリカ系アメリカ人のビジネスの産出・復興による活性化が盛んに叫ばれている。現在私がロサンジェルスで行っている調査によれば、アフリカ系アメリカ人のコミュニティ指導者は、このような分離主義に似た動きは八〇年代は少なくとも表面化しなかったという。

(15) 例えば、一九八六年八月の中曽根発言、一九八八年七月の渡辺発言、一九九〇年九月の梶山発言、一九八九年のキャラクター商品会社によるちびくろサンボ人形など。これらの事件において日系アメリカ人指導者や日系議員は、アフリカ系アメリカ人政治家や指導者らと日本側との仲介役を果たし、日本側に助言を与えるとともにアフリカ系アメリカ人指導者に状況を説明し、両者の関係修復に寄与した。

新装版に寄せて

一九四二年二月一九日、大統領令九〇六六号がフランクリン・D・ルーズベルト大統領によって発令され、それによって西海岸に住んでいた米国日系人が砂漠のなかの収容所に送られてから、今年で七五年という一つの節目を迎える。強制立ち退き・強制収容の記憶を風化させまい、二度と同じ過ちを政府や社会に繰り返させまいという願いからシアトルで始まった日系アメリカ人の「追憶の日」は、その後全米の日系アメリカ人コミュニティに広がり、今も毎年二月一九日前後に各地で開催されている。

トランプ政権発足後まもなく迎えた二〇一七年の「追憶の日」の式典は、折しも、中東七カ国からのムスリムのアメリカ入国を禁じる大統領令をめぐって、米国内で大論争が沸き起こっていた最中に執り行われた。各地で例年より多くの日系アメリカ人とその同志が集い、ムスリムに対してかつてと同じ過ちが繰り返されようとしていると大きな抗議の声を上げた。

また大統領令九〇六六号に関連した特別展も、スミソニアン国立アメリカ歴史博物館や全米日系人博物館などで相次いで開催されている。全米日系人博物館の企画展「すべての人に告ぐ――大統領令九〇六六号の回顧」においては、九〇六六号の原文書が展示されている。手動式タイプライターで印字されたわずか二頁の短文には、「(戦時中につき、軍事地域からの)退去や出入りの禁止」という文言がみられるが、「ジャパニーズ」という語は一度も登場しない。この曖昧な大統領令が西海岸に住む全日系人を対象にしたものだと日系人自身が気づくのは、発令の

一、二カ月後の「日本人を祖先にもつすべての人に告ぐ」と大書されたポスターが各地の日系人コミュニティの街頭に貼られた時のことであった。「すべての人に告ぐ」という企画展は、そのタイトルが示す通り、文化や出自、宗教の垣根を越えてあらゆる人びとに、特定の国家／民族の出自を理由にその財産のすべてを奪い収容所に監禁した九〇六六号が歴史に残した負の意味について問いかけている。

本書を執筆した当時、日系アメリカ人に対する補償（大統領による謝罪の手紙と一人二万ドルの補償、および教育基金の設立）が、慰安婦問題も含めて他の補償問題にその後どのような影響を与えうるかまでは、正直なところ、私の想像の範囲を越えていた。本書第二章で論じたように、一九七〇年代前半から、シアトルの日系コミュニティとカリフォルニアのコミュニティとの間では、個人補償か集団補償かをめぐり、しのぎを削る争いが繰り広げられていた。カリフォルニアの集団補償案は、「日本人を祖先にもつ」ことを理由として集団に対して行われた不正義であったと主張し、それに対してシアトルの個人補償案は、被害の主体を個人におき、合衆国憲法で保証されている諸権利が「アメリカ市民」であるにもかかわらず奪われたことを前面に押し出した。その主張において「日系人」は後景化していったのである。言い換えるならばアメリカという国民国家の物語に回収されることによって初めて、日系アメリカ人のリドレスを達成する道は開かれた。それが現実だったのだと思う。

ジョン・トーピーは、その著書『歴史的賠償と「記憶」の解剖――ホロコースト・日系人強制収容・奴隷制・アパルトヘイト』（二〇一三年［原著二〇〇六年］）のなかで、「歴史的不正行為に関するもっとも顕著で重要な運動のひとつ、実際それに続く運動の主要な先例」として、第二次世界大戦中の日系アメリカ人や日系カナダ人の強制収容補償運動を挙げている（傍点は引用者）。物的損害に対する金銭的賠償がより重要な意味を持っていた従来の賠償形態とは異なり、日系アメリカ人に対する補償は、集団ではなく、個人の「精神的な障害や精神的外傷《トラウマ》をはるかに重要視する」ことを特徴としたのである。こうした「被害者個人の救済のために補償を実現しようとする議論」には先例があり、永原陽子によると、ナチスによる個人の被害を旧に復すという意味の「補償」の対象は、すでに一九八〇年代以降、それまでのユダヤ人から、ロマ人や同性愛者、医学実験の犠牲者などにまで広がっていたようである（永原陽子編『「植民地責任」論――脱植民地化の比較史』二〇〇九年）。しかしアメリカ政府によって最終的に一六億ドル（一ドル一〇〇円として約一六〇〇億円）もの支出がなされたという、その補償行為の主体と拠出金の規模からすれば、トーピーの言うように「主要な先例」となったと言えるだろう。少なくとも、賠償・補償運動のグローバルな潮流を変えるのに一役買ったのではないか。

実際、日系アメリカ人に対する補償は、アジア女性基金による元「慰安婦」への償い事業の際にも参照されることとなった。首相によるお詫びの手紙とともに、二八五名のフィリピン、韓国、台湾の元「慰安婦」に対する一人一律二〇〇万円の償い金（医療・福祉事業は別途）がそれである（和田春樹著『慰安婦問題の解決のために――アジア女性基金の経験から』二〇一五年）。ジョージ・ブッシュ大統領（当時）による短い手紙よりもはるかに誠意のこもった総理大臣の手紙と、その九割以上に国家の税金が投入された償い金にもかかわらず、なぜアジア女性基金は成功しなかったのか。そしてなぜ、最近の慰安婦問題に関する日韓合意も大きな批判を浴びているのか。当初、一九六五年の日韓条約の他項目への影響などが懸念されたことや、慰安婦問題が日韓の一部の活動家らに政治利用された側面は否定できないとしても、「補償」の解釈をめぐる日韓の溝は深い。その齟齬を読み取る一つの鍵は、旧来型の国家から国家への賠償か、あるいは議会などの公的承認を経たうえで国家として被害者個人に対して補償を行うのかという、補償のあり方をめぐる認識の違いにあるように思う。

本書が刊行されてから二〇年以上の歳月が流れ、その間に日系アメリカ人をめぐる状況も大きく変化した。第一に挙げられるのは、異集団間結婚率の高さであろう。異集団間結婚率、とくに「白人」との結婚率は、アジア系六大集団のなかでも日系アメリカ人が群を抜いて高い。「ハパ」「ミックスレイス」「バイシャル」などと自称することが多い日系人と非日系人をルーツにもつ人びとは、若年世代の過半数を占めるに至っている。本書の最後で、三世までが維持していた世代意識や「擬似的親族」関係が世代が進むごとに弱まるのは回避できないだろうと予想したが、地理的にも社会的にも主流社会に統合されていった彼らのあいだで、「日系アメリカ人」という括りで語られる社会的紐帯はやはり極度に薄れていると言わざるをえない。ブラジルの日系人の間でかなり以前から語られてきたジョークは、日系アメリカ人にも当てはまる。「イッセイ、ニセイ、サンセイ、ノンセイ」。つまり、移民一世から三世までは強い世代意識が維持されていても、それ以降は「ノンセイ(não sei)」(ポルトガル語で「わからない」を意味する)といわれるように、もはや自分が何世なのかわからない、あるいはそもそも世代意識自体が成立しえないのである。かつて存在した日本人移民の制限、「写真花嫁」の短期間での流入、それに続く家族形成から生じた日系人人口の世代集中や、公民権運動・アジア系アメリカ人運動にみられたような「あの頃をともに生きた」という同時代体験が、日系ルーツの若い世代に存在しないことも要因となっている。また複数ルーツをもつ人びとが増え、両親それぞれの世代数が錯綜している事情も働いている。「一世」「二世」「三世」といった世代名称は社会的構築物に過ぎないという見方があるが、あらゆる社会的カテゴリーは表象であるから、そうした見解も間違いではない。しかしながら、自己アイデンティティや家族関係、他の日系アメリカ人とのつながりを語る言葉が、当事者である彼ら自身にとって不可欠であったこともまた事実である。

もう一つの重要な変化は、アメリカ社会における彼らのプレゼンスの低下である。一九七〇年のセンサス(国勢調査)まで長年、アジア系のなかで最大人口を誇っていた日系人も、現在は六大集団のうち最小であり、センサスにおいて単独で日系を選択した人口となると一位の中国系の三分の一以下という少なさである。大統領権限継承者第三位である上院議長代行まで務めたダニエル・イノウエ上院議員を亡くし、議員数も減り、政治的発言力が低下していることは否めない。大学のアジア系アメリカ人の研究学部・学科におけるポストも、日系アメリカ人研究者の退職ラッシュが続くなか、そのすべてではないにせよ、他のアジア系によって埋められるであろうと言われている。他のアジア系アメリカ人が発言力を高めるなかで、日米関係や日中・日韓関係にも少なからぬ影響をも及ぼしている。アジア系アメリカ人社会における日系アメリカ人の政治力や資源配分、次世代につながる知の再生産に、大きな地殻変動が生じているのである。

他方、二〇年以上の時の経過にもかかわらずあまり変化が見られないものもある。それは、日系アメリカ人を結束させるものが、今もなお強制収容の記憶であり続けていることである。それがとりわけ濃厚に表れているのが、全米日系人博物館をはじめとするさまざまな博物館での展示表象や、日系アメリカ人アーティストたちによる芸術・音楽・映画、強制収容所跡地への巡礼である。日系アメリカ人のエスニシティが、文化的特性の共有意識から、集団の歴史的経験の再解釈に基づくものへと変容したとする本書の主張は、今日の日系アメリカ人コミュニティを理解するうえでも外れてはいないように思う。一方、若い世代の間では、コミュニティ内での語りがあまりに「キャンプ」(収容所)に偏り、そこで停滞したまま前進していない、と嘆く声もよく聞かれる。

それでは日系ルーツをもつ現代の若者たちにとって、日系アメリカ人の移民の歴史や強制収容という集団経験はどのように記憶されているのか。とりわけ複数ルーツをもつ人びとは、「日系アメリカ人」や「アジア系アメリカ人」、またジェンダーや階級などさまざまな社会的カテゴリーとどのように向き合い、それらをどのように解釈しているのだろうか。その小さな手がかりをつかむために私が過去一〇年ほど行ってきた研究の一つが、日系や他のアジア系アメリカ人芸術家たちへのインタビューである。過去の集合的記憶を忘却することも、それに束縛され過ぎることもなく、未来へと歩む術を、常に時代の最先端を行くアーティストから学びたかったからであった(その最新の成果は、「人種神話を解体する」シリーズの第三巻『「血」の政治学を越えて』に所収、第8章)。なお、共編著*Trans-Pacific Japanese American Studies: Conversations on Race and Racializations*［トランスパシフィック日系アメリカ人研究――人種と人種化をめぐる対話から］（ハワイ大学出版局、二〇一六年）は、日米合同研究の成果であり、現代に関する論文もいくつか収められている。

さて本書は、*Breaking the Silence: Redress and Japanese American Ethnicity*［沈黙を破って――補償と日系アメリカ人のエスニシティ］（コーネル大学出版局、一九九五年）の日本語訳である。強制収容と補償運動が彼らのアイデンティティにどのような影響を及ぼしたかを検証した学術的研究は、アメリカでもこの本が最初であった。英語版はこの間途切れることなく一部の大学のテキストなどに使用されてきたが、日本語版は三刷のあと品切れとなり、諸方面に長く不便をおかけしていた。内容は先に完成原稿が出来ていた英語版のほぼ忠実な和訳であるが、日本の読者を意識して加筆した箇所もある。英語版が原著とはいえ、私自身はこの日本語版により強い愛着を感じている。とりわけ日系アメリカ人の言葉をどのような日本語に翻訳するべきかに、拙いながらもこだわったからである。第一章冒頭のニッキー・ルイスの劇『沈黙を破って』からの引用、「祖先が慎みて旨とした沈黙を　破るは我らの嘆きなり」に始まり、最後のある三世の言葉まで、何度も推敲を重ねた。相手の語気や表情、しぐさ、生活ぶりなどを思い出しながら、一人一人の声を日本語で紡ぎ出す作業は、まるで小さな手作り品を一つ一つ仕上げるような感覚だった。

この間、シアトルの友人たちを介して本書でインタビューした二世たちの訃報を受け取るたびに、悲しみと寂しさと後悔の入り混じった感情に襲われた。もっと聞いておくべき話があったのではないか、私に話したかったことがまだあったのではないか、もっと多くの人たちに晩年まで顔を見せに訪ねていけばよかったものをと。後悔が募るなか、唯一の救いは、五年前に再会を遂げ、翌々年亡くなった故ヘンリー・ミヤタケさんからプライベートで聞いた話をもとに、「ヘンリー・ミヤタケさんと日米戦争」(『人文』第六一号、二〇一四年)と題した短篇エッセイを書いたことである。本書でも登場するミヤタケさんは、日系アメリカ人に対する個人補償案の産みの親である。調査時何度も会っていたはずなのに、これまでの先行研究や資料でも見たことのない話を彼は私に堰を切ったように語った。拙文は「竹沢泰子研究室」のホームページからも閲覧できるので、関心のある方には一読して頂ければ幸いである。

難解な理論を、博士論文の構成どおりに本書の第一章に配置したことも、幅広い読者層を得る妨げになったに違いない。いつか定年後になるかもしれないが、インタビューした人びとの声を可能な限り再現した本を、より多くの読者に開かれた形で出版することが、私の夢であり恩返しだと思っている。

このたびの復刊にあたり、装丁も一新することにした。収容所へと向かう子どもたちの写真を載せた淡いパールピンクの表紙に代えて、今なお最前線で活躍し続けるシアトル出身のアーティスト、ロジャー・シモムラさんの作品「子どもの頃の思い出」シリーズから二点選んだ。リトグラフの原画には、それぞれ、以下の文が添えられている。「人生最初の思い出は、キャンプで三歳の誕生日を祝った時のことだった」(カバー上図)、「ミニドカ[収容所]に転住すると、友だちはみな近所に住んでいた」(カバー下図)。強制収容の生き証人として人種差別への警鐘をライフワークとしてきたシモムラさんが、作品を通して放つ強いメッセージを、本書とともに届けられることを幸運に思う。

昨今、日本においても、第二次世界大戦中の日系アメリカ人の経験が展示やテレビ番組で紹介される機会が増えている。スミソニアンで開催され、日本にも巡回して大きな反響を呼んだ「尊厳の芸術」(原題は *The Art of Gaman* [我慢の芸術])展を、私は二〇一三年三月、福島で観た。地中に埋もれていた貝殻を花びらへ、拾い集めた木片を仏壇へ――知恵とユーモアと祈りを頼りに、何もない砂漠で拾い集めたわずかなものを芸術へと昇華させ、希望を失わずに生きようとした当時の人びとの姿が目に浮かび、深い感動を覚えた。その中には大きな表札もあった。名札ではなく囚人のように番号札をぶら下げ収容所に入れられた日系人たち。しかし、その屈辱に負けることなく、自らの苗字を刻んだ大きな表札を天に向けてバラックの外に掲げていた。強制立ち退きと強制収容は彼らの全財産を奪ったが、彼らの尊厳までも奪うことはできなかったのである。

最近の日系人関連の報道番組のなかで、二〇一五年五月のNHKクローズアップ現代「日系人部隊の記録」と、二〇一七年三月放送のNHK・BS1スペシャル「失われた大隊を救出せよ――米国日系人部隊〝英雄〟たちの真実」が、格別印象に残った。ヨーロッパ戦線で闘い、「英雄」として戦後長く賞賛されてきた日系人兵士たちだが、当時「捨て石」のように扱われたことで受けた心の傷はけっして癒えることはないと告白していた。人生の最終段階を迎えた九〇歳前後の彼らが、「毎晩のように悪夢にうなされる」、「「英雄」という言葉は嫌いだ」と、涙ながらに語るのである。

しかしこれらの話は、二〇一三年にホノルルで耳にした元日系人兵士たちの語りとはまるでかけ離れていた。共同研究者の父親が登壇するというので参加したシンポジウムの会場は、四四二部隊結成七〇年を祝う多数の聴衆で溢れていた。日系アメリカ人だけでなく多数の白人を目の前に披露されたのは、同じ日系アメリカ人同士でも、ハワイ出身者とアメリカ本土出身者は、互いに蔑称で呼び合うほどの犬猿の仲であったことをネタに、聴衆の笑いを誘うような話であった。あれは彼らが表向きに語る定番のジョークだったのに違いない。まだまだ語りきられていない、知られていない歴史が、彼らの心の闇に埋もれたままなのだ。

このようなかで近年、日系アメリカ人を研究テーマとして取り組む若手研究者が先細りしていることが気がかりである。とりわけ現代を扱う文化人類学的・社会学的研究はきわめて乏しい。まだ発掘されていない移民関連の史料や保存されたままの音声テープは日米の関連機関に豊富に残されているし、前述のような二世兵士も一握りとなったが、今ならまだ聞き取りが可能である。現代のさまざまな新しく興味深い現象も研究課題となりうるだろう。若い研究者の方々には、日本語を用いた研究でしかアメリカ人と勝負できないといった先入観によって、自分の研究テーマを制約しないで頂きたい。そうした研究の重要性は強調してしすぎるということはない。しかし特別な語学力がなくともそのハンディを凌ぐユニークな視点はありうるのであり、チャレンジすることを諦めないでほしいのだ。

現在、アメリカ、ヨーロッパ、東アジア、そして日本も、一様に不穏な空気に包まれている。日系アメリカ人だけでなく、ヒロシマ・ナガサキ、沖縄、アジア諸地域の人びと、そしてそれらの意思を継承したさまざまな人びとが発し続けてきた声によって、平和へと近づいてきたはずの歩みが、時の為政者たちにより一晩で振り出しに戻されるようなことがあってはならない。

二〇一六年のアメリカ大統領選の結果を左右した最大の要因は、よく言われるような貧困ではなく、教育水準であったことが統計分析により報告されている。一般に両者には相関関係が見られるが、比較的高い所得層のなかでも大卒未満の人びとのなかでトランプ支持者が多かったことが浮き彫りになった。他にも、人種（白人人口が八、九割を占める地域）や経済（製造業の衰退地域）などが強く影響している。彼らが抱く移民やマイノリティに対する恐怖心は、ほとんどが直接体験に基づくものではなく、正確な知識や情報を持ちあわせないことによって生じる被害妄想に過ぎない。

そのように考えると、基礎教育と、顔と顔を合わせる人間関係が、差別や偏見の克服にいかに重要であるかを改めて思い知らされる。本書に記した日系アメリカ人の経験と補償を求めた闘いの記録が、若い世代によって読み継がれることを心から願う。

日系アメリカ人の強制収容の経験はどのように遺産として引き継がれているのか。そして、現在の政治状況のなかでそこにどのような新たな意味づけがなされようとしているのか――これらの疑問にいま一度立ち返るうえで、本書の復刊はまさに時宜を得たものとなった。最後に、「書物復権」リクエストのアンケートで支持して下さった読者の方々、このような形で復刊を実現して下さった東京大学出版会に深く感謝したい。

二〇一七年四月八日　京都にてシアトルの桜に想いを馳せながら

竹沢泰子

索　引

あ 行

アイゼンスタット，S. N.（S. N. Eisenstadt） 21-22, 212, 221
アイデンティティ（identity） 16-29
　アイデンティティ・ディレンマ 157-158
　アイデンティティ・マーカー（identity markers） 212, 222, 224
　国民アイデンティティ（national identity） 22, 85, 191, 204-207, 218, 234, 237
　個人的アイデンティティ（individual identity） 22, 212, 224
　集合的アイデンティティ（collective identity） 22, 212, 224
アイドハイム，H.（Harold Eidheim） 20, 220, 224, 258-259
アジア系アメリカ人（Asian Americans） vii, 10-12, 139, 156-170, 188, 201-203, 213, 226, 257, 259-261
　アジア系アメリカ研究（Asian American Studies） vii, 162-163, 166
　アジア系アメリカ人アイデンティティ 18, 26, 160-161, 163-165, 169-170, 203, 229-235, 260-261
　アジア系アメリカ人運動 160-169, 229-233
アフリカ系アメリカ人（African Americans） 146, 152-153, 155-156, 164-165, 167, 177, 186, 228, 232, 240, 262
　黒人運動 161-164, 167, 175, 228
アメリカ化（Americanization） 79-80, 122-123, 128-134, 140-141, 154-155, 164, 170, 213, 227, 230, 234-242
アメリカ公立学校 79, 146, 150, 219, 227-228, 254
アメリカニズム（Americanism） 48-49, 237-239, 261
アメリカの誓い（American Promise） 49-50, 251
アリュート人（Aleuts） 46, 57, 250
アングロ・コンフォーミティ（Anglo-Conformity） 26, 92, 140, 239, 256-257
安楽死 105-106
イエロー・パワー（Yellow Power） 162-163, 170, 229, 257
異人種・異民族間結婚 →外婚
一世（Issei） 7-9, 19, 29, 39-40, 74, 100, 120-121, 195-197, 210-211, 218-219, 228, 243, 258
イノウエ，D.（Daniel Inouye）上院議員 55, 74, 250-251
イラン危機 201, 232
インターナショナル・ディストリクト（International District） 12, 163, 228, 246, 260
インタビュー 31-33
インディアン →先住アメリカ人
ウエダ，C.（Clifford Uyeda） 54
ウエハラ，G.（Grayce Uyehara） 63
ウォルマン，S.（Sandra Wallman） 25
ウノ，E.（Edison Uno） 45, 54, 251
エスニシティ（ethnicity） iii-iv, 13-29
　イデオロギー的エスニシティ（ideological ethnicity） 22-23, 225
　行動的エスニシティ（behavioral ethnicity） 22-23, 225
　象徴的性格 iv, 27-28
　定義 13, 25, 246
エスニック・アイデンティティ（ethnic identity） 16-26, 139-142, 169-170, 197, 218-230, 234-235, 239-243
　エスニック・アイデンティティとシンボル →シンボルとアイデンティティ
　転換・変化 23-26, 165, 223-224
エスニック集団（ethnic groups） iii-iv, 13-29
エスニック・スコープ（ethnic scope） 24-26
エスニック・スティグマ（ethnic stigma） 20-21, 23, 140-141, 176-177, 220, 222-224, 240, 258-259
エスニック・ステレオタイプ →ステレオタイプ

エスニック・バウンダリー（ethnic boundary）　iii-iv, 16-17
エスニック・パーソナリティ（ethnic personality）　22-23, 225
エスニック・プライド（ethnic pride）　192-193, 222-224, 231-232
NCJAR　42, 55-56, 58-59, 64, 238, 252
NCRR　42, 63-64, 168, 252
FBI　39-40, 60
エミック（emic）　34

か　行

外国人漁業禁止法（Alien Fishing Law）　83
外国人土地法（Alien Land Laws）　9, 83, 253
外婚　iv, 10, 82, 131, 156, 159, 226, 244, 255
カーター，J.（Jimmy Carter）大統領　55
価値観　74-75, 95-96, 147, 164, 206-207
カナダ政府　64, 252-253
ギアーツ，C.（Clifford Geertz）　18-19, 218
帰化不能外国人（aliens ineligible to citizenship）　8-9, 40, 72
キノシタ，C.（Cherry Kinoshita）　56-57
帰米（Kibei）　76, 110, 113-115, 190-191, 247
キャンプ・ハーモニー　→ハーモニー収容所
教育　10-11, 75-76, 80, 117-118, 122-123, 126, 230, 254
強制立ち退き（evacuation）　40, 89-93, 97-98, 124-125
居住区　9-11, 73, 84, 124, 128, 130, 145, 150, 198
緊急時拘留法　→1950年国内治安維持法
クラス・アクション（class action）　42, 56, 238
苦しみの共有感（sense of shared suffering）　20, 184, 195-196, 212-213, 220-223, 242
軍事上の必要性（military necessity）　40-42
ケイコゴト（稽古ごと）　78-79, 121, 147-148, 227
結婚　82, 126-127, 159, 226, 255-256
言語　76-77, 79-80, 111, 122, 129, 130-131, 133, 146-147, 149, 169, 220, 227, 255
原初性論者（primordialist）　18-19
原初的愛着感（primordial attachments）　218, 233
県人会　73, 195, 227
憲法違反　41-42, 95, 117, 179, 189-191, 200, 205-206, 249
拘置所　86, 248
公聴会　→戦時民間人転住・収容に関する委員会
公民権（civil rights）　45, 55, 163, 201, 237-240
交友関係　73, 77, 80-81, 133-134, 145-146, 152-158, 161
国語学校　72-73, 76-78, 81, 195, 227-228, 254
黒人　→アフリカ系アメリカ人
国内治安維持法　→1950年国内治安維持法
雇用　10, 83-84, 105, 120, 124-128, 138-139, 162-163, 196, 255
コラ・ノビ令状（*Coram Nobis*）　42, 60, 66, 238, 249
コレマツ，F.（Fred Korematsu）　43-44, 59-60, 249

さ　行

サカモト，J.（Jimmy Sakamoto）　92, 104-105, 108
三世（Sansei）　29, 52, 62, 145-170, 173, 176, 179-180, 182-183, 193, 195-196, 198-199, 200-206, 211-213, 220-235, 247-248
シアトル（Seattle）　7-13, 53
シアトル強制立ち退き補償委員会（Seattle Evacuation Redress Committee）　46, 56, 59, 251
シアトル・プラン（Seattle Plan）　46-47, 50, 56, 251
JACL　9, 42, 44-45, 49, 64-65, 91-92, 191, 199, 246, 250-251, 255
　JACL シアトル支部　11-12, 46-47, 51, 64, 66, 139, 189, 237, 251
　JACL 政治教育委員会（JACL-LEC）　44, 47, 63, 252
　JACL 全国大会　45, 47, 54, 64, 180, 189-190
　JACL 全国補償請求委員会（JACL National Committee for Redress）　54
　JACL 全国本部　48, 50-51, 54-56, 58, 62-63, 65, 255
　JACL 日系遺産基金（JACL Legacy Fund）　66

資格制度計画（entitlement program）　65, 208
社会的記憶喪失（social amnesia）　141, 220
写真花嫁　8, 245
ジャパン・バッシング　211
集合所（assembly centers）　40
住居　10-11, 84, 127-128, 146, 228
宗教　73, 110, 124, 129, 146-147, 228, 253
少数派集団　→マイノリティ
少数民族運動　→マイノリティ運動
食生活　72, 99-100, 121, 147-150, 259
人口構成　7-11, 245-246
紳士協約（Gentlemen's Agreement）　8
人種（race）　15, 247
人種差別　9-10, 15, 72, 83-84, 105, 123-124, 127-128, 134, 138-141, 149-152, 154, 163, 165-166, 178, 188, 198, 211, 218-220, 226, 228-232, 241
人種のるつぼ（Melting Pot）　26, 128, 141, 220, 230, 239, 243, 256
真珠湾攻撃　39-40, 86-88, 136, 150-151, 174, 178, 207-208
シンボルとアイデンティティ　22, 212, 221-222, 224, 238, 261
シンボル・マーク　→補償運動シンボル・マーク
スタイン, H. F. とヒル, R.（Howard F. Stein and Robert Hill）　22, 225
ステレオタイプ（stereotypes）　17, 24, 152-153, 158-160, 162, 170, 185, 233, 257
「成功物語」（success story）　128, 138, 193, 231, 260-261
世代差　28-29, 76, 173-180, 193, 219, 226-235, 245, 261
1950年国内治安維持法（Internal Security Act of 1950）　44-45, 250
1921年外国人［排日］土地法（1921 Alien Land Law）　83, 255
1924年移民法（Immigration Act of 1924）　8
1988年市民的自由法（Civil Liberties Act of 1988）　42
1948年立ち退き賠償請求法（Evacuation Claims Act of 1948）　43-44, 48, 248-249
戦時転住局（War Relocation Authority）　40, 104, 110, 249
戦時民間人転住・収容に関する委員会（Commission on Wartime Relocation and Internment of Civilians）　29, 43, 55, 57, 59, 62, 183-184, 248
　公聴会　59, 183-185, 210-211
先住アメリカ人（Native Americans）　80, 186, 196, 203, 241

た　行

大統領行政命令9066号（Executive Order 9066）　40, 49, 53, 60-61, 66, 89, 242, 248, 262
第二次世界大戦中の日系アメリカ人の立ち退きと収容に対する補償を獲得するための活動へのアピール　48-49, 237
多元主義者（pluralist）　iv, 26-27, 247
立ち退き賠償請求法　→1948年立ち退き賠償請求法
「血」の概念　74, 77, 218
中国系（Chinese immigrants and Chinese Americans）　10-12, 81, 88, 133, 145, 152-153, 160-162, 166, 170, 181, 184, 201-202, 228-229, 232-233, 259-261
忠誠登録質問（loyalty questions）　110, 256
朝鮮系（Korean immigrants and Korean Americans）　10-11, 161, 202, 246-247
「直線」理論（straight-line theory）　19
『沈黙を破って』（*Breaking the Silence*）　3, 30, 62, 245
追憶の日（Day of Remembrance）　3-6, 43, 52-55, 60-62, 66, 180-183, 191, 212, 220-221
定着期　8
デゥヴォス, G.（George DeVos）　20
デゥヴォス, G. とロマヌツィ＝ロス, L.（George DeVos and Lola Romanucci-Ross）　20-21, 222
デヴェロー, G.（George Devereux）　22, 225
敵性外国人（enemy aliens）　86, 112,
デュウィット, J.L.（John L. DeWitt）　96, 252
転住所（relocation centers）　40-41, 248, 251
「伝説の創出」（invention of tradition）　21-22
天皇　74, 78, 87-88, 110, 113-114, 228

同化（assimilation） 128-134, 158, 168, 219-220, 226, 236
同化論者（assimilationist） iv, 26-27
東京ローズ（Tokyo Rose） 249-250
トゥールレーク収容所（Tule Lake Relocation Center） 94, 105-106, 111, 113-116, 250
トルーマン，H.S.（Harry S. Truman）大統領 43

な 行

ニクソン，R.（Richard Nixon）大統領 45
二世（Nisei） 9, 29, 45-46, 48-49, 59-60, 71-142, 151-155, 160, 173-186, 189-213, 218-232, 234-235, 237-240, 245-252, 254-256, 260-262
日系アメリカ人補償全国協議会 →NCJAR
日系遺産基金 →JACL 日系遺産基金
日系人 245
日本語学校 →国語学校
ニホンマチ（日本町） 9, 11-12, 71-72, 127, 168, 194-195, 219, 228, 253
任意立ち退き令 89-90, 253
年中行事 73-74, 119, 147
ノー・ノー・ボーイ（No-No Boy） 109-115, 137, 189-190

は 行

売春業 7-8, 245
排日漁業禁止法 →外国人漁業禁止法
排日土地法 →外国人土地法
白人 →ヨーロッパ系アメリカ人
パーク，R.（Robert Park） 26
恥 74-75, 131, 134-135, 147, 176-177, 220, 222-223, 230, 259
パッシング（passing） 23
ハートマウンテン収容所（Heart Mountain Relocation Center） 190
ハーモニー収容所（Camp Harmony） 4, 52, 96, 98-103
バラック（barracks） 41, 98-105
パールハーバー →真珠湾攻撃
バルト，F.（Fredrik Barth） 16-17
ハヤカワ，S.I.（S.I. Hayakawa）上院議員 54, 251
反アジア系感情（anti-Asian sentiments） 211, 226, 259
ヒラバヤシ，G.（Gordon Hirabayashi） 57, 59-60, 62, 93-95, 185-186, 249-250, 252, 255
ピュヤラップ（Puyallup） 3-5, 52-53, 61, 91, 96, 98-103, 181-183
フィリピン系（Filipino immigrants and Filipino Americans） 10-12, 146, 152-153, 161-162, 166, 170, 228-229, 232-233, 246, 260
フィールドワーク（fieldwork） vi-vii, 29-35
フォード，G.（Gerald Ford）大統領 49, 251
フジタ，S. とオブライエン，D.J.（Stephen S. Fugita and David J. O'Brien） 28, 236, 240
ブッシュ，G.（George Bush）大統領 39, 65, 208-209
プライバシーの欠如 100-103
ブラック・パワー →黒人運動
フロンティア期 7
文化的マーカー（cultural markers） 77, 259
ベインブリッジ・アイランド（Bainbridge Island） 89
ベーコンヒル（Beacon Hill） 9, 11, 12, 80, 145, 155-156, 164, 228
北西部アジア系アメリカ人劇場（Northwest Asian American Theater） 62
補償（redress） 6, 39, 42, 63-67, 189, 200, 209-211, 222-224, 238-239, 242, 253, 258
　金銭的補償 186-188, 199-200, 207, 238, 242
　個人補償 50-51, 54, 209
　信託基金 50-51, 54, 251
　補償運動 42-67, 166-168, 179-193, 195-201, 204-213, 220-224, 230-232, 236-240
　補償運動シンボル・マーク 37, 52
補償・賠償を求める全国連合 →NCRR
ホソカワ，B.（Bill Hosokawa） 6, 48, 238
ホブズバーム，E.（Eric Hobsbawm） 21-22
ホーリ，W.（William Hohri） 55, 59
ボンオドリ（盆踊り） 73, 147, 149, 224, 253

ま 行

マイノリティ（minorities）　9, 15-16, 45, 72, 83, 134, 164-165, 179, 198, 201, 203, 213, 228, 231-232, 234-235, 238-241, 243
マイノリティ運動　45, 139, 228, 239-240
マサオカ, M.（Mike Masaoka）　50-51, 111, 255
マツイ, R.（Robert Matsui）下院議員　55, 251
マッカラン＝ウォルター法（McCarran-Walter Immigration and Naturalization Act）　8-9, 40
マツナガ, S.（Spark Matsunaga）上院議員　55, 63, 250-251
マンソン・リポート（Munson Report）　40, 248
ミネタ, N.（Norman Mineta）下院議員　55, 62, 251
ミネドカ収容所（Minidoka Relocation Center）　53, 103-124, 166, 256
ミヤタケ, H.（Henry Miyatake）　45-47, 180
ミヤモト, S. F.（S. Frank Miyamoto）　iv-v, 7, 9, 73-74, 83, 253-254
民族　14-15

や 行

夜間外出禁止令　60, 89, 91, 93, 99, 249
ヤスイ, M.（Min Yasui）　59, 250, 255
ヤナギサコ, S.（Sylvia Yanagisako）　v, 7, 8, 71, 126, 255-256
用具論者（instrumentalist）　18, 23-24, 233
ヨーロッパ系アメリカ人（European Americans）　72, 79-80, 82-83, 85, 101, 105, 109, 116, 119-120, 122, 130-134, 141, 150-151, 153-156, 159, 164-166, 169, 175, 182, 198, 204, 217, 219, 228, 230, 239,
四四二連隊戦闘部隊（442nd Regimental Combat Team）　41, 63, 107, 109, 120, 135, 174, 205, 238, 248, 258

ら 行

ライト, I.（Ivan Light）　24-25, 234
ライト, J.（Jim Wright）上院議員　55, 63
ラテンアメリカの日系人　46, 250
レーガン, R.（Ronald Reagan）大統領　63, 64, 188, 189, 192, 208, 209
ロウリィ, M.（Mike Lowry）下院議員　53, 55-56, 63, 64, 251
ローズヴェルト, F. D.（Franklin D. Rosevelt）大統領　40, 49, 89, 107

わ 行

ワシントン州補償連合（Washington Coalition on Redress）　57-58, 62, 64

参考文献

英語文献

Alba, Richard D. 1990 *Ethnic Identity: The Transformation of White America.* New Haven : Yale University Press.

Amerasia Staff 1971 An Interview with Warren Furutani, National Community Involvement Coordinator, the Japanese American Citizens League (Los Angeles, California). *Amerasia Journal* 1 : 70-76.

Anderson, Alan B. and James Frideres 1981 *Ethnicity in Canada.* Toronto : Butterworth.

Anderson, Benedict R. 1983 *Imagined Communities.* London : Verso.

Asian Student Coalition, University of Washington 1973 *Asian Student Coalition Handbook.* Seattle : Asian Student Coalition, University of Washington.

Banton, Michael 1983 *Racial and Ethnic Competition.* Cambridge : Cambridge University Press.

Barth, Fredrik, ed. 1969 *Ethnic Groups and Boundaries.* Boston : Little, Brown.

Baum, Rainer C. 1991 Editor's Introduction : Identity of Descent in Modernity. *Qualitative Sociology* 14 : 3-12.

Befu, Harumi 1965 Contrastive Acculturation of California Japanese : Comparative Approach to the Study of Immigrants. *Human Organization* 24 : 209-216.

Bentley, G. Carter 1987 Ethnicity and Practice. *Comparative Study in Society and History* 29 : 24-55.

Bloom, Leonard 1943 Familial Adjustments of Japanese-Americans to Relocation : First Phase. *American Sociological Review* 8 : 551-560.

Bloom, Leonard, and Ruth Riemer 1949 *Removal and Return: The Socio-economic Effects of the War on Japanese Americans.* Berkeley : University of California Press.

Bonacich, Edna, and John Modell 1980 *The Economic Basis of Ethnic Solidarity.* Berkeley : University of California.

Bosworth, Allan R. 1967 *America's Concentration Camps.* New York : W. W. Norton.

Bourdieu, Pierre 1977 *Outline of a Theory of Practice.* Cambridge : Cambridge University Press.

Brewer, Marilynn and Donald Campbell 1976 *Ethnocentrism and Intergroup Attitudes.* New York : John Wilet & Sons.

Cashmore, Ellis E. 1988 [1984] *Dictionary of Race and Ethnic Relations.* Second edition. London : Routledge.

Caudill, William 1952 Japanese-American Personality and Acculturation. *Genetic Psychology Monographs* 45 : 3-102.

Caudill, William, and George De Vos 1956 Achievement, Culture and Personali-

ty: The Case of Japanese Americans. *American Anthropologist* 58: 1102-1126.

Chin, Frank, Jeffery Paul Chan, Lawson Fusao Inada, and Shawn Wong 1983 *Aiiieeeee!* Washington, D.C.: Howard University Press.

Chuman, Frank 1976 *The Bamboo People*. Albany: Del Mar.（小川洋訳『バンブー・ピープル――日系アメリカ人試練の100年』サイマル出版会，1978年）

Clifford, James, and George E. Marcus, eds. 1986 *Writing Culture: The Poetics and Politics of Ethnography*. Berkeley: University of California Press.

Cohen, Abner 1969 *Custom and Politics in Urban Africa: Hausa Migrants in Yoruba Towns*. Berkeley: University of California Press.

Cohen, Morris L. 1965 [1931] *How to Find the Law*. Seventh edition. St. Paul: West Publishing.

Cohen, Ronald 1978 Ethnicity, Problems and Faces in Anthropology. *Annual Review of Anthropology* 7: 379-413.

Cohn, Bernard S. 1983 Representing Authority in Victorian India. In *The Invention of Tradition*. Eric Hobsbawm and Terence Ranger, eds. pp. 165-201. Cambridge: Cambridge University Press.

Commission on Wartime Relocation and Internment of Civilians 1981 Collected Statements Submitted to the Commission on Wartime Relocation and Internment of Civilians. Unpublished papers.

——— 1982 *Personal Justice Denied*. Washington, D.C.: The Commission on Wartime Relocation and Internment of Civilians.（戦時民間人再定住に関する委員会編（読売新聞社外報部訳）『拒否された個人の正義――日系米人強制収容の記録』三省堂，1983年）

——— 1983 *Personal Justice Denied: Summary and Recommendations of the Commission on Wartime Relocation and Internment of Civilians*. San Francisco: Japanese American Citizens League.

Conrat, Maisie, and Richard Conrat 1972 *Executive Order 9066*. San Francisco: California Historical Society.

Cruz, Philip Vera, and Lillian Nakano 1982 Personal Reflections on the Asian National Movements. *Eastwind* 1: 25-40.

Daniels, Roger 1972 *Concentration Camps, U. S. A.: Japanese Americans and World War II*. New York: Holt, Rinehart and Winston.

——— 1977 *The Politics of Prejudice: The Anti-Japanese Movement in California and the Struggle for Japanese Exclusion*. Berkeley: University of California Press.

——— 1985 Japanese America, 1930-41: An Ethnic Community in the Great Depression. *Journal of the West* 24: 35-50.

——— 1988 *Asian America: Chinese and Japanese in the United States since 1850*. Seattle: University of Washington Press.

Daniels, Roger, Sandra C. Taylor, and Harry H. L. Kitano, eds. 1986 *Japanese Americans: From Relocation to Redress*. Salt Lake City: University of Utah Press.

De Vos, George 1955 A Quantitative Rorschach Assessment of Maladjustment and Rigidity in Acculturating Japanese Americans. *Genetic Psychology Monographs* 52: 51-87.

——— 1975 Ethnic Pluralism : Conflict and Accommodation. In *Ethnic Identity: Cultural Continuities and Change*. George De Vos and Lola Romanucci-Ross, eds. pp. 5-41. Chicago : University of Chicago Press.

De Vos, George, and Lola Romanucci-Ross 1975 Ethnic Identity : Cultural Continuities and Change. In *Ethnic Identity: Cultural Continuities and Change*. De Vos and Romanucci-Ross, eds. pp. 363-390. Chicago : University of Chicago Press.

De Vos, George, and Hiroshi Wagatsuma 1966 *Japan's Invisible Race*. Berkeley : University of California Press.

Despres, Leo 1967 *Cultural Pluralism and Nationalist Politics in British Guiana*. Chicago : Rand McNally.

——— 1975 Ethnicity and Resource Competition in Guyanese Society. In *Ethnicity and Resource Competition*. Leo Despres, ed. pp. 87-117. Mouton : The Hague.

Devereux, George 1975 Ethnic Identity : Its Logical Foundations and Its Dysfunctions. In *Ethnic Identity*. George De Vos and Lola Romanucci-Ross, eds. pp. 42-70. Berkeley : University of California Press.

Dormon, James H. 1980 Ethnic Groups and "Ethnicity" : Some Theoretical Considerations. *Journal of Ethnic Studies* 7 : 23-36.

Drinnon, Richard 1987 *Keeper of Concentration Camps*. Berkeley : University of California Press.

Duus, Masayo Umezawa 1987 *Unlikely Liberators: The Men of the 100th and 442nd*. Honolulu : University of Hawaii Press.

Eidheim, Harold 1969 When Ethnic Identity is a Social Stigma. In *Ethnic Groups and Boundaries*. Fredrik Barth, ed. pp. 39-57. Boston : Little, Brown.

Eisenstadt, S. N. 1972 Intellectuals and Tradition. *Daedalus* 101(2) : 1-19.

——— 1973 Post-Traditional Societies and the Continuity and Reconstruction of Tradition. *Daedalus* 102(1) : 1-27.

Endo, Russell, and William Wei 1988 On the Development of Asian American Studies Programs. In *Reflections on Shattered Windows*. Gary Y. Okihiro, Shirley Hune, Arthur A. Hansen and John M. Liu, eds. pp. 5-15. Pullman : Washington State University Press.

Erikson, Erik H. 1968 *Identity: Youth and Crisis*. New York : W. W. Norton.

Espiritu, Yen Le 1992 *Asian American Panethnicity: Bridging Institutions and Identities*. Philadelphia : Temple University Press.

Evacuation Redress Committee, Seattle Chapter of the JACL 1975 An Appeal for Action to Obtain Redress for the World War II Evacuation and Imprisonment of Japanese Americans. Unpublished paper.

——— 1976 Provisions Necessary in Any Reparations Plan. Unpublished paper.

——— 1977 Case for Individual Reparations Payments. Unpublished paper.

Executive Committee, Seattle Community College 1971 *Minutes*. Executive Committee, Seattle Community College.

Feagin, Joe R. 1972 On the Assimilation of Japanese Americans. *Amerasia Journal* 1 : 13-30.

Fienup-Riordan, Ann 1988 Robert Redford, Apanuugpak, and the Invention of

Tradition. *American Ethnologist* 15 : 442-455.

Firth, Raymond 1937 *Symbols : Public and Private*. Ithaca : Cornell University Press.

Fuchs, Lawrence H. 1990 *The American Kaleidoscope : Race, Ethnicity, and the Civic Culture*. Hanover : University Press of New England.

Fugita, Stephen S. and David J. O'Brien 1991 *Japanese American Ethnicity*. Seattle : University of Washington Press.

Fukuoka, Fumiko 1937 *Mutual Life and Aid among the Japanese in Southern California with Special Reference to Los Angeles*. Los Angeles : University of Southern California.

Gans, Herbert J. 1979 Symbolic Ethnicity : The Future of Ethnic Groups and Culture in America. *Ethnic and Racial Studies* 2 : 1-20.

Gardiner, C. Harvey 1981 *Pawns in a Triangle of Hate*. Seattle : University of Washington Press.

——— 1986 The Latin-American Japanese and World War II. In *Japanese Americans : From Relocation to Redress*. Roger Daniels, Sandra C. Taylor, and Harry H. L. Kitano, eds. pp. 142-146. Salt Lake City : University of Utah Press.

Gee, Emma 1976 *Counterpoint : Perspectives on Asian America*. Los Angeles : Asian American Studies Center.

Geertz, Clifford 1963 The Integrative Revolution : Primordial Sentiments and Civil Politics in the New States. In *Old Societies and New States*. Geertz, ed. pp. 105-157. New York : Free Press.

Gehrie, Mark Joshua 1973 Sansei : An Ethnography of Experience. Ph. D. dissertation. Northwestern University.

Girdner, Audrie, and Anne Loftis 1969 *The Great Betrayal : The Evacuation of the Japanese Americans during World War II*. New York : Macmillan.

Glazer, Nathan, and Daniel Moynihan 1963 *Beyond the Melting Pot : The Negroes, Puerto Ricans, Jews, Italians, and Irish of New York City*. Cambridge : MIT Press.

Glazer, Nathan, and Daniel Moynihan, eds. 1975 *Ethnicity : Theory and Experience*. Cambridge : Harvard University Press.

Glenn, Evelyn Nakano 1986 *Issei, Nisei, War Bride*. Philadelphia : Temple University Press.

Gordon, Milton 1964 *Assimilation in American Life*. New York : Oxford University Press.

Government of Canada 1988a *Historical Agreement Reached on Japanese Canadian Redress*. September 22.

——— 1988b *Redress for Japanese Canadians : Eligibility and Application Information*.

Greeley, A. M. 1974 *Ethnicity in the United States*. New York : Wiley.

Handlin, Oscar 1951 *The Uprooted*. New York : Grosset and Dunlap.

Hansen, Marcus L. 1938 *The Problem of the Third Generation Immigrant*. Rock Island : Augustana Historical Society.

——— 1952 The Third Generation in America. *Commentary* 14 : 492-500.

Hechter, M. 1978 Group Formation and the Cultural Division of Labour. *Ameri-*

can Journal of Sociology 84(2) : 293-318.

Hill, Howard C. 1974 The Americanization Movement. In *Race and Ethnicity in Modern America*. Richard J. Meister, ed. pp. 27-40. Lexington, MA : D.C. Health.

Hirabayashi, Gordon 1985 *Good Times, Bad Times: Idealism Is Realism*. Argenta, British Columbia, Canada : Canadian Quarker Pamphlets.

Hirschman, Charles 1983 America's Melting Pot Reconsidered. *Annual Review of Sociology* 9 : 397-423.

Hobsbawm, Eric, and Terence Ranger, eds. 1983 *The Invention of Tradition*. Cambridge : Cambridge University Press. (前川啓治・梶原景昭訳『創られた伝統』紀伊国屋書店, 1992年)

Hobsbawm, Eric 1983a Introduction : Inventing Traditions. In *The Invention of Tradition*. Eric Hobsbawm and Terence Ranger, eds. pp. 1-14. Cambridge : Cambridge University Press.

——— 1983b Mass-Producing Traditions : Europe, 1870-1914. In *The Invention of Tradition*. Eric Hobsbawm and Terence Ranger, eds. pp. 263-308. Cambridge : Cambridge University Press.

Hohri, William M. 1986 Redress as a Movement towards Enfranchisement. In *Japanese Americans*. Roger Daniels, Sandra C. Taylor and Harry H. L. Kitano, eds. pp. 196-199. Salt Lake City : University of Utah Press.

——— 1988 *Repairing America*. Pullman : Washington State University Press.

Horowitz, Donald 1975 Ethnic Identity. In *Ethnicity: Theory and Experience*. Nathan Glazer and Daniel Moynihan, eds. pp. 305-349. Cambridge : Harvard University Press.

Hosokawa, Bill 1969 *Nisei: The Quiet Americans*. New York : William Morrow.

——— 1982 *JACL in Quest of Justice*. New York : William Morrow. (猿谷要監修・飯野正子他訳『120%の忠誠——日系二世・この勇気ある人びとの記録』有斐閣, 1984年)

——— 1986 The Uprooting of Seattle. In *Japanese Americans*. Roger Daniels, Sandra C. Taylor, and Harry H. L. Kitano, eds. pp. 18-20. Salt Lake City : University of Utah Press.

Hosokawa, Fumiko 1978 *The Sansei: Social Interaction and Ethnic Identification among the Third Generation Japanese*. San Francisco : Robert D. Reed and Adam S. Eterovich.

House of Representatives 1988 Civil Liberties Act. *Conference Report* 100-785.

Houston, Jeanne Wakatsuki, and James D. Houston 1973 *Farewell to Manzanar*. Boston : Houghton Mifflin. (権寧訳『マンザナールよさらば——強制収容された日系少女の心の記録』現代史研究会, 1975年)

Ichihashi, Yamato 1932 *Japanese in the United States*. Stanford : Stanford University Press.

Ichioka, Yuji 1988 *The Issei*. New York : Free Press. (富田虎男・粂井輝子・篠田左多江訳『一世——黎明期アメリカ移民の物語り』刀水書房, 1992年)

Ichioka, Yuji, ed. 1989 *Views from Within*. Los Angeles : Resource Development and Publications, Asian American Studies Center.

Iino, Masako 1989 Japanese Americans in Contemporary American Society : a

'Success' Story? *Japanese Journal of American Studies* 3 : 115-140.

Inouye, Daniels K., and Lawrence Elliott 1967 *Journey to Washington*. Englewood Cliffs : Prentice-Hall.

Irons, Peter, ed. 1989 *Justice Delayed: The Record of the Japanese American Internment Cases*. Middletown : Wesleyan University Press.

Isaacs, Harold 1975 *Idols of Tribe: Group Identity and Political Change*. New York : Harper & Row.

Isajiw, Wsevolod 1974 Definition of Ethnicity. *Ethnicity* 1 : 111-124.

Israely, Hilla Kuttenplan 1976 An Exploration into Ethnic Identity : The Case of Third-Generation Japanese Americans. Ph. D. dissertation, University of California, Los Angeles.

Iwai, Yasuko 1985 A Japan Town—The Past and the Present : The Study of Voluntary Associations and Ethnicity of Japanese-Americans in San Francisco. M. A. thesis, University of Washington.

Japanese American Citizens League, ed. 1983 *Personal Justice Denied: Report of the Commission on Wartime Relocation and Internment of Civilians*. San Francisco : Japanese American Citizens League.

Japanese American Citizens League-Legislative Education Committee (JACL-LEC) 1987 Brief History of JACL and JACL-LEC Redress Action. Unpublished paper.

——— 1989 History of Redress Legislation : U. S. House of Representatives. Unpublished paper.

Japanese American Citizens League, Seattle Chapter 1971 *Pride and Shame*. Seattle : JACL, Seattle Chapter.

Jayawardena, Chandra 1980 Culture and Ethnicity in Guyana and Fiji. *Man* (N. S.) 15 : 430-450.

Johnson, Colleen 1972 The Japanese-American Family and Community in Honolulu : Generational Continuities in Ethnic Affiliation. Ph. D. dissertation, Syracuse University.

——— 1974 Gift Giving and Reciprocity among the Japanese Americans in Honolulu. *American Ethnologist* 1 : 295-308.

Johnson, Frank A., Anthony J. Marsella, and Colleen L. Johnson 1974 Social and Psychological Aspects of Verbal Behavior in Japanese Americans. *American Journal of Psychiatry* 131 : 580-583.

Kagiwada, George 1974 Assimilation of Nisei in Los Angeles. In *East across the Pacific*. Hilary Conroy, and Scott Miyakawa eds. pp. 268-278. Santa Barbara : ABC-Clio Press.

Kanazawa, Tooru J. 1989 *Sushi and Sourdough*. Seattle : University of Washington Press.

Kashima, Tetsuden 1977 *Buddhism in America*. Westport : Greenwood Press.

——— 1980 Japanese American Internees Return, 1945 to 1955 : Readjustment and Social Amnesia. *Phylon* XLI : 2 : 107-115.

——— 1986 The Japanese Alien Internment Process in America Prior to World War II. 戸上宗賢編『ジャパニーズ・アメリカン』ミネルヴァ書房，所収，pp. 393-421.

Kendis, Kaoru Oguri 1979 Persistence and Maintenance of Ethnicity among

Third-Generation Japanese Americans. Unpublished Ph. D. dissertation. University of Pittsburgh.

Keyes, Charles F. 1976 Towards a New Formulation of the Concept of Ethnic Group. *Ethnicity* 3 : 202-213.

—— 1981 The Dialectics of Ethnic Change. In *Ethnic Change*. Keyes, ed. pp. 4-30. Seattle : University of Washington Press.

Kiefer, Christie 1974 *Changing Cultures, Changing Lives*. San Francisco : Jossey-Bass.

Kikumura, Akemi 1981 *Through Harsh Winters*. Novato : Chandler & Sharp.

Kikumura, Akemi, and Harry H. L. Kitano 1973 Interracial Marriage : A Picture of the Japanese Americans. *Journal of Social Issues* 29 : 67-81.

—— 1980 Interracial Marriage : A Picture of Japanese Americans. Volume II. In *Asian Americans : Social and Psychological Perspectives*. Russell Sue, Stanley Sue, and Nathaniel N. Wagner, eds. pp. 26-35. Palo Alto, Calif. : Science and Behavior Books.

Kim, Bok Lim 1973 Asian Americans : No Model Minority. *Social Work* 18 : 44-53.

Kitagawa, Daisuke 1967 *Issei and Nisei : The Internment Years*. New York : Seabury Press. (伊達安子訳『一世と二世　強制収容所の日々』聖公会出版, 1986年)

Kitano, Harry H. L. 1969 *Japanese Americans : The Evolution of a Subculture*. Englewood Cliffs : Prentice-Hall. (内崎以佐味訳『アメリカのなかの日本人——一世から三世までの生活と文化』東洋経済新報社, 1974年)

Kitano, Harry L. L., Wai-Tsang Yeung, Lynn Chai, and Herbert Hatanaka 1984 Asian-American Interracial Marriage. *Journal of Marriage and the Family* 46 : 179-190.

Leach, E. R. 1954 *Political Systems of Highland Burma*. London : G. Bell & Sons.

Lee, Sharon M., and Keiko Yamanaka 1990 Patterns of Asian American Intermarriage and Marital Assimilation. *Journal of Comparative Family Studies* 21 : 287-305.

Leighton, Alexander 1945 *The Governing of Men*. Princeton : Princeton University Press.

Leonetti, Donna 1976 Fertility in Transition : An Analysis of the Reproductive Experience of an Urban Japanese-American Population. Ph. D. dissertation, University of Washington, Seattle.

—— 1983 *Nisei Aging Project Report*. Seattle : University of Washington Press.

Leonetti, Donna, and Laura Newell-Morris 1982 Exogamy and Change in the Bio-social Structure of a Modern Urban Population. *American Anthropologist* 84 : 19-36.

Light, Ivan 1972 *Ethnic Enterprise in America*. Berkeley : University of California Press.

—— 1981 Ethnic Succession. In *Ethnic Change*. Charles F. Keyes, ed. pp. 53-86. Seattle : University of Washington Press.

Linnekin, Jocelyn S. 1983 Defining Tradition : Variations on the Hawaiian Identity. *American Ethnologist* 10 : 241-252.

Lopez, David, and Yen Le Espiritu 1990 Panethnicity in the United States : A Theoretical Framework. *Ethnic and Racial Studies* 13(2) : 198-224.

Lyman, Stanford 1972 Generation and Character. In *East across the Pacific*. Hilary Conroy and T. Scott Miyakawa, eds. pp. 279-314. Santa Barbara : ABC-Clio Press.

Marcia, J. E. 1966 Development and Validation of Ego-Identity Status. *Journal of Personality and Social Psychology* 50 : 143-152.

Masaoka, Mike, and Bill Hosokawa 1987 *They Call Me Moses Masaoka : An American Saga*. New York : William Morrow.（塩谷紘訳『モーゼと呼ばれた男マイク・正岡』TBS ブリタニカ，1988 年）

Mass, Amy Iwasaki 1986 Psychological Effects of the Camps on Japanese Americans. In *Japanese Americans*. Roger Daniels, Sandra C. Taylor, and Harry H. L. Kitano, eds. pp. 159-167. Salt Lake City : University of Utah Press.

Matsuoka, Jack 1974 *Camp II, Block 211*. San Francisco : Japan Publications, Inc.

Maykovich, Minako K. 1972 *Japanese American Identity Dilemma*. Tokyo : Waseda University Press.

Mazumdar, Sucheta 1991 Asian American Studies and Asian Studies : Rethinking Roots. In *Asian Americans : Comparative and Global Perspectives*. Shirley Hune, Hyung-chan Kim, Stephen S. Fugita, and Amy Ling, eds. pp. 29-44. Pullman : Washington State University Press.

McKay, James 1982 An Exploratory Synthesis of Primordial and Mobilizationist Approaches to Ethnic Phenomena. *Ethnic and Racial Studies* 5 : 395-420.

McWilliams, Carey 1945 *Prejudice*. Boston : Little, Brown.

Meister, Richard J., ed. 1974 *Race and Ethnicity in Modern America*. Lexington : D.C. Health.

Minami, Dale 1986 Coram Nobis and Redress. In *Japanese Americans : From Relocation to Redress*. Roger Daniels, Sandra C. Taylor, and Harry H. L. Kitano, eds. pp. 200-201. Salt Lake City : University of Utah Press.

Mirikitani, Janice 1978 *Awaking the River*. San Francisco : ISTHMUS Press.

Miyamoto, S. Frank. 1939 *Social Solidarity among the Japanese in Seattle*. Seattle : University of Washington Publications in the Social Sciences II.

——— 1972 An Immigrant Community in America. In *East across the Pacific*. Hilarry Conroy and T. Scott Miyakawa, eds. pp. 217-243. Santa Barbara : ABC-Clio Press.

——— 1984 Introduction. In *Social Solidarity among the Japanese in Seattle*. pp. ix-xxiv. Seattle : University of Washington Press.

——— 1986-87 Problems of Interpersonal Style among the Nisei. *Amerasia* 13 : 29-45.

Modell, John, ed. 1973 *The Kikuchi Diary : Chronicle from an American Concentration Camp*. Urbana : University of Illinois Press.

Moerman, Michael 1965 Ethnic Identity in a Complex Civilization : Who Are the Lue? *American Anthropologist* 67 : 1215-1230.

Montagu, Ashley 1974 *Man's Most Dangerous Mith : The Fallacy of Race*. Fifth edition. New York : Oxford University Press.

Montero, Darrel 1980 *Japanese Americans : Changing Patterns of Ethnic Affilia-*

tion over Three Generations. Westview Special Studies in Contemporary Social Issues. Boulder, Co. : Westview Press.

Morgan, G. D. 1981 *American without Ethnicity*. Port Washington, NY : Kennikat Press.

Myer, Dillon S. 1971 *Uprooted Americans : The Japanese Americans and the War Relocation Authority during World War II*. Tucson : University of Arizona Press.

Nagata, Donna K. 1990 The Japanese American Internment : Exploring the Transgenerational Consequences of Traumatic Stress. *Journal of Traumatic Stress* 3 : 47-69.

Nagata, Judith 1974 What Is a Malay? Situational Selection of Ethnic Identity in a Plural Society. *American Ethnologist* 1 : 331-350.

Nahirny, Vladmir C. and Joshua A. Fishman 1965 American Immigrant Groups : Ethnic Identification and the Problem of Generations. *Sociological Review* 13 : 311-326.

Nakano, Mai 1990 *Japanese American Women : Three Generations 1890-1990*. Berkeley : Mina Press Publishing and San Francisco : National Japanese American Historical Society.

Narroll, Raoul 1964 On Ethnic Unit Classification. *Current Anthropology* 5 : 283-291, 306-312.

National Association of Japanese Canadians 1985 *Economic Losses of Japanese Canadians after 1941*. Winnipeg, Manitoba : National Association of Japanese Canadians.

National Committee for Redress, Japanese American Citizens League 1978 *The Japanese American Incarceration : A Case for Redress*. San Francisco : National Committee for Redress, Japanese American Citizens League.

National Council for Japanese American Redress 1979 Summary of Proposed Legislation. Unpublished paper. Seattle : National Council for Japanese American Redress.

Novak, Michael 1973 *The Rise of Unmeltable Ethnics*. New York : Macmillan.

O'Brien, David J., and Stephen S. Fugita 1983 Generational Differences in Japanese Americans' Perceptions and Feelings about Social Relationships between Themselves and Caucasian Americans. In *Culture, Ethnicity, and Identity : Current Issues in Research*. W.C.McCready, ed. pp. 223-240. New York : Academic Press.

——— 1984 Generational Differences in Social Relationships between Themselves and Caucasian Americans. In *Generation, Ethnicity, and Identity*. W. C.McCready, ed. pp. 223-240. New York : Academic Press.

Odo, Franklin, Mary Uyematsu, Ken Hanada, Peggy Li, and Marie Chung 1971 The U. S. in Asia and Asian in America. In *Roots : Asian American Reader*. Amy Tachiki, Eddie Wong, Franklin Odo with Buck Wong, eds. pp. 223-244. Los Angeles : UCLA, Asian American Studies Center.

Ogawa, Dennis 1971 *From Japs to Japanese : the Evolution of Japanese American Stereotypes*. Berkeley : McCutchan.

Okada, John 1976 *No-No Boy*. Seattle : University of Washington Press. （中村容訳『ノー・ノー・ボーイ』晶文社，1980 年）

Okamura, Raymond 1974 Background and History of the Repeal Campaign. *Amerasia* 2 : 73-94.

Okihiro, Gary Y. 1984 Religion and Resistance in America's Concentration Camps. *Phylon* XLV : 220-233.

Okubo, Mine 1966 [1946] *Citizen 13660*. New York : AMS Press.（前山隆訳『市民 13660 号』御茶の水書房，1984 年）

Omi, Michael, and Howard Winant 1986 *Racial Formation in the United States : From the 1960s to the 1980s*. New York : Routledge.

Pandian, Jacob 1985 *Anthropology and the Western Tradition : Toward an Authentic Anthropology*. Prospect Heights : Waveland Press.

Park, R. E. 1950 *Race and Culture*. New York : Free Press.

Parsons, Talcott 1965 Full Citizenship for the Negro American? : A Sociological Problem. *Daedalus* 94(4) : 1009-1054.

——— 1975 Some Theoretical Considerations on the Nature and Trends of Change of Ethnicity. In *Ethnicity : Theory and Experience*. Nathan Glazer and Daniel Moynihan, eds. pp. 53-83. Cambridge : Harvard University Press.

Patterson, Orlando 1975 Context and Choice in Ethnic Allegiance : A Theoretical Framework and Caribbean Case Study. In *Ethnicity : Theory and Experience*. Nathan Glazer and Daniel Moynihan, eds. pp. 305-349. Cambridge : Harvard University Press.

——— 1977 *Ethnic Chauvinism*. New York : Stein and Day.

Peterson, William 1966 Success Story, Japanese American Style. *New York Times Magagine*, Jan. 9, 1966.

Poyer, Lin 1988 Maintaining "Otherness" : Sapwuahfil Cultural Identity. *American Ethnologist* 15 : 472-485.

Quan, Martie 1988 Redress! : The American Promise. *Rafu Magazine*, Dec. 19, 1988. 1, pp. 1-9.

Ranger, Terence 1983 The Invention of Tradition in Colonial Africa. In *The Invention of Tradition*. Eric Hobsbawm and Terence Ranger, eds. pp. 211-262. Cambridge : Cambridge University Press.

Reitz, Jeffrey 1980 *The Survival of Ethnic Groups*. Toronto : McGraw-Hill Ryerson.

Reminick, Ronald A. 1983 *Theory of Ethnicity : An Anthropologist's Perspective*. Lanham : University Press of America.

Residents of Minidoka Relocation Center 1943 *Minidoka Interlude : September 1942-October 1943*. Hunt, Idaho.

Rex, John 1986 The Role of Class Analysis in the Study of Race Relations—or : A Weberian Perspective. In *Theories of Race and Ethnic Relations*. John Rex and David Mason, eds. pp. 64-83. Cambridge : Cambridge University Press.

Rex, John, and David Mason, eds. 1986 *Theories of Race and Ethnic Relations*. Cambridge : Cambridge University Press.

Roda, Anne 1984 Death and Continuity among the Nisei. Unpublished Ph. D. dissertation, University of Washington, Seattle.

Sandberg, Neil C. 1974 *Ethnic Identity and Assimilation : The Polish-American Community*. New York : Praeger.

Sanjek, Roger 1990 *Fieldnotes : The Makings of Anthropology*. Ithaca : Cornell

University Press.

Santos, Bob 1983 Rebuilding Seattle's I. D. : The Story of Inter* Im. *East Wind* 2 : 3-7.

Sarna, Jonathan D. 1978 From Immigrants to Ethnics : Toward a New Theory of Ethnicization. *Ethnicity* 5 : 370-378.

Seriguchi, Karen, and Frank Abe, eds. 1980 *Japanese America : Contemporary Perspectives on Internment. Proceedings of Conferences Held January-March 1980 in the State of Washington*. Seattle : American Friends Service Committee and Combined Asian American Resources Project.

Shibutani, Tamotsu and K. M. Kwan 1965 *Ethnic Stratification*. London : Macmillan.

Shils, Edward 1972 Intellectuals, Tradition, and the Traditions of Intellectuals : Some Preliminary Considerations. *Daedalus* 101(2) : 21-34.

——— 1981 *Tradition*. Chicago : University of Chicago Press.

Simpson, George, and Milton Yinger 1972 [1953] *Racial and Cultural Minorities*. Fourth edition. New York : Harper & Row.

Smith, Anthony D. 1981 *Ethnic Revival*. Cambridge : Cambridge University Press.

Smith, David H. 1975 Voluntary Action and Voluntary Groups. *Annual Review of Sociology* 1 : 247-270.

Sollors, Werner, ed. 1989 *The Invention of Ethnicity*. Oxford : Oxford University Press.

Sone, Monica 1953 *Nisei Daughter*. Seattle : University of Washington Press.

Spicer, Edward 1971 Persistent Cultural Systems : A Comparative Study of Identity Systems That Can Adapt too Contrasting Environments. *Science* 174 : 795-800.

Spicer, Edward H., Asael T. Hansen, Katherine Luomala, and Marvin K. Opler 1969 *Impounded People : Japanese-Americans in the Relocation Centers*. Tucson : University of Arizona Press.

Starn, Orin 1986 Engineering Internment : Anthropologists and the War Relocation Authority. *American Ethnologist* 13 : 700-720.

Stein, Howard F. and Robert Hill 1977 *The Ethnic Imperative*. University Park : Pennsylvania State University Press.

Steinberg, Stephen 1981 *The Ethnic Myth : Race, Ethnicity, and Class in America*. New York : Atheneum.

Stonequist, Everett V. 1935 The Problem of the Marginal Man. *American Journal of Sociology* 41 : 1-12.

Suguro, Ed 1989 Good Times in Nihonmachi. *Northwest Nikkei* 1(1) : 6-7.

Suzuki, Bob 1980 Education and Socialization of Asian Americans : A Revisionist Analysis of the Model Minority Thesis. In *Asian-Americans : Social and Psychological Perspectives* Vol. II. Russell Endo, Stanley Sue, and Nathaniel N. Wagner, eds. pp. 155-175. Palo Alto, Calif. : Science and Behavior.

Suzuki, Peter T. 1976 The Ethnolinguistics of Japanese Americans in the Wartime Camps. *Anthropological Linguistics* 18 : 416-427.

Tachiki, Amy, Eddie Wong, and Franklin Odo, with Buck Wong, eds. 1971 *Roots : An Asian American Reader*. Los Angeles : UCLA, Asian American

Studies Center.
Takahashi, Jerrold Haruo 1980 Changing Responses to Racial Subordination : An Exploratory Study of Japanese American Political Styles. Unpublished Ph. D. dissertation. University of California, Berkeley.
Takasugi, Robert 1974 A Legal Analysis of Title II. *Amerasia* 2 : 95-104.
Takezawa, Yasuko I. 1989 "Breaking the Silence" : Ethnicity and the Quest for Redress among Japanese Americans. University Microfilms.
——— 1991 Children of Inmates : The Effects of the Redress Movement among Third Generation Japanese Americans. *Qualitative Sociology* 14 : 139-156.
Tateishi, John 1984 *And Justice for All*. New York : Random House.
——— 1986 The Japanese American Citizens League and the Struggle for Redress. In *Japanese Americans : From Relocation to Redress*. Roger Daniels, Sandra C. Taylor and Harry H. L. Kitano, eds. pp. 191-195. Salt Lake City : University of Utah Press.
TenBroek, Jacobus, Edward N. Barnhart, and Floyd W. Matson 1954 *Prejudice, War and the Constitution*. Berkeley : University of California Press.
Thomas, Dorothy S. 1952 *The Salvage*. Berkeley : University of California Press.
Thomas, Dorothy, and Richard Nishimoto 1946 *The Spoilage*. Berkeley : University of California Press.
Tonkin, Elizabeth, Maryon McDonald, and Malcolm Chapman 1989 *History and Ethnicity*. London : Routledge.
Toren, Christina 1988 Making the Present, Revealing the Past : The Mutability and Continuity of Tradition as Process. *Man* (N. S.) 23 : 696-717.
Trottier, Richard 1981 Charters of Panethnic Identity : Indigenous American Indians and Immigrant Asian Americans. In *Ethnic Change*. Charles F. Keyes, ed. pp. 271-305. Seattle : University of Washington Press.
Turner, Victor 1967 *The Forest of Symbols*. Ithaca : Cornell University Press.
Uchida, Yoshiko 1982 *Desert Exile : The Uprooting of a Japanese-American Family*. Seattle : University of Washington Press.
United States Statutes at Large 1988 Public Law 100-383, Aug. 10.
Uyeda, Clifford I. 1978 The Pardoning of "Tokyo Rose" : A Report on the Restoration of American Citizenship to Iva Ikuko Toguri. *Amerasia* 5 : 69-94.
Uyematsu, Amy 1971 The Emergence of Yellow Power in America. In *Roots : An Asian American Reader*. Amy Tachiki, Eddie Wong, and Franklin Odo, with Buck Wong, eds. pp. 9-13. Los Angeles : UCLA, Asian American Studies Center.
van den Berghe, Pierre 1978 Race and Ethnicity : A Sociobilogical Perspective. *Ethnic and Racial Studies* 1 : 401-411.
——— 1981 *The Ethnic Phenomenon*. New York : Elsevier.
Vincent, Joan 1974 Brief Communications. *Human Organization* 33 : 375-379.
Wagner, Roy 1975 *The Invention of Culture*. Chicago : University of Chicago Press.
Wallman, Sandra 1979 *Ethnicity at Work*. London : Macmillan.
Warner, W. Lloyd, and Leo Srole 1945 *The Social Life of a Modern Community*. New Haven : Yale University Press.

Washington State Commission on Asian American Affairs 1982 *Countdown II*. Seattle : Washington State Commission on Asian American Affairs.

Waters, Mary C. 1990 *Ethnic Options*. Berkeley : University of California Press.

Wax, Rosalie 1971 *Doing Fieldwork*. Chicago : University of Chicago Press.

Weglyn, Michi 1976 *Years of Infamy : The Untold Story of America's Concentration Camps*. New York : Morrow Quill.（山岡清二訳『アメリカ強制収容所——屈辱に耐えた日系人』政治広報センター, 1973 年）

Winthrop, Robert H. 1991 *Dictionary of Concepts in Cultural Anthropology*. New York : Greenwood Press.

Wong, Buck 1971 Need for Awareness : An Essay on Chinatown, San Francisco. In *Roots : An Asian American Reader*. Amy Tachiki, Eddie Wong, and Franklin Odo, with Buck Wong, eds. pp. 265-273. Los Angeles : UCLA, Asian American Studies Center.

Wong, Paul 1972 The Emergence of the Asian-American Movement. *Bridge* 2 : 33-39.

Woodrum, Eric 1981 An Assessment of Japanese American Assimilation, Pluralism, and Subordination. *American Journal of Sociology* 87 : 157-169.

Yamada, Mitsuye 1989 The Cult of the "Perfect" Language : Censorship by Class, Gender and Race. Paper presented at Parallels and Intersections : A National Conference on Racism and Other Forms of Oppression, University of Iowa.

Yanagisako, Sylvia 1975a Two Processes of Change in Japanese-American Kinship. *Journal of Anthropological Research* 31 : 196-224.

——— 1975b Women-Centered Kin Networks in Urban Bilateral Kinship. *American Ethnologist* 4 : 207-226.

——— 1985 *Transforming the Past : Tradition and Kinship among Japanese Americans*. Stanford : Stanford University Press.

Yanagisako, Sylvia, Donna Leonetti, Jay McGough and Laura Newell 1977 *The Japanese American Community Study*. Olympia, Washington : State Superintendent of Public Instruction.

Yancey, W. L., E. P. Ericksen, and R. N. Juliani 1976 Emergent Ethnicity : A Review and Reformulation. *American Sociological Review* 41 : 391-402.

Yinger, J. Milton 1983 Ethnicity and Social Change : The Interaction of Structural, Cultural, and Personality Factors. *Ethnic and Racial Studies* 6 : 395-409.

——— 1985 Ethnicity. *Annual Review of Sociology* 11 : 151-180.

[新聞及びニュースレター]

Asian Family Affair（Seattle）

International Examiner（Seattle）

Minidoka Irrigator（Minidoka）

National Council for Japanese American Redress（NCJAR newsletter）

New York Times（New York）

Northwest Post（Seattle）

Pacific Citizen（JACL newsletter）

Rafu Shimpo（Los Angeles）

San Francisco Chronicle（San Francisco）

San Jose Mercury (San Jose)
Seattle Post Intelligence (Seattle)
Seattle Times (Seattle)
Sunday Star (Chicago)
Times-News (Idaho)
Washington Post (Washington, D.C.)
[雑誌]
East Wind, Volume VII, Number 1, Spring/Summer 1989.

日本語文献

明石紀雄・飯野正子・田中真砂子　1984 『エスニック・アメリカ――多民族国家における同化の現実』, 有斐閣.

麻田貞雄　1973 「日米関係と移民問題」, 斎藤真他編『日本とアメリカ――比較文化論2　デモクラシーと日米関係』, 南雲堂, 163-210頁.

――― 1993 『両大戦間の日米関係』, 東京大学出版会.

阿部隆・實清隆・杉浦直　1991 「民族が共存するシアトルのアジア人街」,『地理』36巻5号, 35-40頁.

綾部恒雄　1993 『現代世界のエスニシティ』, 弘文堂.

―――編　1982 『アメリカ民族文化の研究――エスニシティとアイデンティティ』, 弘文堂.

―――編　1992 『アメリカの民族――ルツボからサラダボウルへ』, 弘文堂.

飯野正子　1978 「米国における排日運動と1924年移民法制定過程」,『津田塾大学紀要』10, 1-41頁.

石朋次編　1991 『多民族社会アメリカ』, 明石書店.

泉谷周三郎　1988 「日系カナダ人の強制移動に対する補償について――その経緯と問題点」,『横浜国立大学人文紀要第一類哲学社会科学』34号, 58-79頁.

伊藤一男　1984 [1969] 『北米百年桜』, PMC出版.

――― 1972 『続北米百年桜』, 日貿出版社.

――― 1982 『アメリカ春秋80年』, シアトル日本人会.

今井輝子　1979 「『元年者』移民無免許ハワイ渡航問題についての一考察」,『津田塾大学紀要』11, 37-66頁.

岩井泰子　1982 「サンフランシスコにおける日系コミュニティ――組織の生成過程から見る一考察」,『社会科学研究年報』12号別冊, 90-100頁.

岩野一郎　1968 「シカゴの日系三世の同化についての調査――アメリカにおける移民の一例として」,『アメリカ研究』2号, 211-226頁.

――― 1983 「日系人強制収容の決定過程と40年後の証言――償いへの道」,『第二次大戦下のアメリカ社会』, 科研報告, 55-64頁.

江渕一公　1982 「日系アメリカ人の民族的アイデンティティに関する一考察――カリフォルニア州サンノゼ日本町における三世の行動の分析を中心として」, 綾部恒雄編『アメリカ民族文化の研究』, 弘文堂, 139-195頁.

岡部一明　1991『日系アメリカ人：強制収容から戦後補償へ』，岩波書店.
岡本彩子　1980『アメリカを生き抜いた日本人——屈辱と栄光の百年』，日本経済新聞社.
ダニエル I. 沖本（山岡清二訳）　1984『日系二世に生まれて——仮面のアメリカ人』，サイマル出版会.
梶田孝道　1988『エスニシティと社会変動』，有信堂高文社.
加藤俊一編　1961『米国日系人百年史』，新日米時事社.
川田順造・福井勝義編　1989『民族とは何か』，岩波書店.
クリフォード・ギアーツ（吉田禎吾他訳）　1987『文化の解釈学I,II』，岩波書店.
木下康仁　1977「カリフォルニアの日系三世とアイデンティティ」，『応用社会学研究』18巻，99-113頁.
口羽益夫　1984「日系米人コミュニティにおける文化活性化運動の意味について」，戸上宗賢編『ジャパニーズ・アメリカン——移住から自立への歩み』，ミネルヴァ書房，229-246頁.
小平尚道　1980『アメリカ強制収容所——戦争と日系人』，玉川大学出版部.
在米日本人会　1940『在米日本人史』，在米日本人会.
阪田安雄　1990「19世紀後半にアメリカに渡航した日本人と『移民統計』——偽る数字」，『キリスト教社会問題研究』38号，51-102頁.
篠田佐多江　1984「日系アメリカ文学とシアトル」，『明治村通信』172号，10-12頁.
島田法子　1985「日系人再定住研究について（研究ノート）」，『アメリカ研究』19号，195-204頁.
アーサー・シュレージンガー，Jr.（都留重人監訳）　1992『アメリカの分裂——多元文化社会についての所見』，岩波書店.
進藤久美子　1976「日系米人集団立ち退き政策に関する試論——偏見と軍官僚制」，『アメリカ研究』10号，131-155頁.
杉浦直　1986「日系人農民コミュニティにおける居住様式の変遷とエスニシティの変容——カリフォルニア州リヴィングストン地区の事例から」，『人文地理』38巻6号，1-24頁.
高橋久美子　1989「アメリカ日系老人の家族意識と生活——日本人との比較をもとに」，『日本家政学会』40巻6号，477-487頁.
竹内幸次郎　1929『北米西北部日本移民史』，大北日報社.
竹沢泰子　1988「アメリカ合衆国におけるステレオタイプとエスニシティ——広告とジョークにみられる民族像」，『民族学研究』52巻，363-390頁.
———　1989a「アフロアメリカ研究の最近の動向——アフロセントリック理念からの文化論を中心に」，『アメリカ研究』23号，165-174頁.
———　1989b「日系アメリカ人における『伝統の創出』とエスニシティ」，『史境』19号，53-66頁.
———　1991「日米関係の社会的・文化的副産物——第二次世界大戦と現代貿易

摩擦下での日系アメリカ人の地位と意識」,『外交時報』1283号, 35-51頁.
——— 1992 「太平洋に架ける橋——日本・中国・韓国系文化」, 綾部恒雄編『アメリカの民族』, 弘文堂, 246-264頁.
——— 1993 「日系アメリカ人におけるエスニシティ再生とアメリカ化」,『アメリカ研究』27号, 171-188頁.
——— 1994 「アメリカにおける帰化権からみた人権概念一考察」,『史境』28号, 1-13頁.
トマス K. タケシタ, 猿谷要 1983 『大和魂と星条旗 日系アメリカ人の市民権闘争史(1967)』, 朝日新聞社.
田名大正 1976 『サンタフェー・ローズバーグ戦時敵国人拘留所日記1・2巻』, 山喜房仏書林.
辻信一 1990 『日系カナダ人——Redressing the Past』, 晶文社.
鶴木真 1976 『日系アメリカ人』, 講談社.
鶴谷寿 1977 『アメリカ西部開拓と日本人』, 日本放送出版協会.
ドウス昌代 1986 『ブリエアの解放者たち』, 文藝春秋.
戸上宗賢 1988 「『日系アメリカ人の同化と文化変容』研究序説」,『龍谷大学経済経営論集森龍吉教授追悼号』20巻4号, 1-20頁.
戸上宗賢編 1986 『ジャパニーズ・アメリカン——移住から自立への歩み』, ミネルヴァ書房.
中垣昌美 1969 「米国における日系人家族の世代的変容について」,『社会学論評』19巻3号, 42-57頁.
野村達朗 1992 『「民族」で読むアメリカ』, 講談社.
林春男 1987 「"Japanese American"の成立」,『実験社会心理学研究』27巻1号, 1-14頁.
福田美亮 1957 『抑留生活六年』, 金光教サンフランシスコ協会.
藤倉皓一郎 1988 「46年目の正義——日系アメリカ人事件の再審判決」,『同志社アメリカ研究』24号, 17-23頁.
北米時事社 『北米年鑑』, 北米時事社.
A. ボズワース(森田幸夫訳) 1972 『アメリカの強制収容所——危機状況における少数民族』, 新潮社.
ディロン S. マイヤー(森田幸夫訳) 1978 『屈辱の季節〔根こそぎにされた日本人〕』, 新泉社.
前田卓 1973 「日系アメリカ人(その1)——一世, 二世と三世の比較研究」,『関西大学社会学部紀要』4巻2号, 37-59頁.
前山隆 1982 『移民の日本回帰運動』, 日本放送出版協会.
——— 1984 「ブラジル日系人におけるエスニシティーとアイデンティティ——認識的・政治的現象として」,『民族学研究』48巻4号, 444-458頁.
増田直子 1992 「在米日系人の戦時強制退去・収容に関する補償運動——その政

治・社会的展開」,『欧米文化研究』8号, 23-44頁.

丸山孝一 1982 「日系及び韓国系移民における文化の持続性と変容過程」, 綾部恒雄編『アメリカ民族文化の研究——エスニシティとアイデンティティ』, 弘文堂, 203-249頁.

村川庸子 1987 『アメリカの風が吹いた村——打瀬村物語』, 愛媛県文化振興財団.

村川庸子・粂井輝子 1992 『日米戦時交換船「帰国」者に関する基礎的研究——日系アメリカ人の歴史的視点から』, トヨタ財団助成研究報告書.

村山裕三 1989 『アメリカに生きた日本人移民——日系一世の光りと影』, 東洋経済新報社.

森田幸夫 1974 「日系アメリカ人の集団立ちのきに関する一考察」,『アメリカ研究』8号, 44-78頁.

——— 1989 「日系アメリカ人の第二次立ち退き補償問題——その現状とカナダへの影響」,『金沢女子大学紀要(文学部)』3号, 24-54頁.

矢ヶ崎典隆 1983 「南カリフォルニアにおける第二次大戦前の日本人農業と民族的組合組織」,『地学雑誌』92巻2号, 73-90頁.

山本剛郎 1987 「日系アメリカ人コミュニティの研究枠組に関する一考察」,『関西学院大学社会学部紀要』54号, 45-64頁.

——— 1987 「日系アメリカ人の適応のプロセス」,『関西学院大学社会学部紀要』55号, 57-78頁.

米山裕 1986 「第二次大戦前の日系二世と『アメリカニズム』」,『アメリカ研究』20号, 99-113頁.

若槻泰雄 1972 『排日の歴史——アメリカにおける日本人移民』, 中央公論社.

著者略歴

1981年　筑波大学比較文化学類卒業.
1989年　ワシントン大学人類学部Ph. D. 取得.
現　在　京都大学人文科学研究所教授.

主要著作

Breaking the Silence : Redress and Japanese American Ethnicity, Cornell University Press, 1995.
『人種概念の普遍性を問う――西洋的パラダイムを超えて』(編著, 人文書院, 2005年).
『人種の表象と社会的リアリティ』(編著, 岩波書店, 2009年).
Racial Representation in Asia (ed., Kyoto University Press and Trans Pacific Press, 2011).
Trans-Pacific Japanese American Studies : Conversations on Race and Racializations (co-ed., University of Hawai'i Press, 2016).
『人種神話を解体する』(共編著, 全3巻, 東京大学出版会, 2016年).

日系アメリカ人のエスニシティ　新装版
強制収容と補償運動による変遷

1994年6月10日　初　版第1刷
2017年5月19日　新装版第1刷

[検印廃止]

著　者　竹《たけ》沢《ざわ》泰《やす》子《こ》

発行所　一般財団法人　東京大学出版会
代表者　吉見俊哉
153-0041　東京都目黒区駒場4-5-29
電話 03-6407-1069・FAX 03-6407-1991
振替 00160-6-59964

印刷所　大日本法令印刷株式会社
製本所　牧製本印刷株式会社

ISBN 978-4-13-050191-0　Printed in Japan